AF558047

ars vivendi

Birgit Drees · Roland Schulz · Jan Castner · Thilo Castner

DER GROSSE AUSFLUGS-VERFÜHRER WEINFRANKEN

Ein ars vivendi Freizeitführer

Bei der Realisierung dieses Buches ließen wir größtmögliche Sorgfalt walten. Falls dennoch Informationen falsch oder inzwischen überholt sein sollten, bedauern wir dies, können aber auf keinen Fall eine Haftung übernehmen.

Korrekturvorschläge und Anmerkungen an: lektorat@arsvivendiverlag.de

Bildnachweis:
Adobe Stock/Falko Göthel: S. 72; Fotolia/Gruenberg: S. 75; Mauritius images/ Bäck Christian: S. 100; Carmen Wurm: S. 68, 86; alle weiteren Bilder stammen von Birgit Drees und Roland Schulz.
Umschlag: iStock/SKatzenberger (vorne:); Fotolia/Gruenberg (hinten oben links), Birgit Drees und Roland Schulz (hinten unten links und rechts).

Info
Weingüter & Vinotheken
Essen & Trinken
Essen & Schlafen
Übernachten
Sehenswürdigkeiten & Kultur
Weinfeste & Aktivitäten rund um den Wein
Spiel, Spaß, Sport
Wanderung/Spaziergang
Radtour
Tour auf dem Wasser

Erste Auflage 2022
© 2022 by ars vivendi verlag GmbH & Co. KG, Bauhof 1, 90556 Cadolzburg
Alle Rechte vorbehalten
www.arsvivendi.com

Umschlag: ars vivendi verlag
Layout, Satz: Christine Richert, www.typoholica.de
Karten: Kartographisches Büro Dieter Ohnmacht
Lektorat: Carmen Wurm
Druck: GPS, Österreich
Printed in the EU
ISBN 978-3-7472-0421-4

Inhalt

Vorwort

Sie sind Weinliebhaber oder haben einfach Freude daran, einen Schoppen ausgezeichneten Wein zu genießen? Sie möchten Franken (besser) kennenlernen und sind gerne an der frischen Luft unterwegs? Dann ist dieser Ausflugs-Verführer Weinfranken genau richtig für Sie.

Wir (ver-)führen Sie auf 40 Touren durch die Anbaugebiete des Frankenweins von Aschaffenburg bis Bamberg, von der Rhön bis zum Steigerwald. Je nach Lust und Laune sind wir zu Fuß oder mit dem Fahrrad unterwegs, aber immer ganz nah am Wein. Unsere Tourenvorschläge richten sich an all jene, die finden, dass zum Weingenuss auch das Genusswandern und Genussradeln gehören. Wir begleiten Sie auf bequemen Wegen durch die Reben, zu faszinierenden Aussichtspunkten über die Mainebene und zu bezaubernden fränkischen Städtchen. Wir suchen die schönsten terroir-f-Punkte auf, »magische Orte des Frankenweins«, die an landschaftlich herausragenden Weinbauorten entstanden sind. Und wir geben Weinempfehlungen, die in den Weingütern, Heckenwirtschaften und Lokalen auf ihren Wahrheitsgehalt – im Wein liegt die Wahrheit – überprüft werden können. Genuss ohne Reue, denn die Ausgangs- und Endpunkte unserer Ausflüge sind meist mit Bahn und Bus zu erreichen.

Seit mindestens 1200 Jahren wird in Franken Wein angebaut. Karl der Große schenkte 777 der Abtei Fulda acht Weinberge bei Hammelburg, was in einer Urkunde dokumentiert wurde. 40.000 Hektar soll die Anbaufläche, die größte im Heiligen Römischen Reich nördlich der Alpen, betragen haben. Mit der Säkularisierung der Klöster und nicht zuletzt dem traurigen Siegeszug der aus Amerika eingeschleppten Reblaus begann im 19. Jahrhundert ein Niedergang, der erst in den 1970er-Jahren gestoppt wurde.

Seither hat der Frankenwein einen bemerkenswerten Aufschwung genommen. Dies liegt nicht zuletzt an der konsequenten Qualitätsorientierung der Winzer, die durch Auszeichnungen bei nationalen und internationalen Weinwettbewerben belegt ist. Auf den berühmten unterfränkischen Lagen entlang des Mains, dem Würzburger Stein, Escherndorfer Lump oder Nordheimer Vögelein, aber auch abseits des Flusses wird hervorragender Wein produziert. Die Mittel- und Oberfranken können es nämlich auch! Die Rebfläche verdreifachte sich in den vergangenen 50 Jahren auf

6300 Hektar und nun wurzeln schätzungsweise 30 Millionen Rebstöcke im Anbaugebiet Franken – eine erstaunliche Anzahl.

25 Prozent des Weins werden aus der Silvanertraube erzeugt. Sie hat sich als die Rebsorte erwiesen, welche die fränkische Bodentrias aus Muschelkalk, Buntsandstein und Keuper am besten widerspiegeln kann. Der Silvaner, im Jahr 1659 aus dem Donauraum nach Franken gekommen, hat nach langer Zeit den Müller-Thurgau als meistangebaute Rebsorte von Platz eins verdrängt. Kräftige Zuwächse verzeichnen auch Weißer Burgunder, Riesling und Scheurebe.

Franken ist Weißweinland – dieser Ausspruch galt noch nie so ganz. Der Anteil des hier produzierten Rotweins hat sich heute bei 18 Prozent eingependelt. Da gibt es die schon traditionelle Dominarebe. Es ist aber vor allem der fränkische Spätburgunder, der regelmäßig auf den vorderen Plätzen der Weinprämierungen zu finden ist und Lob aus berufenem Mund erhält. Franken sei das neue Burgund, liest man gelegentlich in den einschlägigen Weinführern und -ratgebern. Das will schon etwas heißen.

Damit ist der Facettenreichtum des Frankenweins aber noch nicht vollständig beschrieben: Spontan vergorene Weine und Orange Wines finden immer mehr Freunde, Winzer-Sekt und Roséweine erfreuen sich großer Nachfrage.

Mit der Qualität ist auch das Selbstbewusstsein der fränkischen Winzer gestiegen, die, gemessen an der Anbaufläche, die höchste Direktvermarktung aller deutschen Weinbaugebiete erzielen. Das zeigt sich auch in den Weinorten: Floss der Wein früher an den Holzbänken uriger Probierstuben aus dem Bocksbeutel ins Römerglas, sind heute vielerorts Vinotheken entstanden, die mit ihrem lichtdurchfluteten, coolen Design genau im Trend liegen. Und dem bauchigen Bocksbeutel läuft gerade eine moderne, kantigere Variante den Rang ab, wenn der Frankenwein denn überhaupt noch im Bocksbeutel abgefüllt wird. Kommunale Vinotheken schenken eine große Zahl von Weinen der ansässigen Erzeuger aus und machen es so den Besuchern leicht, verschiedene Weinstile zu probieren.

Aktualisieren Sie Ihr Bild von Weinfranken! Auch wenn Sie es zu kennen glauben, werden Sie bei unseren 40 Genusstouren viel Neues entdecken.

Die Autoren und Ihr ars vivendi verlag

Von Königs Gnaden 1

Schloss Saaleck und die Hammelburger Altstadt

Tour: Rundwanderung über Schloss Saaleck und auf dem Weinlehrpfad zurück.
Länge: ca. 8 km.
Dauer: ca. 3 Std.
Höhenunterschied: 130 m.
Markierung: auf dem Weg zum Schloss Saaleck nur stellenweise, Hinweisschilder zum *Weinlehrpfad* ausreichend vorhanden.
Familie: trotz eines steilen Aufstiegs für Kinder ab 12 Jahren gut möglich.
Saison: ganzjährig möglich, besonders schön im Frühjahr und Herbst.
Anfahrt: *ÖPNV:* Bahnhof Hammelburg, von dort kurzer Fußweg bis zum Parkplatz »Bleichrasen«. *Kfz:* A 7 Würzburg–Kassel bis Ausfahrt Hammelburg, Bundesstraße B 287 um Hammelburg herum bis Ausfahrt Hammelburg-West, dort der Beschilderung zum gebührenfreien Parkplatz »Bleichrasen« vor dem Kellereischloss folgen.

Ein Ausflug zu Frankens ältester Weinstadt

An der Grenze zwischen Spessart und Rhön liegt die Stadt Hammelburg, die nördlichste und älteste Weinstadt Frankens. 716 zum ersten Mal urkundlich als »Hamulo Castellum« erwähnt, wird ihre weitere Geschichte vor allem durch eine Schenkungsurkunde des Frankenkönigs und späteren Kaisers Karl des Großen bestimmt. Dieser nämlich übereignete hierin 777 das Kastell nebst Feldern, Wiesen, Wäldern und acht Weinbergen dem Kloster Fulda, wodurch der hiesige Weinbau unter kirchlichen Segen gestellt wurde und zugleich eine Art »Geburtsschein« des fränkischen Weinbaus entstand. In den folgenden Jahren kamen entlang der Saale rund um die Stadt weitere Weinberge an den steilen Muschelkalkhängen hinzu.

Schloss Saaleck und die Altstadt

Schon vom Parkplatz aus hat man das erste große Ziel des Ausflugs deutlich vor Augen: Majestätisch erhebt sich die Burg

Herrlicher Blick vom Bergfried des Schlosses Saaleck bis hinein in die Rhön

Saaleck, eine ehemalige fuldische Amtsburg, auf einem nach drei Seiten steil abfallenden Bergsporn gegenüber der Stadt. Wir müssen zunächst ein kurzes Stück an der Straße entlang und überqueren die Saale, ehe wir linker Hand auf einen gut befestigten Fußweg gelangen. Diesem folgen wir knapp zehn Minuten, passieren dabei eine Bogenschießanlage und überqueren schließlich die nahe gelegene Straße an einer Ampel. Als Wegweiser dienen uns zwei Markierungen, die den *Fränkischen Marienweg* bzw. etwas später den *Karolingerweg* anzeigen. Nach der Ampel geht es in den Wald und leicht bergauf, vorbei an der sogenannten Siebenschläfer-Kapelle, zum Franziskanerkloster Altstadt aus dem 17. Jahrhundert, einem der schönsten Beispiele fuldischen Barocks. Haben wir die recht imposanten Klostermauern erreicht, biegen wir links ab und umgehen diese, wobei wir dem Kreuzweg folgen, der 1733 rund um das Kloster bis zum Schloss hinauf angelegt wurde und zu den schönsten und eindrucksvollsten in ganz Bayern gehört. Hier, neben dem Kloster, beginnt auch ein knapp sechs Kilometer langer Natur- und Weinlehrpfad, der auf Bild- und Informationstafeln allerlei Wissenswertes über Fauna und Flora sowie Geologie und Geschichte des Hammelburger Saaletals und des hiesigen Weinbaus vermittelt. Für uns beginnt nun ein steiler Aufstieg auf einem Kiesweg, doch die malerische Umgebung – links am Waldrand die einzelnen Kreuzwegstationen, rechts die Klosteranlagen – und ein schöner Ausblick ins Saaletal mildern die Strapazen, die auch nicht allzu lange andauern. Schließlich erreichen wir den Kalvarienberg und wenig später den Burghof des Schlosses Saaleck.

Historische Weinkellerei

Die eindrucksvolle Befestigung macht deutlich, welche Aufgabe die Anlage hatte: Schutz der südlichen Grenzen des Hochstifts. Die ältesten Teile des Schlosses stammen aus dem 12. Jahrhun-

dert. Vom Bergfried aus, dem ehemaligen Gefängnisturm und ältesten Abschnitt der gesamten Anlage, hat man bei guter Sicht einen herrlichen Blick über das Saaletal bis hinein in die Rhön. Nach der Säkularisation ging das Schloss zunächst an den bayerischen Staat und Mitte des 19. Jahrhunderts dann in Privatbesitz über. 1964 wurde das Schloss mit dem dazugehörigen Weinbaubetrieb in städtischen Besitz übernommen. 2011 verkaufte die Stadt Hammelburg ihr städtisches Weingut Schloss Saaleck an die Familie Lange, seit 2012 werden alle Weinberge biologisch bewirtschaftet. Die Anbaufläche des *Weinguts Lange* beträgt heute rund 19 Hektar, wobei der größte Teil auf klassische Weißweine wie Müller-Thurgau, Silvaner und Bacchus entfällt. Aber seit einigen Jahren ist man auch mit den Rotweinreben von Domina, Spätburgunder und Schwarzriesling sowie der neuen Rebsorte Cabernet Blanc erfolgreich. Zugute kommen dem Wein die außerordentlichen klimatischen Bedingungen – die Temperaturen um Hammelburg liegen über dem fränkischen Durchschnitt – und der muschelkalkhaltige Boden. Zwar sind die Erträge niedriger als anderswo, dafür aber ist der Wein gehaltvoller und ausdrucksstärker.

Wir folgen der Ausschilderung des *Weinlehrpfades* und erreichen den Hainweinberg mit seiner bis zu 2,50 Meter hohen Bruchsteinmauer, die 1719 zum Schutz vor zwei- und vierbeinigen Dieben errichtet wurde. Später führt uns die Ausschilderung durch einen Wald und zu einem weiteren Weinberg – Walthertal. Hier lädt ein wunderbarer Rastplatz mit herrlichem Blick auf Obereschenbach zum Verweilen ein. Der Weg zurück nach Hammelburg ist bequem.

Wir passieren die Gebäude der Bayerischen Musikakademie, die unmittelbar neben dem Kloster Altstadt liegen. Kurz darauf stoßen wir wieder auf den Hinweg, sodass die Orientierung bis nach Hammelburg nicht schwerfallen dürfte.

Die Hammelburger Altstadtrunde

Nun sollte man noch ein wenig Zeit einplanen, um sich in Hammelburg umzusehen. Unmittelbar hinter dem Parkplatz befindet sich das Rote Schloss, ein Kellereischloss, das 1726 bis 1731 entstand und als Sommerresidenz der Fürstäbte diente.

Highlights: der Kalvarienberg des Schlosses Saaleck und der Weinlehrpfad

Blick auf das historische Hammelburg an der Fränkischen Saale

Dahinter liegt der Marktplatz. Zwei unterschiedlich markierte Wege führen durch die Stadt und zeigen anhand zahlreicher Informationstafeln die tiefe und vielfältige Verbundenheit des Ortes mit dem Wein. Wichtige Bauten der Stadt sind das Rathaus im neugotischen Stil, diverse Stadtkirchen, Teile der erhaltenen Stadtbefestigung und das Museum Herrenmühle, das eine Dauerausstellung zum Thema »Brot und Wein« beherbergt.

Es gibt zahlreiche örtliche Winzerbetriebe. Besonders empfohlen sei das *Weingut Lange* mit einer Vinothek im historischen *Rathaus*. Hier können die Saalecker Weine käuflich erworben werden.

Weinempfehlung

Empfehlenswert für den Weinkenner ist der trockene **Hammelburger Silvaner**, der durch seine Frische und seinen Säuregehalt zu überzeugen weiß. Er ist zu probieren und zu kaufen in der *Vinothek Weingut Lange/Schloss Saaleck* im Rathaus.

Ausgewählte Adressen und Tipps

- Tourist-Information Hammelburg, Kirchgasse 4, 97762 Hammelburg, Tel. 09732/902430, www.touristik.hammelburg.de.
- *Vinothek Weingut Lange/Schloss Saaleck,* Am Marktplatz 1, 97762 Hammelburg, Tel. 09732/7887450, www.weingut-schloss-saaleck.de. Mo–Fr 9–13 und 14–18 Uhr, Sa 9–14 Uhr, So nur Juni bis Okt. 11–16 Uhr. Weinfest am letzten Wochenende im Mai und weitere Veranstaltungen siehe Webseite.
- *Müller! Das Weingut und Weinhotel,* Am Marktplatz 12, 97762 Hammelburg, Tel. 09732/78770, www.weingut-weinhotel-mueller.de. Mo und Do 17–22 Uhr, Fr–So 12–22 Uhr, Di/Mi geschlossen. Moderne, gemütliche Zimmer, E-Bike-Verleih.
- *Altstadt Hotel und Stadtcafé,* Am Marktplatz 8, 97762 Hammelburg, Tel. 09732/91190, www.stadtcafe-hammelburg.de. Im Winter Mo–Sa 9–19 Uhr, So und Fei 13–19 Uhr; im Sommer Mo–Sa ab 9 Uhr, So und Fei ab 11 Uhr, mindestens bis 21 Uhr geöffnet. Leckere Torten und Eiskreationen. Hotelzimmer neu renoviert.
- Museum Herrenmühle, Turnhouter Str. 15, 97762 Hammelburg, Tel. 09732/782448, www.museum-hammelburg.de. Zur Geschichte des Weinbaus und der Mühlen in und um Hammelburg. Di–So 14–17 Uhr, Do schon ab 10 Uhr, in den Wintermonaten verkürzt.

2 Wein und Wald

Durch das Höllental bei Schweinfurt

Tour: Rundwanderweg durch das Höllental und entlang der Mainleite im Stadtwald Schweinfurt.
Länge: etwa 12 km.
Dauer: etwa 3,5 Std.
Höhenunterschied: 200 m.
Markierung: ab Hexenbrünnle markiert mit *Höllental und Mainblick*.
Familie: leicht zu bewältigen für Kinder ab 8 Jahren.
Saison: saisonunabhängig, am lohnendsten jedoch im Frühjahr und Herbst.
Anfahrt: *ÖPNV:* bis Bahnhof Schweinfurt Stadt, diesen Richtung Stadt verlassen, zu Fuß die Alte Bahnhofstraße entlang, einbiegen in Am Nadelöhr, nach dem *Biergarten Hirschkeller* mit der Radwegausschilderung in das Höllental und der weiteren Beschreibung folgen. *Kfz:* auf der A 70 bis Ausfahrt Schonungen, dann über Schonungen weiter bis Schweinfurt. Dort bei der ersten Möglichkeit rechts in die Babenberger Straße abbiegen und hier oder später an der Straße Höllental parken.

Start im wunderschönen Höllental

Anders als der Name vermuten lässt, ist das Höllental ganz idyllisch. Wir wandern es ca. zwei Kilometer (eventuell kürzer, je nach Parkmöglichkeit) entlang. Nachdem wir ein Biotop passiert haben, erreichen wir kurz darauf die Parkplätze am Bramberg und halten uns rechts. Hier stoßen wir auf eine Hinweistafel zum Rundweg *Höllental und Mainblick*, dem wir jetzt acht Kilometer mit Markierung folgen. An der Tafel zum Hexenbrünnle gehen wir rechts. Unser Weg verläuft nun geradeaus oberhalb des Höllentals. Auf dem schmalen Weg durch den dichten Wald mit den dahinterliegenden Wiesen und dem Vogelgesang kann man unbeschwert die Natur genießen. Stellenweise verläuft der Weg oberhalb des Abhangs, dann führt er hin und wieder ein Stück bergab, stets ist aber ein gemütliches und angenehmes Vorwärtskommen möglich. Nach einiger Zeit entdecken wir den Schindturm, einen kürzlich restaurierten Aussichtsturm. Leider ist die ehemals grandiose Aussicht auf Schweinfurt etwas zugewachsen. Wir wandern geradeaus weiter und kommen nach einigen Treppenstufen an eine kleine Straße, auf der wir einen kurzen Abstecher nach rechts zu einem weiteren Aussichtsturm, dem Beerhüterturm, machen. Von hier haben wir einen guten Ausblick über einen großen Teil von Schweinfurt. Direkt am Fuße des Turms liegt der Weinberg Peterstirn mit dem *Weingut Dahms* (Stammsitz im nahen Sennfeld), das unter anderem an der Peterstirn und am Schonunger Schlossberg eine reiche Palette an Rot- und Weißweinen anbaut, heute der einzige Schweinfurter Winzerbetrieb.

Das war früher ganz anders: Die »Statt ligt an dem Mayn, ist ein Reichstatt, fast mitten im Frankenland, an eim fruchtbaren ort von weinwachß, gutem ackerbauw, wysen und holtz«, be-

richtete etwa der Humanist Johannes Sinapius im 16. Jahrhundert. Das wussten die damals hier ansässigen 75 Häcker und 21 Büttner weidlich zu nutzen und so nimmt es nicht wunder, dass um Schweinfurt herum das größte zusammenhängende Weinbaugebiet Frankens entstand. Die Wurzeln des hiesigen Weinbaus reichen gar ins 8. Jahrhundert zurück. Das belegt eine Urkunde des elsässischen Klosters Weißenburg über Weinberge bei »Suuinfurtero marcu«, weshalb Schweinfurt als eine der ältesten fränkischen Weinstädte gilt.

Heute ist die Stadt das Zentrum der europäischen Wälzlagerindustrie und trotz konjunktureller Krisen nach wie vor eine der bedeutendsten Industriestädte Bayerns. Der Weinbau dagegen ist bis auf zehn Hektar Rebfläche des *Winzerbetriebs Dahms* zum Erliegen gekommen.

Wir aber wollen uns des hiesigen Weinbaus erinnern und wenigstens ein Stück auf seinen Pfaden wandern.

Die Mainleite entlang

Nach Besteigung des Beerhüterturms gehen wir zur Straße zurück und biegen gleich rechts in einen Weg ein, folgen weiter der Ausschilderung *Höllental und Mainblick* und wandern auf der Mainleite zwischen Gärten entlang. Immer wieder kann man durch Büsche und Bäume einen Blick auf das malerische Maintal werfen. Ein besonders schöner Aussichtspunkt ist die Bismarckhöhe. Hier laden Bänke zum Verweilen ein. Wir setzen unseren Weg fort und schließlich ist auf der gegenüberliegenden Bergseite das wunderschöne Mainberg aus dem 13. Jahrhundert zu erkennen, in dessen Umgebung die Weinlage Schlossberg gedeiht.

Natürliche Waldidylle

Wir verlassen nun den Höhenweg über dem Main und biegen links ab in den Wald. Schon nach wenigen Schritten in einer natürlichen Allee von Bäumen fühlt man sich fernab der Welt und in purer Natur. Der Weg, mal breit, mal schmal, führt durch Mischwälder und erlaubt, da kaum Unterholz die Sicht einschränkt, weite Blicke in den Wald hinein. Stellenweise geht es

Der Schindturm erstrahlt seit 2017 in neuem Glanz.

Unterwegs auf der Oberen Mainleite und Blick auf die Peterstirn

über befestigte Kieswege oder enge Trampelpfade, die parallel zu diesen Waldstraßen verlaufen. Die Orientierung fällt jedenfalls nicht schwer, auch wenn die Beschilderung nicht immer auf Anhieb zu finden ist.

Eine nette Gelegenheit zu einem kurzen Päuschen bietet sich nach etwa fünf Kilometern an der nach der römischen Jagdgöttin benannten Dianenslust, einem Jagdhäuschen mitten im Wald. Es wurde 1824 zum 25-jährigen Herrschaftsjubiläum des bayerischen Herzogs und späteren Königs Max Joseph I. errichtet.

Für die Hungrigen und Durstigen empfiehlt sich ein gutes Viertelstündchen später die *Gaststätte Almrösl* mit Biergarten, die mit Hausmannskost und Brotzeiten aufwartet. Der markierte Weg führt mitten durchs Biergartengelände.

Endspurt im Höllental

Schließlich stoßen wir wieder auf den Einstieg unserer Runde am Hexenbrünnle und gehen von da aus den uns schon bekannten Weg zurück zum Ausgangspunkt.

Es bietet sich im Anschluss ein Stadtbummel in der sehenswerten Schweinfurter Innenstadt an sowie ein Besuch des Museums Georg Schäfer mit einer einzigartigen Sammlung deutscher Malerei und Zeichenkunst von 1760 bis 1930 und wechselnden Ausstellungen.

Gegenüber dem Museum befindet sich die *Weinstube – der Winzer Dahms,* in der wir unter anderem die Weine der Steillagen Peterstirn genießen können.

Weinempfehlung

Empfehlenswert ist eine halbtrockene, fruchtige und aromatische **Scheurebe** aus der nahen Weinlage **Mainberger Schlossberg** der Winzerfamilie Dahms.

Ausgewählte Adressen und Tipps

- Tourist-Information Schweinfurt 360°, im Rathaus, Markt 1, 97421 Schweinfurt, Tel. 09721/513600, www.tourismus.schweinfurt.de.
- *Weingut Dahms*, Weinladen und Weinstube, Brückenstr. 23, 97421 Schweinfurt, Tel. 09721/7303241, www.weingut-dahms.de. Weinladen: Di–Do 12–18 Uhr, Fr 10–18 Uhr, Sa 11–15 Uhr. Weinstube: Mi–Fr 17–23 Uhr, Sa 17–23 Uhr, So 16–21 Uhr. Weinverkauf im Stammhaus, August-Borsig-Str. 8, 97526 Sennfeld, Tel. 09721/69123. Mo–Fr 8–17 Uhr, Sa 9–13 Uhr.
- *Gaststätte Almrösl*, Am Bramberg 1, 97422 Schweinfurt, Tel. 09721/31342, www.almroesl.com. Do–So ab 12 Uhr.
- *Martins*, Hotel, Weinstube, Café, Grundstr. 7, 97453 Mainberg, Tel. 09721/9908069, www.martinshotel.de. Do–Sa 14–22 Uhr, So 11–21 Uhr. Sehr schön eingerichtete moderne Zimmer.
- *Castello*, Höllental 28, 97422 Schweinfurt, Tel. 09721/7309350. Di–Sa 11–14 und 17–24 Uhr, So 11–22 Uhr. Italienisches Restaurant am Beginn des Höllentals.
- Museum Georg Schäfer, Brückenstr. 20, 97421 Schweinfurt, Tel. 09721/514820, www.museumgeorgschaefer.de. Di 10–20 Uhr, Mi–So 10–17 Uhr. Eintritt Erwachsene 7 €, Kinder 2 €.
- Zweimal pro Jahr finden im *Weingut Dahms* an der Peterstirn Weinfeste statt. www.weingut-dahms.de.

Körbe, Sand und Wein 3

Radrunde ab Haßfurt

Tour: leichter Fahrradrundweg von Haßfurt über Zell am Ebersberg, Sand am Main und Zeil am Main.
Länge: 30 km.
Dauer: reine Fahrzeit etwa 2,5 Std.
Höhenunterschied: 20 m.
Markierung: *grünes Fahrrad auf weißem Grund* mit Richtungsangabe, ab Sand am Main *MainRadweg.*
Familie: möglich für Kinder ab 10 Jahren.
Saison: das ganze Jahr über möglich.
Anfahrt: *ÖPNV:* Bahnhof Haßfurt, von dort durch die Altstadt bis zur Mainbrücke. *Kfz:* von Schweinfurt auf der A 70 kommend bis Ausfahrt Haßfurt, von Bamberg aus bis zur Ausfahrt Knetzgau. Von dort nach Haßfurt hinein und in der Stadt der Beschilderung zum Parkplatz Gries direkt am Mainufer folgen.

Vom Haßfurter Mainufer in den Steigerwald

In Haßfurt biegen wir zunächst vom Parkplatz rechts ab und überqueren die Brücke über den Main. Der Lage an Frankens mächtigem Fluss verdankt die Stadt ihren Namen, denn die erste urkundliche Erwähnung aus dem Jahr 1230, »hasefurthe«, macht der Legende nach deutlich, wie flach der Main hier stellenweise war.

An einem Sportplatz vorbei geht es in Richtung Westheim auf einem gut ausgebauten Radweg neben der Landstraße, der von Apfelbäumen gesäumt ist. Und sofort ist man mitten in der Natur und mag kaum glauben, dass man geradewegs aus der Stadt kommt. Zunächst passieren wir Mariaburghausen, ein ehemaliges Zisterzienserkloster und seit 1582 Gutsbetrieb der Universität Würzburg, ehe wir nach rechts abbiegen und eine längere Steigung durch den Wald nehmen. Danach rollt das Rad wie von selbst ins Örtchen Hainert, das wir durchqueren und in Richtung Westheim wieder verlassen. Weiden, Äcker und Apfelbäume säumen den Weg, der munter auf und ab führt, ohne allerdings den passionierten Gelegenheitsradler übermäßig anzustrengen.

Sand am Main liegt inmitten einer herrlichen Fluss- und Seenlandschaft.

In Westheim angekommen, biegen wir vor der Ortsmitte an einem Marterl links ab. Hinter einem Sportgelände stoßen wir auf einen gut ausgebauten Flurbereinigungsweg, der bis nach Zell am Ebersberg führt. Durch Wiesen und Felder geht es mit Aussicht auf die Haßberge links und den Steigerwald rechts vor uns.

Imposante Steillagen in Zell am Ebersberg

Erst allmählich kann man nach einigen kleineren Steigungen des Weges die ersten Weinberge erahnen. Doch je näher wir Zell am Ebersberg kommen, umso beeindruckender wird der Blick auf den Ort, dessen steil ansteigende Rebhänge einen besonderen Anblick bieten. In flotter Fahrt geht es schließlich die letzte Abfahrt hinunter und in den Ort hinein. Dort machen die zahlreichen Winzerbetriebe, Weinstuben und Häckerwirtschaften schnell deutlich, dass der Wein hier zu Hause ist. Fast unmittelbar vor den Weinbergen biegen wir links auf die Hauptstraße ab. Am Ortsende geht es dann rechts auf einem Radweg neben der Kreisstraße an Weinbergen entlang in Richtung Sand am Main.

Korbmacher- und Winzerstadt Sand am Main

Ursprünglich hat der Ort seinen Namen von der gleichnamigen Bodenbeschaffenheit, doch bekannt wurde er durch seine Korbmacher und Winzer. Der alljährlich zwei Wochen vor Ostern abgehaltene Korb- und Weinmarkt erinnert auch heute noch daran. Während aber die Korbmacherei nach dem Zweiten Weltkrieg deutlich zurückging, nahm der Weinbau in den letzten 30 Jahren stark an Bedeutung zu. Heute gibt es hier rund 40 Winzer, die in den Lagen Kronberg und Himmelsbühl Weinbau betreiben. Beide gehören zur Großlage Zeiler Kapellenberg am Südhang des Hermannsberges. Neben den weißen Sorten Müller-Thurgau, Silvaner, Bacchus, Kerner und Scheurebe werden auch die roten Sorten Portugieser, Domina und Schwarzriesling angebaut.

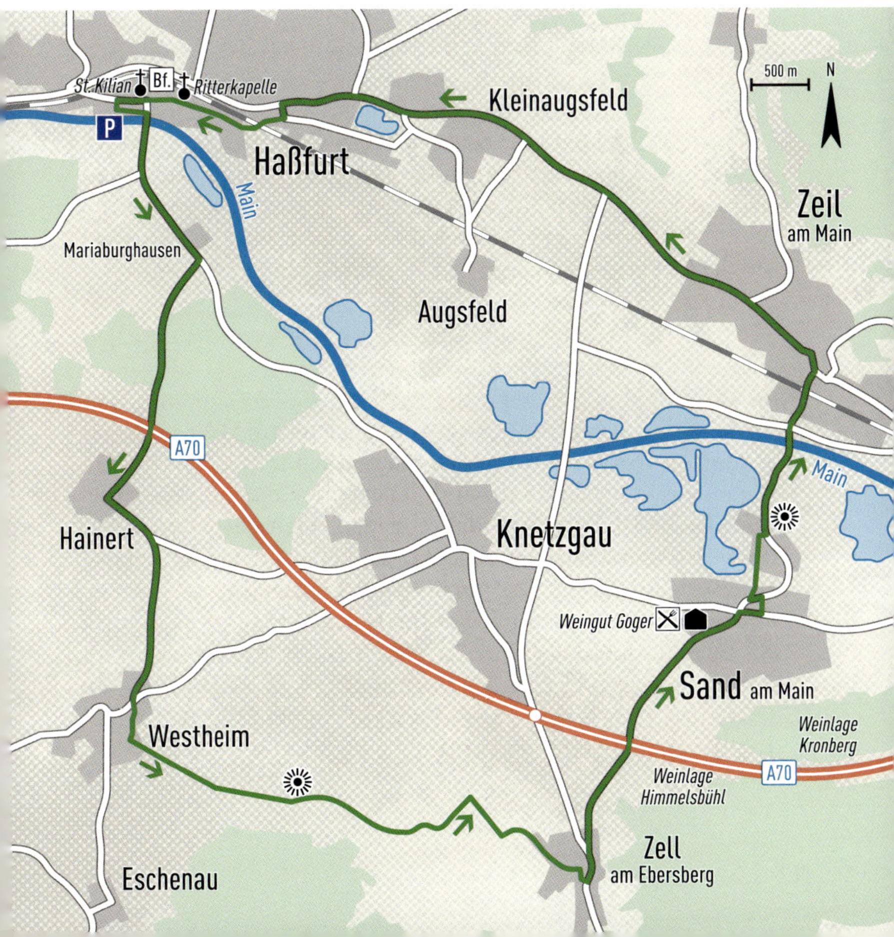

Da die Stadt zudem inmitten einer herrlichen Fluss- und Seenlandschaft am Rande der Haßberge und des Steigerwaldes liegt, preisen sie die Stadtväter gerne als von »Wein, Wald und Wasser« geprägt. Wir fahren in den Ort hinein, biegen rechts in die Hauptstraße ab und gelangen zum *Hotel-Weingut Goger,* wo uns in der Gaststube erstklassige fränkische Küche erwartet. Auch die hier auf sechs Hektar selbst angebauten Weine sind vom Feinsten.

Weiterfahrt nach Zeil am Main

Wohlgenährt geht's kurz hinter dem Lokal nach links ab, vorbei an Kirchplatz und Rathaus, entlang des Naturschutzgebiets Altmain nach Zeil am Main. Schon von Weitem hat man einen herrlichen Blick auf die Stadt und die Weinberge jenseits des Mains, die man auf den Spuren des Silvaner-Abtes Alberich Degen durchwandern kann. Jenseits der großen Mainbrücke geht es geradeaus weiter und später auf der Hauptstraße in Zeil nach links. Hier kann man auf dem Marktplatz verweilen oder einen kleinen Stadtrundgang unternehmen. Der Weg führt durch das Stadttor dann wieder hinaus und auf dem *MainRadweg* an Weingütern und -bergen entlang Richtung Haßfurt.

Zurück nach Haßfurt

Die letzten Kilometer geradeaus nach Haßfurt genießen wir den Anblick der Landschaft. Wir passieren kurz vor dem Altstadttor die spätgotische Ritterkapelle mit der einmaligen Sammlung von 276 Wappen, die auf alle Fälle einen Besuch wert ist. Wir erreichen den malerischen Marktplatz und die Stadtpfarrkirche St. Kilian, die Skulpturen von Tilman Riemenschneider beherbergt (Madonna mit Kind und Johannes der Täufer). Vom Marktplatz ist es nicht mehr weit bis zu unserem Parkplatz am Main oder zum Bahnhof.

Weinempfehlung

Ein trockener **Bacchus** der Lage **Sander Kronberg** hat es uns mit seinem fruchtigen Geschmack besonders angetan. Ihn erhält man direkt beim Erzeuger im *Hotel-Weingut Goger* in Sand am Main.

Der sehenswerte mittelalterliche Stadtkern lädt in Zeil am Main zum Verweilen ein.

Ausgewählte Adressen und Tipps

- Tourist-Information Haßfurt, Hauptstr. 9, 97437 Haßfurt, Tel. 09521/688300, www.hassfurt.de.
- *Hotel-Weingut Goger,* Hauptstr. 28, 97522 Sand a. M., Tel. 09524/227, www.hotel-weingut-goger.de. Restaurant Mo–Sa 16.30–22 Uhr, So 11–22 Uhr, Do Ruhetag.
- *Brauereigaststätte Zur alten Freyung,* Speiergasse 21, 97475 Zeil a. M., Tel. 09524/9554, www.zur-alten-freyung.de. Tägl. ab 9.30 Uhr geöffnet, Di Ruhetag. Mit Biergarten.
- Zahlreiche Weinfeste in der Region. Besonders hervorzuheben sind das Weinfest in Sand am Main und das Altstadtweinfest in Zeil am Main.

Der fränkische Silvaner-Abt 4

Auf dem Abt-Degen-Steig bei Zeil am Main

Tour: mittelschwerer Rundwanderweg auf dem Abt-Degen-Steig bei Zeil am Main.
Länge: ca. 9 km über die Winzertreppe und mit Besuch des Zeiler Käppele.
Dauer: reine Gehzeit ca. 3 Std.
Höhenunterschied: ca. 140 m.
Markierung: nahezu durchgängig *grünes Bocksbeutel-Emblem auf weißem Grund.*
Familie: für Kinder ab 10 Jahren geeignet.
Saison: das ganze Jahr über, am besten aber zwischen Frühjahr und Herbst.
Anfahrt: *ÖPNV:* Bahnhof Zeil am Main, von dort über die Bahnhofstraße nach rechts über die Staatsstraße die Schmachtenbergstraße hinauf bis zum Parkplatz auf der Anhöhe. *Kfz:* auf der A 70 von Schweinfurt kommend Ausfahrt Knetzgau, aus Richtung Bamberg Ausfahrt Eltmann, dann jeweils weiter bis Zeil am Main und auf der Schmachtenbergstraße mit Wegweiser *Abt-Degen-Steig* zum Parkplatz auf der Anhöhe.
Variante: Die steile Winzertreppe kann bequem umgangen werden.

Die Heimat des Alberich Degen

Die Stadt Zeil am Main liegt an den südlichen Ausläufern der waldreichen Haßberge und damit an der Grenze von Bier- zu Weinfranken. Sie ist Weinfreunden wohl vor allem wegen ihres seit 1985 stets am ersten Augustwochenende stattfindenden Weinfestes ein Begriff. Zehntausende von Besuchern aus nah und fern finden sich hierbei rund um den historischen Marktplatz ein, der als einer der schönsten fränkischen Kleinstadtmärkte gilt, und genießen die zahlreichen Weinsorten aus Zeil und Umgebung. Weinbau hat hier Tradition: Seit 1018 wird er betrieben.

Um nun des Mannes zu gedenken, der den Frankenwein schlechthin, den Silvaner, als einer der Ersten einführte, wurde ihm zu Ehren der Abt-Degen-Steig benannt, der, je nach Geschmack und Konstitution, bis zu 25 Kilometer durch die Heimat jenes weinkundigen Kirchenmannes führt.

Um Steinbach wird schon seit über 1000 Jahren Weinbau betrieben.

Johann Caspar Degen wurde 1625 in Zeil geboren und nach einem Theologiestudium in Würzburg als Alberich I. schließlich 42. Abt des Zisterzienserklosters in Ebrach. Aufgrund seiner zahlreichen Kontakte mit anderen Klöstern lernte er die aus Österreich stammende Silvanerrebe kennen und führte diese schließlich 1665 in weiten Teilen Frankens ein. Weitgehend unbekannt ist, dass die Rebe wenige Jahre vorher bereits in Castell heimisch geworden war. Auch in Zeil ist diese Rebsorte, die hohe Anforderungen an ihren Standort stellt, stark vertreten. Außerdem werden in der Großlage Zeiler Kapellenberg Müller-Thurgau, Riesling, Bacchus, Kerner, Scheurebe sowie Weißburgunder und einige Rotweine (Schwarzriesling, Domina und Spätburgunder) angebaut.

Die Landschaft zwischen Haßbergen und Steigerwald

Wir beginnen unseren Rundweg am Parkplatz auf der Anhöhe über dem Zeiler Stadtteil Schmachtenberg, zu dem von der Staatsstraße ein unübersehbarer Wegweiser die Schmachtenbergstraße hinaufführt.

Dort schlagen wir den mit dem *Bocksbeutelmotiv* gekennzeichneten, befestigten Höhenweg ein, der an Äckern und Wiesen entlang in Richtung Steinbach verläuft. Nach ca. zehn Minuten folgen wir dem *Bocksbeutelzeichen* zunächst nach rechts und kurz darauf nach links und marschieren über den Oberen Hohberg, der die »gewaltige« Höhe von 369 Metern aufweist. Immer wieder laden Bänke zum Verweilen an Plätzen ein, die wunderschöne Ausblicke über das nahe gelegene Maintal bieten. Die Barockkirche Maria Limbach auf der anderen Flussseite oder bei guter Sicht gar die Bischofsstadt Bamberg sind nur zwei der schönsten Aussichtsobjekte für den Wanderer. Weiter geht es auf unserem Höhenweg entlang des Naturschutzgebiets Pfaffenberg oberhalb der Weinberge, die aber vorerst nur zu erahnen sind.

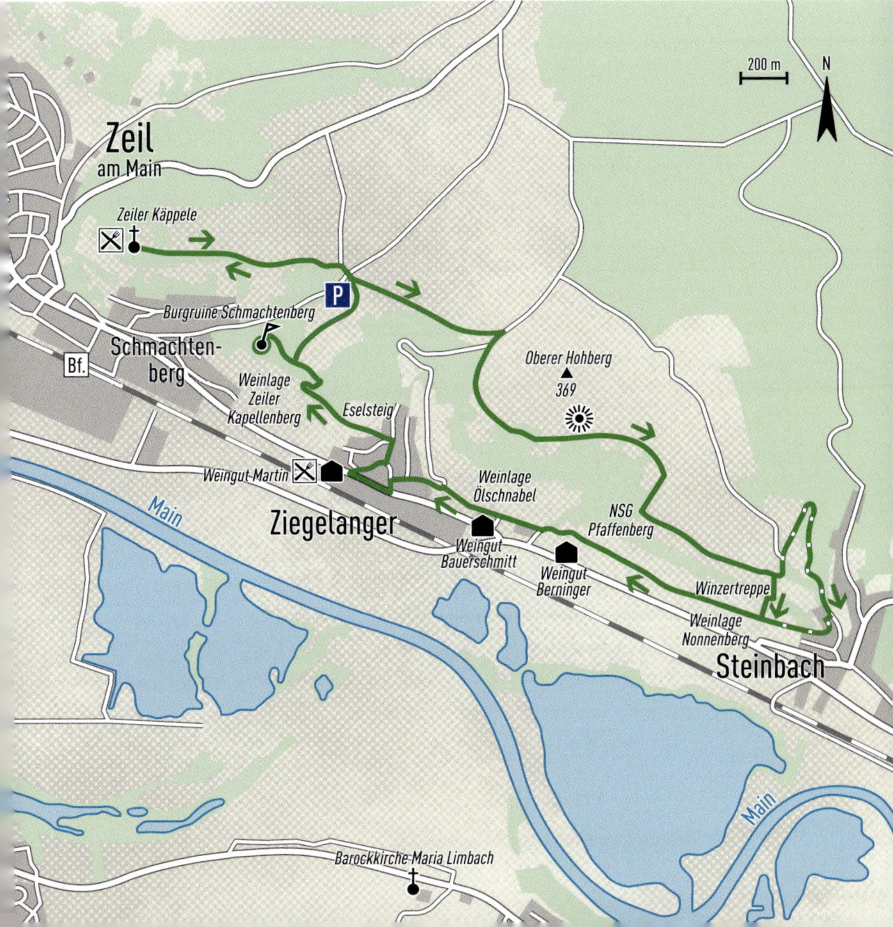

Eine erste Möglichkeit, diese direkt zu sehen, ergibt sich nach einer guten Stunde Fußmarsch an der sogenannten Winzertreppe, die inmitten des Naturschutzgebietes nach rechts in die malerisch gelegenen Weinberge führt. Doch Vorsicht ist geboten, da die Stufen steil und abschüssig sind. Ungefährlicher, aber nicht so spektakulär, ist der normale Weg, der an der Winzertreppe vorbeiführt, aber auch einen 30 Minuten längeren Fußmarsch bergauf und bergab bis nach Steinbach bedeutet. Kurz vor Steinbach schließlich geht es steil nach rechts hinauf in Richtung Nonnenberg, die östlichste fränkische Weinlage.

Einblicke in den traditionellen Weinbau

Das Anbaugebiet um Steinbach ist ein anerkanntes Denkmal der Weinkultur, an dem bereits vor 1000 Jahren Mönche des Bamberger Klosters Michaelsberg Weinbau betrieben. Hier sind in den oberen Hängen die historisch typisch fischgrätenartig angelegten, terrassenförmigen Trockenmauern erhalten, während die unteren im Zuge maschineller Anbaumethoden nach dem Zweiten Weltkrieg modernisiert wurden.

Im Folgenden ist es nun immer wieder möglich, auf Treppen in die Weinberge hineinzusteigen und die Aussicht zu genießen. Zudem informieren eine Reihe von Tafeln über die Geschichte und die Bedeutung des ansässigen Weinbaus. So nähern wir uns schließlich nach einer guten Stunde Wegstrecke ab Steinbach der nächsten Weinlage rund um Zeil, dem Ölschnabel. An einem Wegweiser können wir einen kleinen Abstecher zur Bodenstation (ca. 200 m) machen, müssen aber wieder zur Kreuzung zurückkehren, da der Weg an der Informationstafel endet. Wenig später erreichen wir die ersten Häuser von Ziegelanger. Beim *Weingut Berninger* gibt es Wein to go, wenig später lädt die *Weinstube und Weingarten Bauerschmitt* zu einer Rast mit Aussicht ein. Die sicherlich aufgrund des Appetits oder gar Heißhungers ersehnte Lokalität unserer Mittagsrast findet sich, wenn man im Zeiler Vorort Ziegelanger an der Kirche nach links in die Bergstraße abbiegt und zur Hauptstraße geht. Dort rechts entlang, nach wenigen Metern sieht man schon auf der anderen Straßenseite das Ziel allen Sehnens und Hoffens: die *Martinsklause* mit angeschlossenem Weingut, Weinkellerei und Weinterrasse.

Von Ziegelanger führt der Eselsteig zur Burgruine Schmachtenberg.

Vom berühmten Zeiler Käppele bietet sich eine grandiose Aussicht auf Zeil am Main.

Auf Schusters Rappen den »Eselsteig« hinauf

Nachdem man dort mit fränkischen oder internationalen Spezialitäten für sein leibliches Wohl gesorgt hat, kehrt man über den Steinhauerweg ins Ortsinnere zurück und begibt sich über die Bergstraße und den nach links abzweigenden Wedberg auf den wieder in die Weinberge führenden Eselsteig. Dass dieser Name mit Bedacht gewählt wurde, wird schnell klar, denn hier geht es bald recht steil durch wildromantische Natur und Waldbestand, bisweilen auf engen Treppenstufen zurück auf die Anhöhe und in Richtung der Burgruine Schmachtenberg. Jetzt ist erst mal Durchschnaufen angesagt, denn die zurückliegende halbe Stunde Wegstrecke hat dem Wanderer doch einiges an Anstrengung abverlangt. Man stößt schließlich auf die Ruine Schmachtenberg, den ehemaligen Sitz des Bamberg-bischöflichen Amtmannes. Die Anlage wurde im 16. Jahrhundert zerstört und ist seitdem weitestgehend verfallen. Gerade für Kinder ist sie freilich eine umso bessere Gelegenheit für Versteckspiele und Erkundungen. Von der Burgruine gehen wir zurück zur Wegkreuzung und nehmen den Weg am Waldrand entlang. Nach einem kurzen Bogen zurück trennen uns nur noch wenige Hundert Meter von unserem Parkplatz.

Ein besinnliches Ende der Wanderung verspricht ein abschließender kurzer Abstecher zum berühmten Zeiler Käppele, das einen Kilometer vom Parkplatz entfernt liegt und auch mit dem Auto erreicht werden kann. Unter dem damaligen Zeiler Pfarrer Karl Link wurde von 1894 bis 1897 dieses »Fränkische Lourdes« erbaut (mit Grotte), das sich über den Dächern der Stadt Zeil auf dem Kapellenberg erhebt und bis heute ein berühmter Wallfahrtsort ist.

Wer mit dem Zug angereist ist, kann von hier in den Ort Zeil am Main absteigen. Auch für die mit dem Auto Angereisten empfehlen sich ein ausgiebiger Ortsbummel, ein Eis auf dem wunderschönen Marktplatz oder ein Besuch der Kirche und der Stadtmauer mit Türmen.

Weinempfehlung

Welcher Wein bei dieser Wanderung nur infrage kommen kann, liegt auf der Hand: Es muss eingedenk des Abtes Degen ein Silvaner sein. Wir entscheiden uns aus dem verlockenden Angebot des *Weinguts Martin* für einen **Blauen Silvaner** aus der Herzlinie, der sich durch einen besonders würzigen Geschmack auszeichnet.

Ausgewählte Adressen und Tipps

- Tourist-Information Zeil am Main, »Grohehäuschen«, Marktplatz 5, 97475 Zeil a. M., Tel. 09524/94937, www.zeil-am-main.de.
- *Weingut Restaurant Berninger,* Ziegelanger 33, 97475 Zeil a. M., Tel. 09524/5300, www.weingut-berninger.de. Weinverkauf Mo–Fr 10–17 Uhr, Sa 10–13 Uhr; Restaurant Do/Fr ab 17 Uhr, Sa/So 11–17 Uhr.
- *Franken Weingut Bauerschmitt,* Ziegelanger 31 a, 97475 Zeil a. M., Tel. 09524/302078, www.weingut-bauerschmitt.de. Die Weinterrasse öffnet ab Apr., Fr ab 15 Uhr, Sa/So und Fei ab 14 Uhr, Weinverkauf durchgehend. Bitte beachten Sie die tagesaktuellen Öffnungszeiten auf der Homepage oder fragen Sie telefonisch nach.
- *Weingut Martin & Weinstube Martinsklause,* Ziegelanger 6, 97475 Zeil a. M., Tel. 09524/5422, www.weingut-max-martin.de. Mi–Fr 17–22 Uhr, Sa/So 11–22 Uhr. Weinverkauf nach Vereinbarung.
- *Berghospiz »Zeiler Käppele«,* Kapellenberg 2, 97475 Zeil a. M., Tel. 09524/1009. Di–Fr ab 14 Uhr, Sa ab 12 Uhr, So ab 11 Uhr. Biergarten und Gaststätte direkt hinter dem Käppele.
- Alljährliches Zeiler Weinfest am ersten Augustwochenende.

Die tiefen Stollen bei Ebelsbach 5

Durch die Weinlage Nonnenberg und den Herrenwald

Tour: Rundgang von Ebelsbach über den Golfplatz nach Steinbach und durch die Weinlage Nonnenberg zurück.
Länge: etwa 12 km.
Dauer: ca. 3 Std.
Höhenunterschied: rund 180 m.
Markierung: *grüner Turm auf weißem Grund, Hirschkäfer.*
Familie: für jede Altersstufe geeignet, ungeeignet für Kinderwagen.
Saison: das ganze Jahr über, am besten zwischen Frühjahr und Herbst.
Anfahrt: *ÖPNV:* Vom Bahnhof Ebelsbach geht man aus dem Bahnhof kommend rechts die Georg-Schäfer-Straße Richtung Gleisenau hinunter. An dem Parkplatz vom Sportplatz an der Einfahrt zum Schwarzen Weg beginnt die Wanderbeschreibung. *Kfz:* Autobahn A 70 Ausfahrt Ebelsbach/Eltmann (Nr. 12) in Richtung Ebelsbach, am Kreisel in Ebelsbach gleich rechts abbiegen und über Steinbacher und Georg-Schäfer-Straße Richtung Gleisenau fahren. Großer Parkplatz am Sportgelände.

Tief im Ebelsberg …

Diese Tour ist eine ganz besondere: Zum einen geht es nicht nur um die beiden Ws »Wein« und »Wandern«, sondern diesmal gesellt sich ein drittes hinzu. Zum anderen führt uns der heutige Weg nicht nur an der frischen Luft durch die herrliche Natur, es besteht auch die Möglichkeit, tief in den hiesigen Ebelsberg vorzudringen. Dort verbirgt sich nämlich das dritte »W«, das für »Winzersekt« steht, eine in Franken nur sehr selten zu findende Spezialität. Hergestellt wird diese Köstlichkeit vom Winzer und Brauer Martin Fischer aus dem Ortsteil Steinbach, der seit 1990 in zwei der insgesamt neun Stollen eine Sektkellerei betreibt.

Der Ausbau der Stollenanlage »Kies« liegt allerdings noch weiter zurück. Nachdem 1944 das zwischen Ebelsbach und Eltmann liegende Werksgelände der kriegswichtigen Firma Kugelfischer durch die Luftangriffe der Alliierten erheblich zerstört worden war, begann man mit dem Bau einer Stollenanlage im Ebelsberg, um gegen weitere Bombardierungen gefeit zu sein. Innerhalb

Das Wasserschloss Gleisenau ist heute nicht mehr komplett von Wasser umgeben.

von fünf Monaten trieben Kriegsgefangene neun Stollen, die mit Seitengängen verbunden waren, bis zu 120 Meter tief und 70 bis 80 Meter hoch in den Berg. Zwar wurden noch Maschinen aufgestellt und auch Probeläufe fanden statt, doch zur eigentlichen Produktion kam es nicht mehr – der Krieg war zu Ende.

Nach 1945 wurde der Stollen kaum benutzt, sodass sich besondere Interessenten niederlassen konnten: Fledermäuse, die dort ihr Zuhause gefunden haben. Sie und die Sektkellerei teilen sich nun friedlich die Stollenanlage: Martin Fischer hat zwei Stollen für sich, in den übrigen sieben nisten die tierischen Nachtschwärmer. Von dieser ganz besonderen Nachbarschaft und über die Geschichte der Stollenanlage, aber natürlich vor allem auch über die Kunst der Sektherstellung berichten Herr Fischer und seine Angestellten gerne ausführlicher bei Stollenführungen, die an ausgewählten Wochenenden auf Anfrage in der Zeit zwischen dem 1. Mai und dem 31. August stattfinden.

Durch einen Schlosspark und an einem Pavillon vorbei in den Herrenwald

Doch bevor wir uns mit unterirdischen Dingen beschäftigen, gönnen wir uns einen Ausflug in die herrliche Natur der hiesigen Haßberge. Dazu gehen wir am Sportplatz auf dem Schwarzen Weg über den Ebelsbach und auf der Schützenstraße nach links. Bald stoßen wir auf die anfänglich beschriebene Stollenanlage. Wir sehen mystisch eingewachsene, verschlossene Holztüren am Berg. Hier stoßen wir auch auf das Wanderzeichen, welches uns vorerst begleiten wird: der *grüne Turm auf weißem Grund,* das Symbol des bekannten *Burgen- und Schlösserwegs.* Nach fünf Minuten halten wir uns links und gehen schließlich über eine kleine Brücke hinweg auf den von Mauern gesäumten Park von Schloss Gleisenau zu. Wie auch heute noch erkennbar ist, war dies

früher ein Wasserschloss. Mitte des 18. Jahrhunderts wurde es von der Familie Groß von Trockau erbaut und in den 1960ern an Privateigentümer verkauft. Heute ist das Rokokogebäude Sitz der Verwaltungsgemeinschaft Ebelsbach und beherbergt zudem eine Grundschule. Wir durchqueren die gesamte Anlage, verlassen sie durch den Haupteingang und wenden uns an der Hauptstraße nach rechts. Das *Gasthaus Zehendner* als Orientierungshilfe vor uns, biegen wir dann wieder nach links ab und wandern links am hauseigenen rosenumkränzten Pavillon einen leicht ansteigenden Weg hinauf, denn Halt machen gilt noch lange nicht, auch wenn die Versuchung angesichts der opulenten Zehendner'schen Brotzeitplatten groß ist! Auch den kulinarischen Verlockungen der *Schäfer'schen Weinscheune*, die wir bald darauf passieren, halten wir mit eisernem Willen stand und konzentrieren uns stattdessen auf unser Wanderkennzeichen, den *grünen Turm*, das uns schließlich in den sogenannten Herrenwald führt. Der Weg verläuft auch dort weiterhin leicht bergauf und die Gipfel des Eichen-Hainbuchen-Waldes bilden eine Art Laubengang, was gerade bei wärmeren Temperaturen sehr angenehm ist. So gehen wir eine knappe halbe Stunde auf weichem Grund, lauschen den zahlreichen Vogelstimmen und genießen ansonsten die Ruhe und das wohltuende Grün um uns herum. Inzwischen hat sich auch ein neuer Wandergefährte als Wegzeichen hinzugesellt, nämlich ein respektabler *Hirschkäfer*, der uns bis zum Ende unserer Tour begleiten wird.

Wo Fuchs und Hirschkäfer sich »Guten Tag« sagen

Schließlich ist schon der Waldrand zu erkennen und es eröffnet sich dem Wanderer ein herrlicher Ausblick: links der Waldsaum, rechts ein Getreidefeld und in einiger Entfernung bereits die ersten Weinberge. Kommt man dann etwas weiter heran, wird es gepflegt sportlich, denn wir nähern uns dem Rasen sowie den Sandbunkern eines Golfclubs, der hier am Rand des Naturparks Haßberge seit 2003 auf dem hügeligen Plateau hoch über dem Maintal sein Areal hat. Furchtsame Gemüter sollten sich allerdings dem schönen Ausblick nicht zu sehr hingeben, denn es droht Gefahr: Hinweistafeln warnen eindringlich vor fliegenden Golfbällen, weshalb es sich empfiehlt, hier nicht allzu lan-

Die Tour führt durch den Schlosshof und auf den Weinberg von Schönbach.

ge stehen zu bleiben und den Weg durch den Golfplatz lieber zügig hinter sich zu lassen. Jenseits der Landstraße geht es dann rechter Hand weiter an Weinbergen entlang bergauf in Richtung Schönbach. Hier hat die Familie Fischer ihren Weinberg, der Wein wird zu sogenannten Sektgrundweinen verarbeitet.

Direkt hinter dem Weinberg verlässt uns der *Turm* nach links, wer schon genug von der Wanderung hat, kann hier etwas abkürzen und nach Steinbach absteigen.

Nach einer Anhöhe biegt unser Weg links ab auf einen Sendemast zu. Wir wandern an Getreidefeldern und Wald entlang und in einiger Entfernung an dem Ebelsbacher Ortsteil Schönbach vorbei. Hier sind wir dann dort angekommen, wo sich *Fuchs* und *Hirschkäfer* »Guten Tag« sagen, denn beide Wanderzeichen führen uns links bergab in Richtung Steinbach, das noch drei Kilometer entfernt ist. Von dem Flurweg aus hat man einen schönen Blick über den Main bis hin zum Steigerwald auf der anderen Flussseite. Nach einigen Hundert Metern heißt es Abschied nehmen vom festen Tritt und es geht rechts auf nahezu unbefestigtem Weg zuerst am Waldrand entlang, dann wieder in den Wald. Erst nach einiger Zeit wird der Weg im Wald wieder etwas besser, wobei die sich schlängelnde Wegstrecke wohl am besten mit

Der Weg verläuft entlang der Weinterrassen der Weinlage Nonnenberg.

den Worten wild-romantisch zu beschreiben ist. Nachdem wir zweimal feste Schotterwege gekreuzt haben, geht es schließlich recht steil bergab über Wurzelwerk, Steine und ein plätscherndes Bächlein, bis wir an einer Forststraße herauskommen, wo uns eine Bank unter einer riesigen Kastanie zu einer kurzen Rast auffordert. Während der *Fuchs* dann rechter Hand Zeil am Main anstrebt, marschieren wir mit dem *Hirschkäfer*-Symbol in Richtung Steinbach, das nur mehr zwei Kilometer entfernt ist. Unsere Forststraße führt uns leicht bergab und an dem bereits überquerten Bachlauf entlang durch den Wald, bis wir dessen Rand nach einer knappen Viertelstunde erreichen.

Weinberge in und um Steinbach

Rechts um die Kurve stoßen wir bald auf die ersten Häuser des Weinörtchens Steinbach. Einige von ihnen locken denn auch mit dem Schild »Heckenwirtschaft«. Wie der kundige Weinfreund weiß, deutet dies darauf hin, dass der hier ansässige Winzer vier Monate im Jahr in höchstens zwei Zeitabschnitten Wein und einfache Speisen verkaufen darf. Das Recht der Heckenwirtschaften geht auf niemand Geringeren zurück als Karl den Großen, der im Jahr 791 die Bewirtschaftung seiner Güter regelte – woraus im Lauf der Zeit in deutschen Landen ein Rechtsanspruch auf Weinausschank abgeleitet wurde, der bis heute besteht. Wir flanieren an hübschen steinernen Häuschen und schönen Bauerngärten entlang geradeaus bis zur Dorfstraße, der wir nach links folgen. Vorbei am Dorfbrunnen und heimischen Winzerhöfen (unter anderem an dem der *Sektkellerei Fischer*) geht es dann die Dorfstraße entlang, bis wir nach einigen Minuten in den Alten Postweg abbiegen und bald danach am Ortsausgang unterhalb der Weinlage Nonnenberg ankommen. Wie im benachbarten Weinort Zeil am Main mit seinen Weinlagen Kapellenberg und Mönchshang wird auch hier schon anhand des Namens die enge Verbindung zum Bistum Bamberg deutlich, zu dem die beiden Ortschaften und damit auch die Weinberge über viele Jahrhunderte gehörten. Und wie in Zeil finden sich auch auf den knapp 13 Hektar Anbaufläche des Nonnenbergs noch die denkmalgeschützten terrassenförmigen Trockenmauern im Fischgrätmuster, die den Winzern zwar viel Handarbeit abverlangen, aber auch besondere Weine hervorbringen. Unter anderem gedeiht hier neben Müller-Thurgau und Bacchus auch der Silvaner, der von dem aus Zeil stammenden Zisterzienser-Abt Alberich Degen eingeführt wurde. Wir wandern nun mehrere Hundert Meter an den Weinbergen entlang auf Ebelsbach zu, das wir unschwer am mächtigen Ebelsberg vor uns erkennen.

Zurück nach Ebelsbach

Nach etwa einer Viertelstunde erreichen wir den Ort und streben geradeaus dem Zentrum entgegen. Gegenüber der Kirche lädt der *Lauber Garten* mit fränkischen Brotzeiten, regionalen Weinen und fränkischen Bieren zu einer Rast ein. Wir gehen weiter geradeaus, überqueren die Straße, die nach Gleisenau führt, und kommen zum Schloss Ebelsbach. Auch diese Anlage war ursprünglich ein Wasserschloss und entstand im Wesentlichen zwischen 1564 und 1569. Ein Großbrand im Jahr 2009 beschädigte die Gebäude stark, sie sollten eigentlich wiederaufgebaut werden, was bis jetzt aber nicht absehbar ist. Wir setzen unsere Wanderung fort und gehen vorbei an der jüdischen Gedenktafel, immer entlang des Bachlaufes, bis wir wieder zu unserem Ausgangspunkt, dem Sportplatz, kommen. Wenn wir unsere Wanderung so geplant haben, dass die Stollenanlage der Sektkellerei geöffnet ist, steigen wir noch einmal zum Schützenplatz auf. So können wir in die Geheimnisse der Stollenanlage und der Sektherstellung eingeführt werden. Familie Fischer praktiziert noch die traditionelle Flaschengärung mit dem von Hand ausgeführten Rüttelverfahren. Damit nicht nur alles trockene Theorie bleibt, gibt es natürlich auch die Gelegenheit zur einen oder anderen Kostprobe des Sortiments.

Sektempfehlung

Ausnahmsweise gibt es an dieser Stelle keine Weinempfehlung, sondern die eines Winzersekts: Der extra trockene Silvaner muss den Vergleich mit hochwertigen Produkten namhafter Konkurrenten in keiner Weise scheuen. Wer das Außergewöhnliche sucht, dem sei der **Gold-Rivaner** mit echtem, 23-karätigem Gold empfohlen.

Ausgewählte Adressen und Tipps

- Haßberge Tourismus, Marktplatz 1, 97461 Hofheim i. Ufr., Tel. 09523/5033710, www.hassberge-tourismus.de. Mo–Fr 10–12.30 und 13.30–16 Uhr, Juni bis Aug. auch Sa 10–13 Uhr.
- *MF Frankensekt*, Martin Fischer, Dorfstr. 27, 97500 Ebelsbach, Tel. 09522/5065, www.mf-frankensekt.de. Führungen durch die Stollenanlage in Ebelsbach, Schützenstraße (Wegweiser vorhanden) werden von Mai bis Aug. an einigen Wochenenden durchgeführt. Vorherige Anmeldung ist erforderlich. Sektverkauf nach telefonischer Anmeldung. Der Winzersekt wird auch im örtlichen Rewe-Markt verkauft.
- *Gasthaus Zehendner*, Obere Eichenleite 2, 97500 Ebelsbach-Gleisenau, Tel. 09522/1831, www.gasthaus-zehendner.de. Di/Mi 16–22.30 Uhr, Fr/Sa 15–23 Uhr, So/Mo und Do geschlossen.
- *Weinscheune Schäfer*, Kirchstr. 13, 97500 Ebelsbach, Tel. 09522/950500, www.weinscheune-schaefer.de. Do–Sa ab 17 Uhr, So ab 10 Uhr, Fei ab 14 Uhr.
- *Lauber Garten*, Parkstr. 6, 97500 Ebelsbach, Tel. 0151/61240654, www.lauber-garten.de. Zur Biergartensaison ab Mai Di–Sa 15–23 Uhr, So 10–12 und 15–23 Uhr.

6 An der Grenze zwischen Bier und Wein

Durch Weinberge und Wald bei Unterhaid

Tour: Rundgang von Unterhaid durch die Haßberge nach Staffelbach und zurück entlang der Weinlage Unterhaider Röthla.
Länge: ca. 10 km.
Dauer: 2–3 Std.
Höhenunterschied: rund 80 m.
Markierungen: zuerst *schwarze Weinbergschnecke auf gelbem Grund,* danach *R* für *Rennweg,* zum Schluss ohne Markierung.
Familie: für jede Altersstufe geeignet.
Saison: das ganze Jahr über, am besten zwischen Frühjahr und Herbst.
Anfahrt: *ÖPNV*: von Bamberg mit dem Zug bis zum Bahnhof in Oberhaid, zur Ortsmitte über die »Weide« gehen und von da der Radwegausschilderung Unterhaid (Sauerstraße, Friedrich-Ebert-Straße) folgen. Vor Unterhaid entlang der Bahn bis zum Schild »Historische Kelleranlage«, die Länge der Wanderung erhöht sich beim Start am Bahnhof Oberhaid auf insgesamt 15 km. *Kfz*: auf der A 70 bis Ausfahrt 13 Viereth-Trunstadt (Richtung Unterhaid), geradeaus in den Ort hinein, die Hauptstraße links nehmen und ebenfalls dem Schild »Historische Kelleranlage« folgen.

Oberfrankens einzige Weinhänge

Diese Tour führt an den einzigen Weinhängen Oberfrankens entlang – abgesehen vom Bamberger Michelsberg, wo anlässlich der Landesgartenschau seit 2012 wieder Wein angebaut wird. Sonst aber muss sich der weindurstige Oberfranke in der mittel- und unterfränkischen Nachbarschaft behelfen. Eine weitere Besonderheit dieser Tour besteht darin, dass sie auf mehreren Wanderwegen durch die schönen Haßberge verläuft und damit Lust auf eine genauere Erkundung dieses Naturparks macht.

Oberhaid selbst ist eine der ältesten Siedlungen im Bamberger Raum und wurde bereits im 8. Jahrhundert erstmals urkundlich erwähnt. Nach der Gründung des Bistums Bamberg 1007 ging der Ort an dieses über, nachdem er ursprünglich zum Würzburger Besitztum gehört hatte. Auch der Weinanbau hat in Oberhaid bzw. in seinen Gemeindeteilen Unterhaid und Staffelbach eine lange Tradition, die bis ins späte Mittelalter zurückreicht, als die Südhänge des Sembergs bei Oberhaid und Unterhaid rebenbedeckt waren. Nachdem im Laufe der Zeit das Bier dem Wein durch den zunehmenden Hopfenanbau als starke Konkurrenz erwachsen war und zudem im 19. Jahrhundert die Reblaus den Weinbergen sehr zugesetzt hatte, lag der Weinbau völlig brach. Im Jahr 1935 aber begann ein wackerer Winzer in Unterhaid mit der Wiederbepflanzung der Weinberge und andere folgten nach Kriegsende seinem Beispiel. Heute bringen es die Winzerbetriebe in Unterhaid und Staffelbach insgesamt auf ca. acht Hektar Anbaufläche. Die Weinlage in Unterhaid trägt den schönen fränkischen Namen Unterhaider Röthla und geht zurück auf die Flurbezeichnung Abendröthe, während der Staffelbacher Spitzlberg sich auf die direkte Lage unterhalb des gleichnamigen Berges bezieht.

Die Konkurrenz durch das Bier ist bis heute im Ort spürbar geblieben, nicht zuletzt aufgrund der Tatsache, dass die Gemeindegrenze nach Stettfeld auch die Grenze zwischen dem bierfreudigen Ober- und dem weinfreudigen Unterfranken bildet – so gehen Bier- und Weinfranken praktisch nahtlos ineinander über.

Vom alten Keller aus an den Weinbergen entlang

Wir beginnen unsere Wanderung unterhalb einer historischen Kelleranlage, die wir besichtigen können (siehe unten). Hier fühlt sich der weinkundige Wanderer gleich heimisch, sieht er sich doch bereits umgeben von den ersten Weinhängen des Unterhaider Röthla. Bei guter Sicht ist vom Parkplatz aus sogar der Bamberger Dom zu erkennen, der sich in der Ferne über der altehrwürdigen Bischofsstadt erhebt. Entgegen der Schrift »Es ist vollbracht«, mit der die enorme Kreuzigungsfigur am Parkplatz versehen ist, beginnt unsere Wanderung allerdings erst. Der befestigte Weg führt uns bergabwärts nach links, parallel zu den sich oberhalb befindlichen Weinhängen. Hier ist auch schon ein Wanderzeichen zu entdecken, das uns ein Stück begleiten wird: die *schwarze Wein-*

Die historische Kelleranlage Unterhaid ist einen Besuch wert.

bergschnecke auf gelbem Grund. Während unseres Gangs durch die Weinberge haben wir einen herrlichen Ausblick auf Unterhaid, Obstbäume, grüne Wiesen und den nicht allzu weit entfernten Steigerwald. Nach einigen Hundert Metern biegen wir links ab und es geht ordentlich bergauf Richtung Sandhof in den Wald hinein. Dabei ist man immer wieder versucht sich umzudrehen, weil die Aussicht in die Ferne so schön ist.

Zum Eichenrangen und auf den Rennweg

Am Ende des Anstiegs lichten sich die Bäume wieder und es offenbart sich, umsäumt von Bäumen, ein freies Feld, der sogenannte Eichenrangen, über den stets ein laues Lüftchen weht. Dies tut nach der kleinen Anstrengung des Bergaufgehens spürbar gut. Deshalb fällt es dann auch umso leichter, weiterzuwandern – leicht bergab wieder in den Wald hinein. Hier endet die Bepflasterung des Weges und es geht auf Waldboden weiter. Sofort wird man von fröhlichen Vogelstimmen begrüßt und auch ein murmelnder Bach ist zu vernehmen. Nach einigen Minuten führt uns unser Wanderzeichen nach links und es geht wieder leicht bergan, wobei man sich an dem schönen Waldambiente mit Fichten, Moos und Blaubeersträuchern erfreuen kann. Nach etwa zehn Minuten und der per Schild erfolgten Information, dass Unterhaid mittlerweile drei Kilometer hinter uns liegt, biegen wir nach links ab. Nun folgen wir nicht mehr der *Weinbergschnecke,* sondern einem *großen schwarzen R.* Dieser Buchstabe steht als Abkürzung für den sogenannten *Rennweg,* den kleinen Bruder des Rennsteigs im Thüringer Wald. Wie bei diesem handelt es sich auch hier um eine alte Verkehrsverbindung und auch er verläuft auf einem Gebirgskamm, nämlich dem der Haßberge, und zwar in nordwestlich-südöstlicher Richtung. Früher vor allem als Salzhandelsweg vom Grabfeld in der Rhön nach Bamberg oder im ausgehenden 18. Jahrhundert gar als Aufmarschstraße für Soldaten benutzt, ist der *Rennweg* heute mit seiner Streckenlänge von rund 55 Kilometern bei Fahrrad- und Mountainbikefahrern als Tagestour sehr beliebt.

Nach weiteren zehn Minuten geht es relativ scharf links um die Kurve und zwei neue Wanderschilder begleiten uns, ein *blaues M* und ein *grüner Turm.* Dabei handelt es sich um die

Zeichen zweier weiterer beliebter Wanderwege – des *Mainwander-* und des *Burgen- und Schlösserwegs.* Während der *Mainwanderweg* als fast 550 Kilometer langer Weitwanderweg von der Weißmainquelle am Ochsenkopf bis zur Mündung in den Rhein bei Mainz verläuft, führt der letztgenannte über mehr als 200 Kilometer vorbei an etwa 25 Burgen, Schlössern, Ruinen und adeligen Ansitzen vom Main bis hoch ins Grabfeld.

Für besonders Hungrige und Durstige gibt es etwa fünf Minuten später die Möglichkeit, den Weg abzukürzen und nach links in Richtung Unterhaid einzubiegen, wo man nach etwa zwei Kilometern wieder auf den Parkplatz am historischen Keller trifft. Für die anderen geht es noch zehn Minuten weiter geradeaus, bis ein Schild nach links in Richtung des drei Kilometer entfernten Staffelbachs weist. Wir folgen diesem und verlassen damit den *Rennweg,* der weiter geradeaus führt.

Draußen vor dem Wald

Nach einigen Hundert Metern lichtet sich der Wald, der Weg ist wieder befestigt und am Waldrand wartet ein herrlicher Ausblick auf die Haßberge und den Steigerwald. Nachdem man nun eine Weile den Berg hinuntergewandert ist, verabschiedet sich der *Burgen- und Schlösserweg* und biegt wieder nach rechts in den nahen Wald ab. Wir gehen ca. 20 Minuten bergab und erblicken Staffelbach jenseits der Autobahn direkt vor uns. Wer noch Zeit und Lust auf etwas Kultur hat und den Ort genauer kennenlernen will, dem sei ein kurzer Abstecher empfohlen. Zu sehen gibt es hier neben einigen hübschen alten Bauernhäusern unter anderem die katholische Filialkirche St. Cyriakus, deren ältester Bestandteil, der Chorturm, aus dem 15. Jahrhundert stammt.

An Weinbergen entlang zurück nach Unterhaid

Der Weg zurück verläuft dann vom großen Steinkreuz aus links wieder nach Unterhaid. Wir gehen ca. 10 Minuten entlang der Autobahn noch einmal ein kleines Stück einen Berg hinauf und biegen danach links ab, am sogenannten »Sauknock« entlang zurück nach Unterhaid. Auch hier hat man einen unverstellten Blick

Die Weinberge der Lage Unterhaider Röthla, umrahmt von frühsommerlichem Gelb

über das Maintal bis in den Steigerwald. Kurz vor dem Erreichen des Parkplatzes stößt man dann auch wieder auf die Unterhaider Weinhänge, die links am Berg den Weg säumen.

Besichtigung der historischen Kelleranlage

Auch wenn in der historischen Kelleranlage das Bier im Vordergrund steht, sollten wir nicht versäumen, einen Gang durch den Hohlweg mit 29 Einzelkellern und einem Sommerkeller der ehemaligen Brauerei mit Kellerhaus, Terrasse und Kegelbahn zu machen. Die unter Denkmalschutz stehende Anlage wurde 2009 bis 2013 aufwendig saniert und ist heute wieder für durstige Wanderer geöffnet.

Weinempfehlung

Wir entscheiden uns für einen trockenen **Müller-Thurgau** von *Weinbau Weyrauther*, einen einfachen fruchtig-spritzigen Wein, der bestens zu zünftigen Brotzeiten passt.

Ausgewählte Adressen und Tipps

- Haßberge Tourismus, Marktplatz 1, 97461 Hofheim i. Ufr., Tel. 09523/5033710, www.hassberge-tourismus.de. Mo–Fr 10–12.30 und 13.30–16 Uhr, Juni bis Aug. auch Sa 10–13 Uhr.
- *Weingut Weyrauther*, Hauptstr. 66, 96173 Unterhaid, Tel. 09503/7648, www.weingut-weyrauther.de. Hofverkauf Mo–Sa 9–12 Uhr, Do/Fr auch 14–17 Uhr.
- *Kelleranlage Unterhaid,* Weinbergstr., 96173 Unterhaid, Tel. 09503/92230, www.hassberge-tourismus.de. Mai bis Sep. bei gutem Wetter Mo–Fr 16–22 Uhr, Sa/So 15–22 Uhr.
- *Weinstube Altes Rathaus*, Hauptstr. 27, 96173 Unterhaid, Tel. 09503/7583, www.weinstubealtesrathaus.de. Mi–So 17–22 Uhr.

Kräftige Weine am Steigerwald 7

Auf den Zabelstein bei Altmannsdorf

Tour: Rundwanderung von Altmannsdorf über den Zabelstein und den Weinberg Falkenberg.
Länge: 8 km.
Dauer: ca. 3 Std.
Höhenunterschied: 200 m.
Markierung: von Altmannsdorf bis Zabelstein *blaues M*, danach *grünes Dreieck* bis Falkenberg. Wegweiser sorgen für gute Orientierung.
Familie: gut für Kinder geeignet.
Saison: das ganze Jahr über, am besten zwischen Frühjahr und Herbst.
Anfahrt: *ÖPNV:* von Schweinfurt oder Gerolzhofen mit Buslinie 458 zur Haltestelle in Altmannsdorf. *Kfz:* auf der A 70 bis Ausfahrt 10 (Haßfurt), weiter über Donnersdorf und Falkenstein; oder auf der A 3 bis Ausfahrt 75 (Wiesentheid), von dort nach Gerolzhofen und über Dingolshausen, Michelau und Hundelshausen nach Altmannsdorf. Parkmöglichkeit neben der Bushaltestelle gegenüber dem Feuerwehrhaus.
Besonderheiten: Auf- und Abstieg am Zabelstein teilweise etwas steil, deshalb leisten bei Nässe Wanderstöcke gute Dienste.

Der Zabelstein im Steigerwald

Mit seinen 485 Metern ist der Zabelstein die höchste Erhebung im nördlichen Steigerwald. Die mächtige Festungsanlage auf dem Scheitelpunkt des Bergs war 1525 im Bauernkrieg zerstört worden. Von den Bauern wieder aufgebaut, brannte die Burg 1689 erneut ab. Da sie 1806 zum Abbruch freigegeben wurde, sind heute nur noch spärliche Reste der einst imposanten Anlage zu sehen.

Dafür bietet der 19 Meter hohe, 2020 neu errichtete Aussichtsturm einen herrlichen Blick, bei schönem Wetter sogar bis zur Rhön und zum Thüringer Wald. Der Zabelstein ist ein gern wahrgenommenes Wanderziel.

Die Wanderung startet in Altmannsdorf und führt durch die Weinlage Sonnenwinkel.

Über Neuhof zum höchsten Punkt des Zabelsteins

Von der Bushaltestelle bzw. vom Parkplatz in der Dorfmitte von Altmannsdorf orientieren wir uns an der Markierung *blaues M*. Gleich hinter dem *Gasthaus zum Zabelstein* beginnt die Weinlage Sonnenwinkel, die sich in einem weiten Bogen bis unterhalb des Zabelsteins erstreckt. Es geht nun leicht bergauf und die Augen können sich kaum sattsehen an der harmonischen Landschaft mit grünen Wiesen, anmutigen Hügeln und blühenden Bäumen. Nach gut zehn Minuten verlassen wir kurz den eingeschlagenen Weg und folgen dem Hinweisschild »Aussichtspunkt«. Nach knapp 100 Metern stehen wir oberhalb der Weinlage Sonnenwinkel und lassen nun den Blick über unzählige Reihen von Rebstöcken schweifen, überwältigt von dem einzigartigen Panorama.

Es geht zurück zur *M-Markierung* und bald ist Neuhof erreicht. Ein paar Häuser, eine schmucke kleine Kapelle und einen begrünten Dorfweiher hinter uns lassend, geht es geradeaus weiter. Nach einem Parkplatz biegen wir auf einen schmalen Pfad ab, hinein in den dichten Laubwald, der die vor uns liegenden Anhöhen umschließt. Auf dem Lehmboden ist es manchmal rutschig, darum sollte man bei Nässe Wanderstöcke dabei haben. Der Anstieg wird etwas steiler und da über 160 Höhenmeter zu bezwingen sind, ist eine kurze Verschnaufpause ab und an sicher nicht schlecht. Nach etwa einer Stunde ist es dann aber geschafft und der höchste Punkt des Zabelsteins ist erklommen. Natürlich ist es Ehrensache, den dort befindlichen Aussichtsturm zu besteigen. Auf der Plattform sind ringsum bebilderte Tafeln angebracht, die Interessantes über die umliegenden Ortschaften verraten. Wer Lust hat, kann auch die ausgeschilderte Zabelsteinrunde erwandern. Zahlreiche Informationstafeln informieren über Geschichte und Geologie des Zabelsteins. An Wochenenden hat auch der *Biergarten Frey* geöffnet.

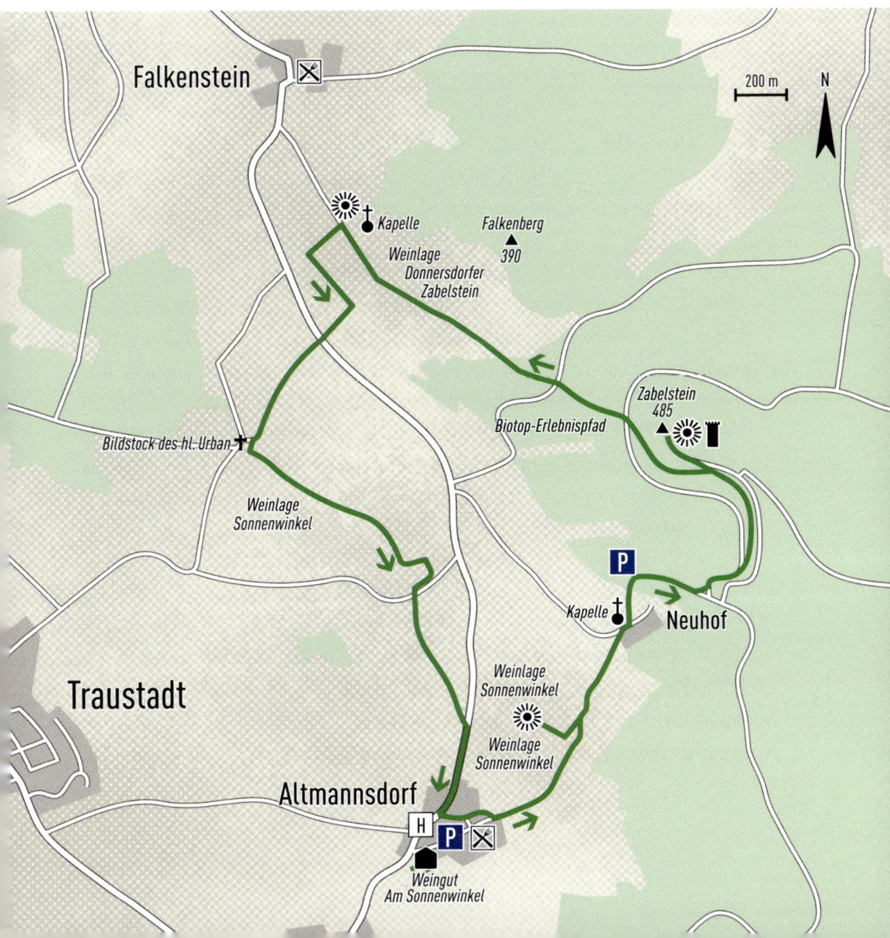

Bergab zum Falkenberg

Nach einer Pause wird der Rundgang fortgesetzt. Es geht zunächst auf demselben Weg, den wir aufgestiegen sind, ein Stück zurück. Dann aber folgen wir rechts der Markierung *grünes Dreieck,* das von dem *Steigerwald-Panoramaweg-Zeichen* begleitet wird, Richtung Falkenstein (Abzweigung am Wegpunkt »Unter der Burg Zabelstein 453 m«). Wir passieren jetzt auch einige Stationen des Biotop-Erlebnispfads, der hier rund um den Zabelstein angelegt wurde. Die Bedeutung des Waldes für Mensch und Natur wird auf den Tafeln sehr anschaulich beschrieben.

Sobald der Wald hinter uns liegt, kommen wir mit der Markierung *grünes Dreieck* zu der Weinlage Donnersdorfer Zabelstein, darüber erstrecken sich die Wälder des 390 Meter hohen Falkenbergs. Auf seinen Rebhängen sind über 20 Winzerhäuser verstreut. Am Ende der Weinlage ist rechts eine hübsche kleine Kapelle mit farbigen Glasfenstern zu sehen, davor befinden sich Ruhebänke. Es lohnt sich, hier eine kurze Verschnaufpause einzulegen und den grandiosen Blick auf die Umgebung, wie z. B. auf den Ort Donnersdorf, für eine Weile zu genießen. Wer jetzt schon hungrig ist, wandert in den Ort und besucht das *Gasthaus Krapf* mit gutbürgerlicher Küche und leckeren Weinen aus der Region.

Alle anderen folgen einem geschotterten Pfad, der etwa in gleicher Höhe der Kapelle zur Straße hinunterführt. Wir überqueren die Straße und folgen dem Asphaltweg in Richtung Friedwald. Wir schauen oft zurück. Von hier aus kann man besonders gut erkennen, wie die Rebhänge von den Wäldern des Falkenbergs geschützt werden und wie majestätisch der Zabelstein alle anderen Anhöhen des Steigerwalds überragt.

Der Weg teilt sich, führt rechts nach Traustadt, wir aber gehen links. Zuvor werfen wir einen Blick auf den Bildstock des Heiligen Urban, der unter einem schützenden Dach mit einem Rebstock voller Trauben im Arm zu einem Moment der Besinnung einlädt.

Weingut am Sonnenwinkel

Der Weg bringt uns, vorbei an den zur Lage Sonnenwinkel gehörenden Rebhängen rechter Hand, zügig zurück nach Altmannsdorf, wo man nun nach einem Wirtshaus Ausschau halten kann. Empfeh-

Der Aussichtsturm auf dem Zabelstein bietet einen großartigen Weitblick.

Die Winzerkapelle oberhalb von Donnersdorf lädt zum kurzen Verweilen ein.

lenswert ist das *Gasthaus zum Zabelstein.* Es ist aber auch möglich, im *Weingut am Sonnenwinkel* einzukehren, denn dort gibt es zu bestimmten Zeiten nicht nur eine kräftigende Brotzeit und warme Speisen, sondern auch spritzige Weine von den Lagen, die wir soeben kennengelernt haben. Das Weingut besteht seit 1935 und verfügt über drei Hektar der Lagen Sonnenwinkel und Donnersdorfer Zabelstein.

Im Weingut werden die Weißweine Müller-Thurgau, Bacchus, Silvaner, Kerner und Grauburgunder sowie die Rotweine Dornfelder, Domina und Regent zum Verkauf angeboten, außerdem ein Rotling. Die schweren Gipskeuperböden an den Hängen unterhalb des Falkenbergs und des Zabelsteins sorgen dafür, dass die von dort stammenden Weine besonders würzig und kraftvoll schmecken.

Weinempfehlung

Vom *Weingut am Sonnenwinkel* hat uns der **Silvaner trocken** der Lage **Donnersdorfer Zabelstein** außerordentlich zugesagt. Er schmeckt erfrischend fruchtig und intensiv, belebend auf Gaumen und Zunge. Mit Sicherheit passt er ideal zu einem Spargelessen mit Schinken und einer herzhaften Käsesoße.

Ausgewählte Adressen und Tipps

- Tourist-Information Gerolzhofen, Marktplatz 20, 97447 Gerolzhofen, Tel. 09382/903512, www.frankentourismus.de. Mo–Fr 9–12 und 13–17 Uhr, So 14–17 Uhr, Apr. bis Okt. auch Sa 9–12 und 14–17 Uhr.
- *Weingut am Sonnenwinkel*, Am Sonnenwinkel 6, 97513 Altmannsdorf, Tel. 09528/426. Als Heckenwirtschaft geöffnet Mitte Apr. bis Ende Mai und Ende Sep. bis Ende Okt. an einigen Wochenenden. Weinverkauf und Weinverkostung jederzeit nach vorheriger Anmeldung möglich.
- *Gasthaus zum Zabelstein*, Falkenbergstr. 12, 97513 Altmannsdorf, Tel. 09528/227, www.gasthaus-zabelstein.de. Mi–Sa 15–21 Uhr, So 11–21 Uhr, am ersten Wochenende im Monat geschlossen!
- *Frey am Zabelstein*, 97513 Hundelshausen, Tel. 09524/6653, www.freyamzabelstein.de. Sa/So und Fei ab 12 Uhr bis Sonnenuntergang!
- *Gasthaus Krapf*, 97499 Donnersdorf, Tel. 09528/415. Mi/Do und Sa/So 11.30–22 Uhr, Fr 15–22 Uhr.

8 Höher, steiler, Stollberg

Durch die Lagen bei Oberschwarzach

Tour: Rundweg durch die Weinberge zwischen Oberschwarzach, Handthal und Kammerforst.
Länge: rund 6 km.
Dauer: etwa 1,5 Std.
Höhenunterschied: 80 m.
Markierung: verschiedene, siehe Wegbeschreibung.
Familie: für jede Altersstufe angemessen.
Saison: das ganze Jahr über möglich.
Anfahrt: *ÖPNV:* von Schweinfurt mit Bus 8160 bis Gerolzhofen, dann Bus 8285 nach Oberschwarzach; von Bamberg mit Bus 991 bis Ebrach, dann Bus 999. *Kfz:* auf der B 22 (Bamberg–Würzburg) bis Breitbach, von dort auf der St 2272 nach Oberschwarzach noch 2 km. Parkmöglichkeit am Kirchberg.

Besondere Lagen

Oberschwarzach liegt am Rand des Steigerwalds, ein ganzes Stück östlich der Volkacher Mainschleife. Unmittelbar neben dem Ort befindet sich die Schwarzachquelle. Die nahe Stollburg aus dem 12. Jahrhundert, von der noch die Reste des Bergfrieds zeugen, wird als ein möglicher Geburtsort des Minnesängers Walther von der Vogelweide genannt – zusammen mit einem halben Dutzend anderer Orte in Süddeutschland, Österreich und Südtirol.

Ganz unzweifelhaft sind dagegen folgende Tatsachen, die für eine Weinlage auf dem Gemeindegebiet gelten: Der Handthaler Stollberg ist die höchste Lage Frankens und mit einer Hangneigung von bis zu 70 Prozent auch die steilste. Hier wächst der Wein auf bis zu 400 Meter hinauf. Auf den angrenzenden Lagen Oberschwarzacher Herrenberg und Kammerforster Teufel gedeihen gleichfalls vorzügliche Trauben, sodass es für Weinkenner und Weingenießer nahezu unverzeihlich wäre, diese Region nicht aufzusuchen.

Bummel durch den alten Ortskern

Vor dem Start unserer Wanderung schauen wir uns zunächst ein wenig in Oberschwarzach um. Unübersehbar ist das imposante Renaissanceschloss mit markantem Stufengiebel und zwei formschönen Rundtürmen. Fürstbischof Julius Echter hatte den Umbau des Vorgängerbaus an gleicher Stelle zu einem Bischöflichen Amtshaus in Auftrag gegeben, nachdem der Sitz des Würzburger Amtmanns auf der Stollburg im Bauernkrieg zerstört worden war. 1614 fertiggestellt, diente das Schloss später unter anderem als Sitz der Gendarmerie bzw. des Revierförsters und wurde schließlich auch zu Wohnzwecken vermietet. Die dennoch weitgehend im Originalzustand erhaltene Anlage befindet sich – ungewöhnlich – im Besitz der örtlichen Kirchengemeinde.

Gleich daneben liegt die stattliche Pfarrkirche St. Peter und Paul. Sehenswert sind hier vor allem eine Madonna mit Kind aus dem 15. Jahrhundert, die Figur des Heiligen Sebastian aus der Riemenschneider-Werkstatt und die Gedächtnisstätte für den 1942 im KZ Dachau ermordeten Gemeindepfarrer Georg Häfner, der 2011 seliggesprochen wurde.

Vom Handthaler Stollberg zum Oberschwarzacher Herrenberg

Um die ortsnahen Weinberge in Augenschein zu nehmen, gehen wir von der Bushaltestelle in der Hauptstraße zur Handthaler Straße und von dort bis zu den letzten Häusern. Danach biegen wir links in die von Buschwerk eingerahmte Ziegelgasse ein. Sobald die nächste Querstraße erreicht ist, orientieren wir uns mit dem Hinweisschild *Stollberg* nach rechts. Wir tauchen kurz darauf in eine bewaldete Bodensenke ein, halten uns auf dem Querweg links (Markierung *O4)* und haben bald den 443 Meter hohen Stollberg in seiner erhabenen Größe vor uns. Ganz oben, teilweise von Baumwipfeln verdeckt, ist der Turm der Stollburgruine zu erkennen. Darunter liegt auf halber Höhe das *Gut des*

Das Renaissance-Schloss in Oberschwarzach stammt aus dem frühen 17. Jahrhundert.

Staatlichen Hofkellers Würzburg. Wie schon erwähnt, haben die Süd- und Westhänge des Stollbergs ein Gefälle von bis zu 70 Prozent und nirgendwo sonst in Franken reifen Trauben auf einer so extremen Höhenlage. Selbst der anspruchsvolle Silvaner, der normalerweise nur auf Weinbergen gedeiht, die nicht über 300 Meter hoch liegen, wächst auf den Stollberghängen.

Während das herrliche Panorama den Wanderer noch in seinen Bann zieht, taucht rechter Hand, von Büschen etwas versteckt, direkt hinter einem Graben ein hölzerner Wegweiser zur Vierzehn-Nothelfer-Kapelle auf. Wir biegen ab – ein schmaler Trampelpfad führt uns in ein grünes Paradies. Wir überqueren den Handthaler Bach, einen der Quellbäche der Schwarzach, und gehen geradewegs über die Wiese weiter. Schließlich stoßen wir unmittelbar vor der nach Handthal führenden Straße auf eine modern anmutende Steinskultpur in Kreuzform mit den Namen der 14 Nothelfer. Die Kapelle, unser eigentliches Tagesziel, ist inzwischen gut sichtbar, wenngleich noch ein gutes Stück Weg entfernt.

Gleich nach dem Überqueren der Straße mit Wegweiser *Zur Kapelle* – wir befinden uns jetzt in der Weinlage Oberschwarzacher Herrenberg – taucht links vom Weg etwas Überraschendes auf: eine kleine Parzelle mit Rebstöcken im gemischten Satz, eine in früheren Zeiten übliche Anbaumethode. Damals wurde jede Rebe einzeln an einem Pfahl befestigt – Drahtverbindungen gab es nicht – und man pflanzte verschiedene Rebsorten nebeneinander, die dann gemeinsam geerntet und gekeltert wurden. Der auf diese Weise entstandene Wein unterschied sich von dem heutigen gewaltig – vor allem in geschmacklicher Hinsicht, denn diese Anbaumethode sorgt für eine große Geschmacksvariation zwischen den Jahrgängen und erfordert zugleich die ganze Erfahrung und Sensibilität des Winzers, um aus den Anteilen der verschiedenen Weinsorten einen harmonisch schmeckenden Wein kreieren zu können. Näheres zu dieser Anbaumethode ist der von einem alten Nussbaum beschatteten Infotafel neben der Parzelle zu entnehmen.

Vierzehn-Nothelfer-Kapelle und Abt-Ludwig-Hütte

In einer langgestreckten Rechtskurve geht es nun bergauf, bis schließlich die den 14 Nothelfern gewidmete Weinbergkapelle erreicht ist. Sie entstand Anfang der 1980er-Jahre und überrascht mit einer fünfeckigen Dachkonstruktion. Daneben ein Campanile mit Friedensglocke, errichtet nach Abschluss der Flurbereinigungsmaßnahmen. Vor der Kapelle ein weit sichtbares Kreuz und etliche Ruhebänke. Die Aussicht auf die Landschaft ringsum, 70 Meter über Oberschwarzach, ist einfach herrlich. Deshalb in aller Ruhe Platz nehmen und das Panorama ausgiebig genießen.

Zum Abstieg nach Oberschwarzach schlendern wir die Weinbergstraße hinter der Kapelle hinunter. Die Ortschaften gen Süden sind Kammerforst und Breitbach, die sich dorthin erstreckenden Rebstöcke gehören zur Weinlage Kammerforster Teufel. Schon bald wird es Gelegenheit geben, die Weine der umwanderten Weinberge zu probieren. Zuvor erreichen wir die Abt-Ludwig-Hütte. Ein Gedenkstein erinnert an den frommen Mann, der von 1686 bis 1696 das Ebracher Kloster geleitet hat.

Wir bleiben zunächst auf gleicher Höhe und nachdem wir die große Schleife bis zum Waldrand abgelaufen haben, geht es in einer Rechtskurve hinunter. Unterhalb der Weinlage Herrenberg angekommen, biegen wir mit der Markierung *O4* von der Weinbergstraße nach links ab. Bald ist Oberschwarzach erreicht, und es wird allmählich Zeit, ein Wirtshaus oder Weingut ausfindig zu machen.

Lange suchen müssen wir nicht: Das *Weingut Ruppenstein* liegt gleich am Weg, in der Steiggasse. Nach der Weinprobe sind es nur ein paar Schritte bis zum Ortszentrum.

Weinempfehlung

»Geiersknuck« ist der Name eines Aussichtspunkts am Geiersberg oberhalb von Oberschwarzach. **»Geiersknuck«** heißt auch die trockene **Silvaner Spätlese,** mit deren Jahrgang 2019 das *Familienweingut Ruppenstein* den Wein-Ehrenpreis des Landkreises Schweinfurt erringen konnte. Die Trauben für diesen Wein gedeihen am Oberschwarzacher Herrenberg, nur wenig unterhalb des namensgebenden Panoramaortes. Auch der Jahrgang 2020, den wir probieren durften, ist eine Empfehlung wert und zeigt eindrucksvoll die geschmackliche Bandbreite, die den Silvaner in Franken auszeichnet.

Die Weinberge um Oberschwarzach mit der Vierzehn-Nothelfer-Kapelle

Ausgewählte Adressen und Tipps

- Marktgemeinde Oberschwarzach, Handthaler Str. 9, 97516 Oberschwarzach, Tel. 09382/31380, www.oberschwarzach.de.
- *Weinbau Ruppenstein*, Steiggasse 5, 97516 Oberschwarzach, Tel. 09382/90703, www.wein-von-ruppenstein.de. Mo–Sa 14–18 Uhr, So und Fei 14–17 Uhr.
- *Landgasthaus Der Brunnenhof,* Handthal 6, 97516 Oberschwarzach, Tel. 09382/99828, www.der-brunnenhof.de. Mi–So und Fei 11–20 Uhr, Mo/Di Ruhetage.
- *Gaststube Stollburg,* Handthal 50, 97516 Oberschwarzach, Tel. 09382/9930895, www.stollburg-handthal.de. Do–Mo ab 11 Uhr, Di/Mi Ruhetage.
- *Gasthaus Brehm,* Dorfstr. 12, 97516 Wiebelsberg, Tel. 09382/8546, www.gasthausbrehm.de. Do 15–23 Uhr, Fr/Sa 11–23 Uhr, So und Fei 9.30–23 Uhr (Küche jeweils bis 20 Uhr), Mo–Mi Ruhetage.
- In Oberschwarzach befindet sich die Erich-Kästner-Bibliothek. Das Inventar der Wohnung in München, in der der Schriftsteller *(Emil und die Detektive)* bis zu seinem Tod 1974 lebte, ging 1991 in den Besitz des nach ihm benannten Kinderdorfes über. In einer ehemaligen Scheune können Kästners Möbel, persönliche Gegenstände und seine gesamte Privatbibliothek nach Voranmeldung besichtigt werden. Steinmühle, 97447 Oberschwarzach, Tel. 09382/6954, www.erich-kaestner-kinderdorf.de.
- Schloss-Weinfest der Oberschwarzacher Marktgemeinde am ersten Juliwochenende im Hof des Schlosses.
- Einer der terroir-f-Orte Weinfrankens befindet sich am Stollberg über Handthal. Er bietet beim Aufstieg hinauf zur Stollburg Einblicke in 8000 Jahre Weingeschichte und wunderbare Ausblicke.
- Seit 2016 hat der Steigerwald eine neue Attraktion: den Baumwipfelpfad bei Ebrach, wenige Kilometer von Handthal entfernt. Auf einer Höhe von bis zu 42 m und einer Länge von 1,1 km können Besucher den Lebensraum Wald aus ungewohnter Perspektive erkunden. Einlass täglich 9–17 Uhr, www.baumwipfelpfadsteigerwald.de.

Am Rande des Steigerwalds 9

Eine Radtour ab Prichsenstadt

Tour: Radrundfahrt von Prichsenstadt über Wiesentheid, Rüdenhausen und Abtswind.

Länge: rund 35 km.

Dauer: reine Fahrzeit 3–4 Std.

Höhenunterschied: insgesamt etwa 200 m. Die Radtour ist den westlichen Ausläufern des Steigerwaldes gewidmet und es wird sich zeigen, dass die mitunter mitleidig belächelten Anhöhen des Steigerwaldes dem Radler einiges abverlangen können.

Markierung: Prichsenstadt–Rüdenhausen Radweg entlang der Straße, Rüdenhausen–Rehweiler *Radweg Nr. 5* des Radwandernetzes Landkreis Kitzingen, Rehweiler–Füttersee Erläuterungen im Text, Füttersee–Prichsenstadt *Radweg Nr. 14* des Radwandernetzes Landkreis Kitzingen.

Familie: Die Strecke setzt eine gute körperliche Verfassung voraus, Jugendlichen frühestens ab 14 Jahren zumutbar. Für E-Bikes gibt es in Prichsenstadt eine kostenlose Ladestation in der Luitpoldstraße beim Durchgang zur Sparkasse.

Saison: das ganze Jahr über möglich, besonders empfehlenswert Mai bis Oktober.

Anfahrt: *ÖPNV:* nicht möglich, da keine Radmitnahme. *Kfz:* auf der A 3 bis Ausfahrt Wiesentheid, dann die B 286 bis zum Prichsenstadter Westtor. Hier kostenlos parken.

Überbleibsel mittelalterlicher Stadtgründung

Wir beginnen unsere Rundfahrt an den Doppeltürmen des Westtores in Prichsenstadt. Es ist zwar naheliegend, dem einzigartigen Städtchen, das wie ein Überbleibsel aus dem Mittelalter wirkt, zunächst einen ausgiebigen Besuch abzustatten. Doch den Höhepunkt des Tages heben wir uns besser für das Ende des Ausflugs auf.

Deshalb gleich los Richtung Wiesentheid auf dem Radweg, der am Westtor beginnt. Es geht leicht bergab und wir kommen flott voran. Beiderseits der Route liegen fruchtbare Felder und blühende Wiesen, dahinter links die lang gestreckten Höhenrücken des Steigerwaldes.

Steigerwälder Barockresidenz

Kurz vor Wiesentheid endet der Radweg, darum ist jetzt erhöhte Vorsicht auf der Straße geboten. Vor der Weiterfahrt nach Rüdenhausen legen wir einen kurzen Stopp in Wiesentheid ein, das zu Recht als »Residenzstadt am Steigerwald« bezeichnet wird. Das Schloss Schönborn, von Graf Schönborn zu einer überdimensionalen Barockanlage erweitert, übertrifft hinsichtlich der Größe alle Gebäude. Auch die gegenüberliegende Pfarrkirche St. Mauritius, 1727–1732 nach Plänen von Balthasar Neumann errichtet, ist beeindruckend. Der Innenraum der Kirche besticht durch seine Scheinarchitektur: An der flachen Decke wird eine große Kuppel vorgetäuscht. Der Marktplatz imponiert mit Rokoko-Rathaus, alter Apotheke und Mariensäule.

Weiter geht es auf dem Radweg nach Rüdenhausen. Im Ort befindet sich das prachtvolle Schloss der Linie Castell-Rüdenhausen. Das einstige Wasserschloss liegt in einem nicht zugänglichen Park, denn die Nachkommen des Grafengeschlechts wohnen hier. Ein Teil des Parks dient als Grabstätte verstorbener Vorfahren. Auch lohnt es sich, einen Blick in die Rüdenhausener Pfarrkirche St. Peter und Paul mit ihren reich verzierten Emporen zu werfen.

Rast in Abstwind

Im Zentrum von Rüdenhausen biegen wir links ab und folgen dem Radzeichen *Nr. 5*. Es geht leicht bergauf, schnell ist Abtswind erreicht, ein schöner altfränkischer Weinort. Zwischen den zwei Toren behäbige Sandsteinhäuser, zumeist Winzerhöfe, die ihren Wein von den Lagen Altenberg, Schild und Hasenberg beziehen. Auf dem nahen Friedrichsberg entstand der erste bayerische Weinlehrpfad. Sehenswert ist die Pfarrkirche St. Maria, eine ehemalige Kirchenburg. In Abtswind laden der *Gasthof Zur Schwane* und das *Gasthaus Zur Ölmühle* zum Verweilen ein. Besondere Schmankerl gibt es im Hofladen der Ölmühle zu erwerben: Öle aus Traubenkernen, Raps, Walnuss oder Sonnenblumen.

Wer ausgezeichnete fränkische Weine und kleine Köstlichkeiten probieren möchte, ist beim *Weingut Behringer* mit seiner Vinothek herzlich willkommen. Das Weingut liegt kurz hinter Abtswind. Danach folgt der wirklich anstrengende Teil der Tour.

Sportliche Herausforderung Friedrichsberg

Fast 150 Meter Steigung – Serpentinen schlängeln sich den Berg hinauf – erwarten den Radelnden. Der Friedrichsberg hat es in sich. Kurz vor Rehweiler ist der Scheitelpunkt erreicht und Entspannung angesagt. Wer einen kleinen Umweg nicht scheut, biegt nach rechts zur ehemaligen Waldschänke Friedrichsberg ab und erfreut sich hier des schönen Weitblicks nach Abtswind, Rüdenhausen und Wiesentheid.

Gut 100 Meter hinter Rehweiler biegen wir rechts ab, im Zentrum von Langenberg halten wir uns nochmals rechts und ebenso nach der Autobahnunterführung. Zwischen der Autobahn und dem Flüsschen Ebrach geht es auf ebener Strecke drei Kilometer

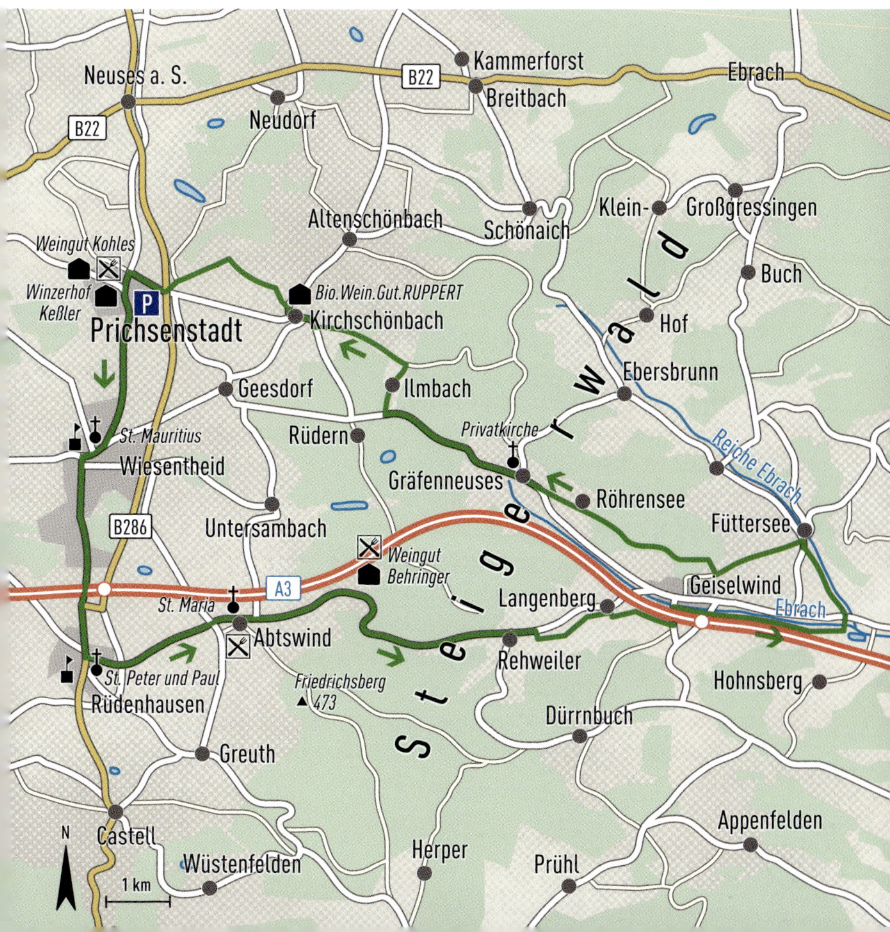

Ein ganz besonderes Flair strahlt die Altstadt von Prichsenstadt aus.

geradeaus, dann biegen wir links nach Füttersee ab. Im Ort stoßen wir auf den Radweg *Nr. 14,* dem wir bis Prichsenstadt folgen.

Naturdenkmal Kaisereiche

Vor der Abzweigung auf die *Nr. 14* lohnt sich ein zehnminütiger Abstecher zur Kaisereiche, auch Karlseiche genannt, weil sie der Legende nach zur Zeit Karls des Großen gepflanzt wurde. Der 34 Meter hohe Baum hatte einen Kronendurchmesser von rund 27 Metern. Allerdings erwischte Orkan Fabienne am 23. September 2018 die Eiche mit voller Kraft. Etwa die Hälfte der Krone brach ab. Dennoch ist ein Abstecher zu dem imposanten Baum, der auf 400 bis 600 Jahre geschätzt wird, lohnenswert. Wer das einzigartige Naturdenkmal kennenlernen will, fährt bis zur Mitte von Füttersee, der Pfad zur Eiche ist ausgeschildert.

Danach prüft der Steigerwald erneut die Kondition des Radlers. Die wellige Hügellandschaft, eine Augenweide für jeden Naturfreund, bietet ein ständiges Auf und Ab. Geiselwind ist nur von ferne zu sehen, ebenso die Türme des Freizeitparks.

Wie entsteht eine Privatkirche?

Gräfenneuses bietet etwas sehr Seltenes, eine Kirche in Privatbesitz. Das schlichte Gotteshaus wurde vor über 100 Jahren von acht Bauern in Eigenregie errichtet und bis heute hat sich an den Eigentumsverhältnissen nichts geändert. Direkt gegenüber befindet sich das prächtige Ilmbacher Tor, das bis zur Säkularisierung 1803 zum nahen Kartäuserkloster Ilmbach gehörte.

Ab Gräfenneuses müssen wir ein Stück auf der Straße radeln. Vor Rüdern dann rechts abbiegen, hinter Ilmbach links und ab Kirchschönbach fahren wir auf einem holprigen Feld- und Wiesenweg nach Prichsenstadt.

Der krönende Abschluss

Nach so viel Beinarbeit ist Einkehren angesagt, und dafür ist Prichsenstadt geradezu ideal. Wem die Puste noch nicht völlig ausgegangen ist, der bummelt jetzt genussvoll durch die verwinkelten Gassen dieses wunderschönen Städtchens mit seinen zahlreichen Türmen, grandiosen Fachwerkhäusern und einladenden Winzerhöfen. Müdigkeit verwandelt sich schnell in grenzenlose Begeisterung und selbst ein Gang entlang der alten Stadtmauer ist dann noch drin. Eine Mahlzeit mit fränkischen Spezialitäten, begleitet von hervorragenden Weinen der Prichsenstadter Winzer, runden die Radtour durch den Steigerwald ab.

Weinempfehlung

Im Mittelalter lag Prichsenstadt inmitten großer Rebflächen, die später durch Kriege und Schädlingsbefall völlig aufgerieben wurden. Erst 1950 wagte der damalige Bürgermeister Friedrich Keßler mit großem Erfolg einen Neuanfang. Heute wird in der **Lage Prichsenstadter Krone** wieder auf fast 24 Hektar sehr erfolgreich Weinbau betrieben. Einer der besten Tropfen dieser Lage ist der **Riesling Kabinett** vom *Winzerhof Keßler*, dessen 2018er-Jahrgang prämiert wurde. Der trockene Wein gefällt uns wegen seiner gut eingebundenen Säure und dem zarten Aroma von Stachelbeeren.

Ausgewählte Adressen und Tipps

Prichsenstadt

Tourismusbüro im Rathaus Prichsenstadt, Karlsplatz 5, 97357 Prichsenstadt, Tel. 09383/975018, www.prichsenstadt.de. Di–Fr 8–12, Mi auch 16–18 Uhr. Eine besondere Empfehlung ist der historische Stadtrundgang (Prichsenstädter RebenSlauf) auf eigene Faust, Flyer dazu liegen vor dem Rathaus aus oder stehen als Datei zum Download zur Verfügung: www.prichsenstadt.de/tourismus/historischer-rundgang. Auch Führungen können gebucht werden: www.prichsenstadt.de/tourismus/fuehrungen.

Winzerhof Keßler, Luitpoldstr. 2, 97357 Prichsenstadt, Tel. 09383/2610, www.winzerhof-kessler.de. Mit schönen Zimmern.

Weingut Heinrich Kohles, Mühlgasse 2, 97357 Prichsenstadt, Tel. 09383/1439, www.weinbaukohles.de. Mit Gästehaus.

Bio.Wein.Gut.RUPPERT, Rüdener Str. 32, 97357 Prichsenstadt, Tel. 09383/7485, www.wein-ruppert.de.

Gasthof & Weingut Zum Storch, Luitpoldstr. 7, 97357 Prichsenstadt, Tel. 09383/6587, www.gasthof-storch.de. Mi–Sa ab 17 Uhr, So 11.30–14 und 17–21 Uhr (im Winter reduziert).

Gaststätte Zur Prichsenstädter Krone, Karlsplatz 11, 97357 Prichsenstadt, Tel. 09383/6549, www.weingutwagner.de. Do, Sa/So und Fei ab 12 Uhr, Fr ab 17 Uhr.

Café Römer, Schulinstr. 8, 97357 Prichsenstadt, Tel. 09383/9099830, www.cafe-roemer.de. Mo–So 11–17 Uhr, Di Ruhetag. Auch Gästezimmer.

Gasthof Grüner Baum, Schulinstr. 14, 97357 Prichsenstadt, Tel. 09383/1572, www.gasthaus-gruener-baum.com. Mo/Di und Fr/Sa ab 16.30 Uhr, So und Fei ab 10 Uhr, Mi/Do Ruhetage.

Restaurant Boutiquehotel Freihof, Freihofgasse 3, 97357 Prichsenstadt, Tel. 09383/9020340, www.hotelfreihof.com. Restaurant Di–Sa 17.30–21.30 Uhr, Sa auch 12–14 Uhr; mit Bar.

Metzgerei Bausewein, Karlsplatz 16, 97357 Prichsenstadt, Tel. 09383/447, www.metzgerei-bausewein.de. In den Sommermonaten werden für Gäste (Radfahrer/Wanderer) auch fränkische Tapas zubereitet.

Metzgerei Roppelt, Karlsplatz 6, 97357 Prichsenstadt, Tel. 09383/1208, www.metzgerei-roppelt.de.

Jagdhaus Ilmbach, Ilmbach 2, 97357 Prichsenstadt, Tel. 0176/46728183. Do–Sa 17–22 Uhr, So und Fei ab 11.30 Uhr.

Gasthaus Zum Weißen Rössel, Altenschönbacher Str. 9, 97357 Prichsenstadt-Kirchschönbach, Tel. 09383/490. Öffnungszeiten bitte telefonisch erfragen.

Prichsenstadter Straßenweinfest im Juni und Kirchweih am zweiten Augustwochenende.

Ende April Oldtimer-Treffen Prichsenstadt Classics, www.prichsenstadt.de/event/prichsenstadt-classics/.

Wiesentheid

Tourismusbüro Barockes Wiesentheid, Balthasar-Neumann-Str. 14, 97353 Wiesentheid, Tel. 09383/973537, www.barockes-wiesentheid.de. Mo–Fr 8.30–12 Uhr, Mo, Mi/Do auch 14–16 Uhr.

Abtswind

Marktgemeinde Abtswind, Hauptstr. 19, 97355 Abtswind, Tel. 09383/300, www.abtswind.de.

Markt Rüdenhausen, Marktstr. 13, 97355 Rüdenhausen, Tel. 09383/99971, www.ruedenhausen.de.

Weingut-Vinothek Behringer, Rehweiler Str. 7, 97355 Abtswind, Tel. 09383/97370, www.weingut-behringer.de. Tägl. 9–12 und 13–18 Uhr, Jan./Feb. bis 17 Uhr.

Gasthaus Zur Ölmühle, Hauptstr. 26, 97355 Abtswind, Tel. 09383/9022332, www.winzerstube-schwanfelder.de. Mo/Di und Fr ab 17 Uhr, Sa/So 11.30–14 und ab 17 Uhr, Mi/Do Ruhetag. Hofladen für den Ölverkauf kaltgepresster Öle Fr 16–18 und Sa 11–14 Uhr oder nach telefonischer Vereinbarung. Auch Ferienwohnungen.

Gasthof Zur Schwane, Hauptstr. 10, 97355 Abtswind, Tel. 09383/6051, www.gasthof-schwane.de. Mi–Fr 18–22 Uhr, Sa/So und Fei 11.30–14 und 18–22 Uhr, Mo/Di geschlossen. Auch Hotelbetrieb.

10 Literatur vom Weinberg

Streifzug durch Wipfeld und den Zehntgraf

Tour: Rundgang von Wipfeld zur Weinlage Zehntgraf.
Länge: 5 km.
Dauer: 1–2 Std.
Höhenunterschied: rund 90 m.
Markierungen: erst *rotes,* später *gelbes Dreieck.*
Familie: für jede Altersstufe geeignet.
Saison: das ganze Jahr über möglich, empfehlenswert Mai bis Oktober.
Anfahrt: *ÖPNV:* von Schweinfurt mit Bus 8135 bis Nikolaus-Müller-Str. (Mo–Fr) oder mit dem Mainschleifen-Shuttle von Volkach (Juni bis Mitte Okt.). *Kfz:* auf der A 3 bis Ausfahrt 74 (Kitzingen/Schwarzach), weiter über Volkach (über die Brücke) und am Main entlang über Unter- und Obereisenheim. Parkplatz an der Wipfelder Mainfähre.

Blick in Wipfelds Vergangenheit

Wein gehört zu Wipfeld wie Albrecht Dürer zu Nürnberg. Urkundlich ist der Weinanbau um den idyllisch am Main gelegenen Ort bereits 1244 nachgewiesen. Auf dem historischen Weinberg unterhalb der Pfarrkirche wird der Wein heute noch wie in guten alten Zeiten angebaut: Verschiedene Rebsorten wachsen hier im sogenannten »gemischten Satz« nebeneinander und werden auch gemeinsam geerntet und gekeltert. Wipfeld ist heute die größte Winzergemeinde des Landkreises Schweinfurt.

Was weniger bekannt ist: Wipfeld kann auch als literarische Hochburg bezeichnet werden, denn gleich vier bedeutende Dichter – Conrad Celtis, Engelbert Klüpfel, Eulogius Schneider und Nikolaus Müller – erblickten im Laufe der letzten 550 Jahre in dem kleinen Winzerdorf das Licht der Welt. Drei der Mitglieder dieses literarischen Quartetts gingen von Wipfeld hinaus in die Welt und beeinflussten sie auf ihre Weise: Celtis, Sohn eines Wipfelder Winzers, wurde als Humanist und als von Kaiser Friedrich III. gekrönter Poeta laureatus berühmt. Er starb 1508 in Wien. Schneider, ebenfalls ein Winzerkind, wirkte als Aufklärer in Deutschland und Frankreich, bevor er 1794 während der Revolutionswirren in Paris unter der Guillotine sein

Leben verlor. Klüpfel, gestorben 1811 in Freiburg, gilt als einer der wichtigsten Theologen im Zeitalter der Aufklärung. Müller schließlich leitete 37 Jahre lang als Schultheiß die Geschicke seiner Heimatgemeinde und starb dort 1833. Seinen Platz in dem Quartett verdankt er eher lebenspraktischen Schriften wie der *Anweisung aus Kartoffeln viel und guten Branntwein, Essig und Likör zu gewinnen.*

Mit so vielen Literaten im Verhältnis zur Einwohnerzahl kann kaum eine andere Ortschaft in Franken und möglicherweise auch darüber hinaus aufwarten. »Diese ›Dichter-Dichte‹ ist wohl unübertroffen«, heißt es dementsprechend auf der Homepage des örtlichen Literaturhauses, das 2009 eröffnet wurde. Ein Besuch im Literaturhaus der Marktgemeinde direkt neben der Bushaltestelle ist sicher ein optimaler Einstieg in die Vergangenheit Wipfelds.

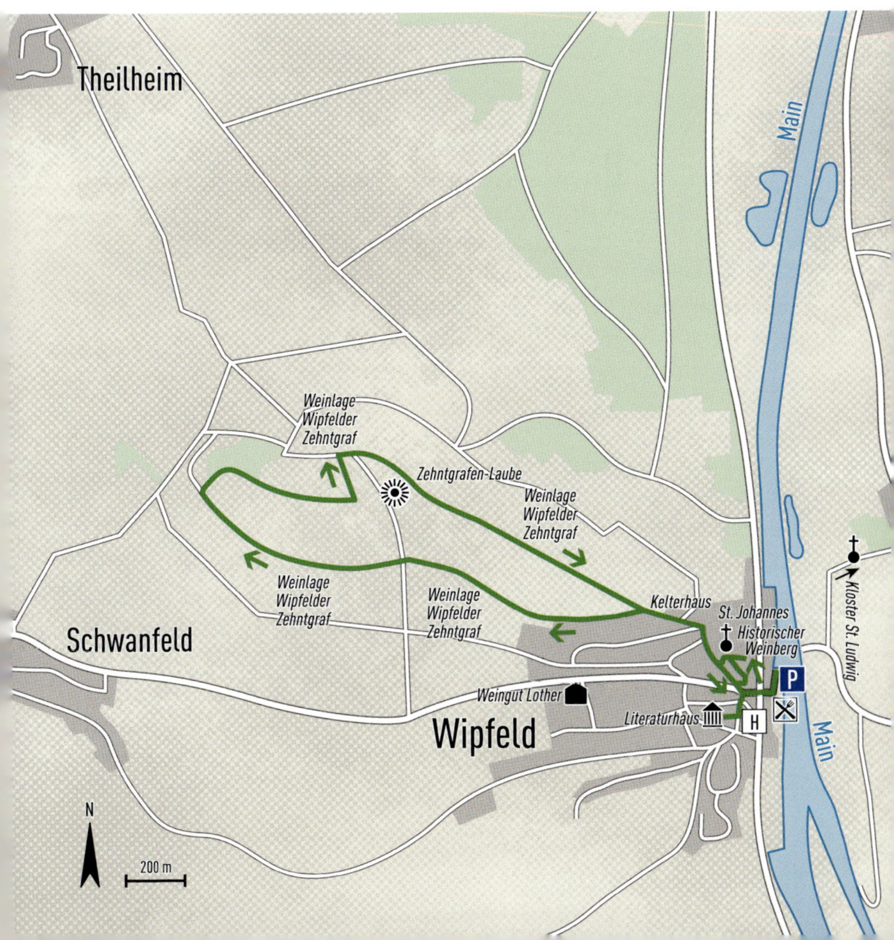

Übersicht über die Flächen am Zehntgraf

Die 1987 bis 1995 durchgeführte Dorferneuerung hat dazu beigetragen, dass der mittelalterliche Ortskern bewahrt und gleichzeitig mit neuem Leben gefüllt wurde. Auf dem Historischen Celtis-Rundweg werden in 22 Stationen die wichtigsten Gebäude Wipfelds vorgestellt. Eine Tafel am Marktplatz beschreibt den Rundweg, auf der Homepage der Gemeinde sind unter dem Reiter »Tourismus« viele Informationen zu den Sehenswürdigkeiten entlang des Rundwegs zu finden.

Auslaufmodell gemischter Satz

Nun aber zu unserer Wanderung, die uns auf dem Zehntgrafen-Weinweg durch die gleichnamige renommierte Weinlage führt. Bei Anreise mit dem Auto queren wir dazu von der Mainfähre aus die Obereisenheimer Straße und gehen die wenigen Schritte zum Marktplatz und am ehemaligen Würzburger Amtshaus mit dem schönen Treppengiebel links vorbei. Schon nach wenigen Metern verlassen wir kurz den Weinweg, biegen nach rechts in die Straße St. Johannisberg ab und steigen die Treppen der Kirchbergsteige hinauf. Hier wollen wir den bereits erwähnten historischen Weinberg kennenlernen. Die nur 1600 Quadratmeter große, seit 1723 bewirtschaftete Rebfläche wird von einer hohen Steinmauer umschlossen. Alte Rebsorten, die heute kaum noch angebaut werden, wie etwa Muskateller, Elbling und Junker, stehen hier wild durcheinander, um schließlich gemeinsam geerntet und verarbeitet zu werden. Obwohl dieses Verfahren des gemischten Satzes seit Längerem beim qualitätsorientierten Weinanbau unüblich geworden ist, schmeckt der auf diese Weise gewonnene Wein vorzüglich. Die Weitsicht von hier oben auf das Maintal und das Kloster St. Ludwig (mehr dazu später) ist himmlisch und auch einen Blick in die barocke St. Johanneskirche sollte man vor der Fortsetzung des Rundgangs nicht versäumen.

Der Zehntgrafen-Weinweg

Nun geht es die Kirchentreppen auf der anderen Seite hinunter und weiter auf der Eulogius-Schneider-Straße mit der *roten Weinweg-Markierung*. Dabei passieren wir das Geburtshaus des Kosmopoliten, nach dem diese Straße benannt ist. An ihrem Ende biegen wir links in die Weinbergstraße ab, gehen vorbei am Kelterhaus der Gebietswinzergenossenschaft Franken und schon sind wir mitten in der Lage Wipfelder Zehntgraf und orientieren uns ab sofort an der Markierung *gelbes Dreieck*.

Auf beiden Seiten unseres Weges befinden sich Rebstöcke so weit das Auge reicht. Der Rundweg durch den rund 90 Hektar großen Weinberg – der größte im Landkreis Schweinfurt – ist als Lehrpfad angelegt und wartet daher mit vielen wissenswerten Informationen über den Weinanbau und die damit verbundene Arbeit für den Winzer auf. Es wird deutlich, dass hier auf naturnahe Bewirtschaftung Wert gelegt wird, indem man synthetische Pflanzenschutzmittel weitgehend vermeidet und dafür natürliche Nützlinge anlockt, beispielsweise durch Saumbiotope an Wegen, Hecken und Waldrändern. Man muss selbstverständlich nicht alles lesen, was auf den Tafeln steht, doch das meiste ist wirklich interessant, sodass keine Langeweile aufkommt. Auch die Weinsorten werden ausführlich erläutert, immer dort, wo die dazugehörigen Rebstöcke sind. Überwiegend vertreten ist Müller-Thurgau, aber auch Silvaner, Grauburgunder, Bacchus und Kerner bedecken größere Flächen. Die gegen Süden ausgerichteten Hänge auf Muschelkalkboden, der den Weinen einen fruchtigen und intensiven Charakter und eine ausgeprägte bodentypische Note gibt, haben ein Gefälle von bis zu 30 Prozent. Viele Sonnenstunden machen den Zehntgraf zu einer der Toplagen Frankens.

Der Rundweg verläuft zunächst im unteren Bereich und gewinnt nach einer Kehre an Höhe. Vereinzelt säumen schöne Bildstöcke und Steinskulpturen den Weg – etwa die Figur Johannes des Täufers, ein Werk des Würzburger Künstlers Erwin Misch, entstanden aus Muschelkalk anlässlich der 1977 abgeschlossenen Weinbergsumlegung.

Ab und zu treffen wir auf ein altes Weinfass sowie in größeren Abständen auf Ruhebänke, immer mit Sicht auf die wunderschöne Landschaft. Spätestens an der Zehntgrafen-Laube wäre wohl eine längere Pause angebracht. Der Blick reicht hier weit, im Südosten ist Stammheim zu sehen. Deutlich näher sticht der Schriftzug »Weingut Lother« ins Auge, der auf einer Halle am Fuße des Weinbergs prangt.

Weingut Lother

Wieder an der Kelterstation, könnte der Wunsch aufkommen, die hier gewonnenen Weine einer Kostprobe zu unterziehen, und da ist das *Weingut Lother* in der Birkenstraße eine gute Adresse. Also geht es auf der Weingartenstraße zurück bis zur Schwanfelder Straße und von dort nach rechts, bis links die Birkenstraße abzweigt.

Im *Weingut Lother* werden seit drei Generationen Weiß- und Rotweine der Lagen Wipfelder Zehntgraf und Obereisenheimer Höll ausgebaut. Das Angebot umfasst alle gängigen Weißwein- und Rotweinsorten, mit Gewürztraminer und Blauburger aber auch Weine, die man nicht überall findet. Da die Rebhänge am Zehntgraf in einem Seitental des Mains liegen, ziehen schwere Unwetter meist vorbei. Dafür regnet es allerdings auch weniger, sodass bei großer Trockenheit vor allem die jungen Rebstöcke gewässert werden müssen. Weinverkauf und Weinproben sind das ganze Jahr über möglich, doch sollte man sich vorher anmelden. Gleiches gilt für eine Führung durch Weinberg und Keller.

Historischer Weinberg und Marktplatz von Wipfeld

Kloster St. Ludwig

Nach der Weinverkostung führt uns ein kurzer Fußmarsch entlang der Schwanfelder Straße und Engelbert-Klüpfel-Straße zurück zum Marktplatz bzw. zur Mainfähre. Im *Biergarten Zehntgraf* direkt am Fluss, wo gerne die Radfahrer rasten, die auf dem *MainRadweg* unterwegs sind, können auch wir uns bei kleinen Speisen, Brotzeiten und natürlich einem Schoppen Wein stärken.

Von hier aus schauen wir auf St. Ludwig, den Wipfelder Ortsteil auf der anderen Mainseite. Seine Entstehung hat er den hier entdeckten Schwefelquellen zu verdanken, deren von Schultheiß Nikolaus Müller geförderte Nutzung im Laufe des 19. Jahrhunderts zum Bau des Ludwigsbades führte, eines dreistöckigen Kurhauses, das jährlich bis zu 400 Kurgäste aufsuchten. Als durch die Staatsbäder Kissingen und Bocklet das Ludwigsbad unrentabel wurde, erwarben die Benediktiner das Gebäude und bauten es zum Kloster um. 1963 übernahmen Franziskanerinnen das Anwesen, in dem jetzt das Antonia-Werr-Zentrum untergebracht ist, eine heilpädagogisch-therapeutische Einrichtung für Mädchen und junge Frauen.

Weinempfehlung

Sebastian Lother und sein Team haben schon zahlreiche Auszeichnungen bei Landes- und Bundeswettbewerben sowie internationalen Veranstaltungen gewonnen und den Ehrenpreis des Landkreises Schweinfurt für den besten Wein des Jahres erhalten. Auch auf dem **2019er Gewürztraminer Spätlese** vom **Wipfelder Zehntgraf** prangt ein entsprechendes Label. Wir können ihn wärmstens empfehlen. Der halbtrockene Wein mit seinen exotischen Noten schmeckt zu scharfen Currys genauso gut wie für sich allein.

Ausgewählte Adressen und Tipps

- Gemeinde Wipfeld, Marktplatz 1, 97537 Wipfeld, Tel. 09384/364, www.wipfeld.de.
- *Weingut Lother,* Birkenstr. 3, 97537 Wipfeld, Tel. 09384/1867, www.weingut-lother.de. Weinverkauf Mo und Mi–Fr 9–18 Uhr, Sa bis 16 Uhr, Di Ruhetag.
- *Biergarten Zehntgraf,* Zur Mainfähre 2, 97537 Wipfeld, Tel. 09384/8825255, www.biergarten-zehntgraf.de. Mitte Apr. bis Sep. tägl. ab 12 Uhr bei guter Witterung.
- *Gaststätte Anker-Stube,* Mainstr. 3, 97537 Wipfeld, Tel. 09384/903790, www.ankerstube.net. Mi/Do Ruhetage.
- Literaturhaus Wipfeld, Bachgasse 1, 97537 Wipfeld, Tel. 09384/97300, www.literaturhaus-wipfeld.de. So 14–17 Uhr und nach Vereinbarung.
- Das Museum Georg Schäfer im nur wenige Kilometer mainaufwärts gelegenen Schweinfurt ist einen Besuch wert. Es beherbergt eine große Sammlung deutscher Malerei, unter anderem bedeutende Werke von Caspar David Friedrich, Carl Spitzweg, Ferdinand Waldmüller, Adolph von Menzel bis zu den Impressionisten Max Slevogt, Lovis Corinth und Max Liebermann. Brückenstr. 20, 97421 Schweinfurt, www.museumgeorgschaefer.de. Mo geschlossen.
- Führungen mit den ausgebildeten Gästeführern von »Weinerlebnis Franken«, zum Beispiel auf dem Celtis-Rundweg, im Zehntgrafen-Weinberg, in der Kirche St. Johannes oder durchs Literaturhaus, buchbar über www.gaestefuehrer-weinerlebnis.de.
- Wipfelder Promenadenweinfest Ende Juni.

11 Frankenwein und Hundertwasser

Weinberge und mehr zwischen Unter- und Obereisenheim

Tour: kurze Rundwanderung von Untereisenheim nach Obereisenheim und zurück.
Länge: rund 6 km.
Dauer: reine Gehzeit inklusive der zwei Dorfrundgänge 2,5–3 Std.
Höhenunterschied: ca. 80 m.
Familie: Die Wanderung ist relativ leicht und auch für Kinder ab 6 Jahren geeignet.
Saison: das ganze Jahr über möglich, am schönsten im Frühjahr und Herbst.
Anfahrt: *ÖPNV:* mit dem Bus bis Kaltenhausen, von dort ca. 1 km bis Untereisenheim, keine geeignete Verbindung. *Kfz:* auf der A 3 bis Ausfahrt Kitzingen/Schwarzach, dann weiter bis Volkach. Anschließend über die Mainbrücke nach Astheim, von dort Richtung Prosselsheim bis zur Abzweigung Untereisenheim. Hier auf der Maintor- und Ziegeltorstraße zum *Weingut Hirn* mit Parkplätzen.

Das *Hirner Weinparadies*

Mitte 2003 ging für Matthias Hirn ein Jugendtraum in Erfüllung. Am Rande des kleinen unterfränkischen Winzerortes Untereisenheim, unmittelbar neben den Weinlagen Untereisenheimer Höll und Sonnenberg, ist im Stil des Wiener Künstlers Friedensreich Hundertwasser ein Weingut entstanden, das erste und bis jetzt einzige dieser Art in Europa.

Wir lassen das Auto am Weingut stehen und bewundern kurz die außergewöhnliche Architektur – knallbunte Farben, schiefe und verwinkelte Mauern, gekachelte Säulen, geschwungene Dächer. Nichts erinnert an konventionelle Häuser. In der Vinothek und im Ausstellungsraum befinden sich zahlreiche Bilder und Bücher von und über Hundertwasser. Im Stil des Künstlers sind auch etliche Gebrauchsgegenstände und Möbelstücke gehalten. Wer Gefallen daran findet, kann am Ende des Rundgangs hier einkehren und alles genauer betrachten.

Aus »Isanesheim« wurde Eisenheim

Ziel des Ausflugs ist es, die wunderschöne Region zwischen Unter- und Obereisenheim kennenzulernen. Die beiden Orte, urkundlich erstmals 788 erwähnt, gehörten ursprünglich zusammen und hießen »Isanesheim«. Religionskriege sowie die Machtansprüche der Landesherren sorgten dafür, dass man sich auseinanderlebte. Untereisenheim unterstand dem Hochstift Würzburg und ist bis heute überwiegend katholisch, Obereisenheim dagegen wurde Lehen der Grafen zu Castell und evangelisch.

Wir gehen vom *Hirner Weinparadies* rechts ein Stück die Straße entlang bis zur Info-Tafel, biegen hier rechts in den befestigten Weinbergweg ein und befinden uns inmitten der rund 100 Hektar umfassenden Weinlagen Höll und Sonnenberg. Nach gut

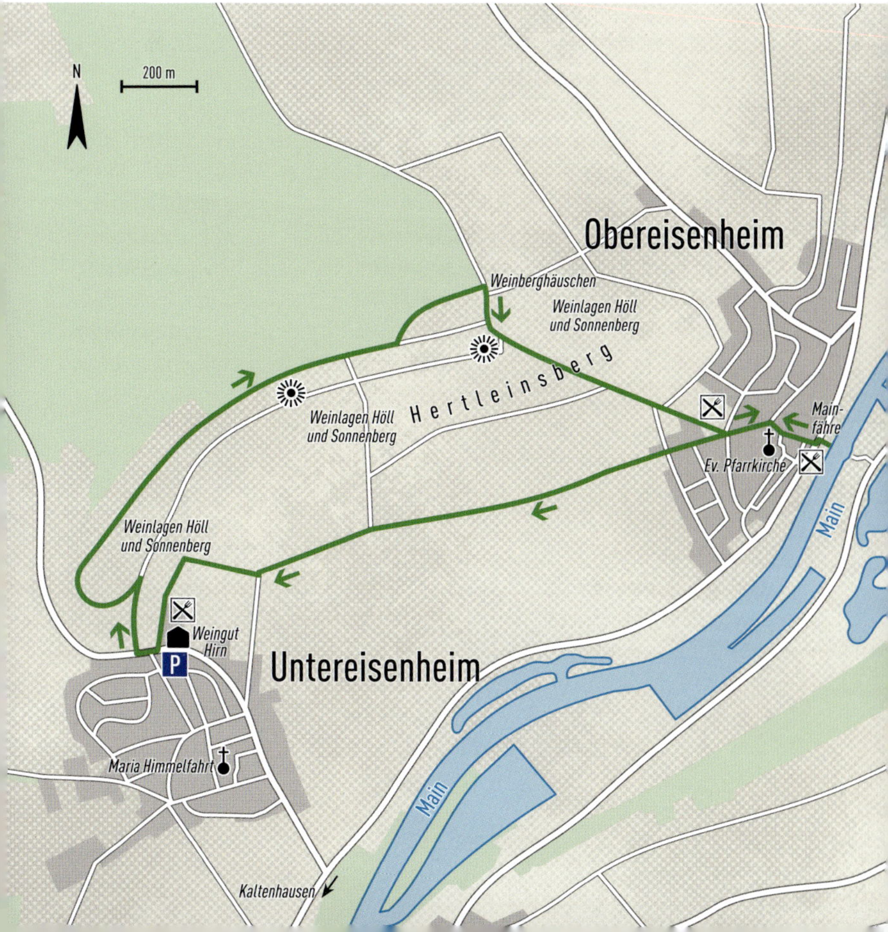

Blick über die Weinberge bei Untereisenheim

100 Metern folgen wir der zweiten Abzweigung links hinauf und wandern in einer großen Linkskurve bis zum Waldrand. Von da an gehen wir rechts auf dem Weg zwischen Wald und Rebhängen. Der Blick reicht über die Weinstöcke bis ins Maintal hinab.

Am Ende des Waldgürtels laufen wir die Weinbergstraße rechts hinunter, vorbei an einem Weinberghäuschen. Gleich danach kommen wir an einem Tisch mit zwei Sitzbänken und schöner Aussicht vorbei. Um nach Obereisenheim zu gelangen, halten wir uns links. Über die Bergstraße erreichen wir den Marktplatz.

Zwei imposante Gotteshäuser

Obereisenheim ist ein uraltes Winzerdorf. 50 Winzer bewirtschaften die 45 Hektar der Weinlage Obereisenheimer Höll, die meisten sind Kleinwinzer, aber es gibt auch einige stattliche Weinhöfe mit romantischen, weinlaubumrankten Innenhöfen und kunstvollen Torbögen. Die ältesten Gebäude entstanden nach Ende des Dreißigjährigen Krieges, die evangelische Pfarrkirche bereits um 1496. Sehenswert ist die Innenausstattung des Gotteshauses mit herrlicher Barockkanzel, Taufstein, Kassettendecke, Empore und Brandenstein-Orgel. Lohnend ist auch der Weg zur Mainfähre.

Die Rückkehr nach Untereisenheim beginnt an der Bergstraße. Von hier wandern wir auf dem Breiten Weg immer geradeaus, rechter Hand die Weinberge, links Obstplantagen und Wiesen. Da keine Steigungen mehr folgen, ist Untereisenheim schon in einer knappen Stunde erreicht. Auch hier bestimmt der Weinanbau seit jeher das Leben der Dorfbewohner. Ähnlich wie in Obereisenheim ist die Maria-Himmelfahrt-Kirche, eine der schönsten Barockkirchen in Unterfranken, der Mittelpunkt des Ortes.

Selbst kurze Wanderungen machen durstig. Also schnell wieder zum *Hundertwasser-Weingut* und, umgeben vom einmaligen Ambiente des großen Wiener Künstlers, den Höllenwein probieren, wenn's geht, mit einer zünftigen Brotzeit.

Weinempfehlung

Der Regent ist ein in Franken bislang nur selten anzutreffender Wein. Das *Weingut Hirn* in Untereisenheim hat mit dem **Untereisenheimer Höll Regent**, einem Bio-Wein, einen besonders kräftigen und gleichzeitig weichen Rotwein hervorgebracht, der alle Rotweintrinker begeistern dürfte.

Eine Besonderheit: Hundertwasser in den Weinbergen

Ausgewählte Adressen und Tipps

- www.eisenheim.de: Informationen zu Fahrplänen, Heckenwirtschaften, Übernachtungen und Kulturveranstaltungen in der Region im Gästeportal.
- *Weingut Hirn und Weinparadies,* Dipbacher Str. 8, 97247 Untereisenheim, Tel. 09386/388, www.weingut-hirn.de. Heckenwirtschaft Sa/So und Fei 12–20 Uhr, Weinverkauf Apr. bis Okt. Di–Sa 11–12 und 13–18 Uhr, Nov. bis März 12.30–16 Uhr.
- *Gasthof zum Schiff,* Hirtengasse 3, 97247 Obereisenheim, Tel. 09386/248, www.schiff-obereisenheim.de. Öffnungszeiten witterungsabhängig, Di und Mi Ruhetage. Sehr schöne Terrasse am Main und der Fähre. Auch Gästezimmer.
- *Dorfladen mit Café,* Hertleinsbergweg 2, 97247 Obereisenheim, Tel 09386/9797580, Mo–Fr 7–18 Uhr, Mi bis 13 Uhr, Sa 7–16 Uhr. Moderner, neu eröffneter Laden mit Verkauf von regionalen Weinen, schöne Terrasse.
- An den beiden letzten Septemberwochenenden findet der »Untereisenheimer Kulturherbst« mit Kulinarischem in fester und flüssiger Form statt. Die Weinhöfe, in denen Kunstausstellungen und handwerkliche Arbeiten zu sehen sind, stehen an diesen Tagen offen. Die Kinder erwartet ein umfangreiches Aktionsprogramm. Parallel dazu lädt Obereisenheim zum Weinmarkt ein.

Ratsherr oder Kunstdieb 12

Große Geschichte und kleine Geschichten rund um Volkach

Tour: Rundwanderung über die Großlage Volkacher Ratsherr nach Gaibach mit seinen Lagen Kapellenberg und Schlosspark.
Länge: ca. 11 km.
Dauer: reine Gehzeit 3–4 Std.
Höhenunterschied: gut 100 m.
Markierung: *Marienweg* bis zum Gaibacher Schlosspark, *Weg 12* bzw. ohne Markierung bis Volkach.
Familie: nur für Erwachsene und Kinder mit guter Kondition geeignet.
Saison: das ganze Jahr über möglich, am schönsten von Frühjahr bis Herbst.
Anfahrt: *ÖPNV:* mit Bus 8110 (Mai bis Oktober am Wochenende auch 107) von Kitzingen, mit Bus 8137 von Schweinfurt und mit Bus 8105 von Würzburg zum Volkacher Busbahnhof. *Kfz:* auf der A 3 bis Ausfahrt 74 (Kitzingen/Schwarzach) und weiter über Münsterschwarzach zum Parkplatz am Volkacher Busbahnhof.
Variante: Abkürzung der Tour durch Rückfahrt ab Gaibach an Schultagen mit dem Bus (Linien 8105, 8110 und 8137). Vorab bitte die Fahrpläne auf der VGN-Homepage studieren.

Von Volkach zur Wallfahrtskirche Maria im Weingarten

Da an diesem Tag ein umfangreiches Programm bewältigt werden muss, sollte man sich nicht allzu lange in Volkach aufhalten. Vom Busbahnhof bzw. vom benachbarten Parkplatz aus gehen wir am besten unverzüglich auf der Bahnhofstraße zum Oberen Markt und von da durch das Obere Tor die Hauptstraße entlang zum Marktplatz. Ein kurzer Blick auf das stattliche Rathaus und schon kommen wir auf der Hauptstraße zum Unteren Tor. Weiter geradeaus – die Straße heißt jetzt nach dem ehemaligen Bürgermeister Josef Wächter – und über die Staatsstraße hinüber in die Fahrer Straße. Links von uns liegt der Freibadparkplatz, wir zweigen nach rechts in den Kirchbergweg ab. Die alten Bildstöcke am Wegrand erinnern uns daran, dass wir uns auf einem Kreuzweg befinden, die Häufung der Markierungen auch überregionaler Wanderwege belegt, dass wir uns zudem in einem Hot-

Die Wegmarkierungen zeigen es: Maria im Weingarten ist ein vielbesuchtes Wanderziel.

spot fränkischer Wanderlust bewegen. Unser erstes Tagesziel, die spätgotische Wallfahrtskirche Maria im Weingarten, ist bald in Sicht und nach Bewältigung etlicher Stufen und weiterer Kreuzwegstationen können wir die Kirche betreten.

Das zweifellos wertvollste Objekt der Inneneinrichtung ist das von Tilman Riemenschneider in den Jahren 1521 bis 1524 geschaffene Kunstwerk *Maria im Rosenkranz,* ein im Chorbogen hängendes filigranes Schnitzwerk, das 1962 in den Mittelpunkt einer wahren Kriminalgeschichte rückte, die weltweit für Aufsehen sorgte: der »Volkacher Madonnenraub«. In der Nacht zum 7. August waren mehrere Männer in die Kirche eingebrochen und hatten die Madonna und weitere Gegenstände gestohlen. Diese konnten aber durch Auslobung eines Lösegelds in Höhe von 100.000 DM, gestiftet vom *Stern*-Gründer und studierten Kunsthistoriker Henri Nannen, wieder freigekauft werden. Die Madonna wurde Anfang November in Großgründlach gefunden, heute ein Ortsteil von Nürnberg. Die Haupttäter konnten erst 1967 verhaftet und 1968 verurteilt werden.

Die Lage Volkacher Ratsherr

Wir nutzen den Besuch, um das gesamte Ensemble der Wallfahrtskirche zu erkunden – ein wirklich zauberhafter Ort mit schattigen Plätzen zum Verweilen. Auf dem *Marienweg* geht es danach weiter, und die Aussicht auf das Maintal, die Vogelsburg und die Rebhänge ringsum wird immer betörender, je höher man kommt. Es ist die Lage Volkacher Kirchberg, auf der wir uns momentan befinden, ein Teil der 160 Hektar umfassenden Großlage Volkacher Ratsherr. Auf den mineralhaltigen Böden, einer Mischung aus Muschelkalk und humusreichem Lehm, gedeiht einer der bekanntesten und besten Frankenweine. Auf dem Hochplateau sind dann keine Rebstöcke mehr zu finden. Die Sonneneinwirkung ist hier für den Weinanbau nicht mehr inten-

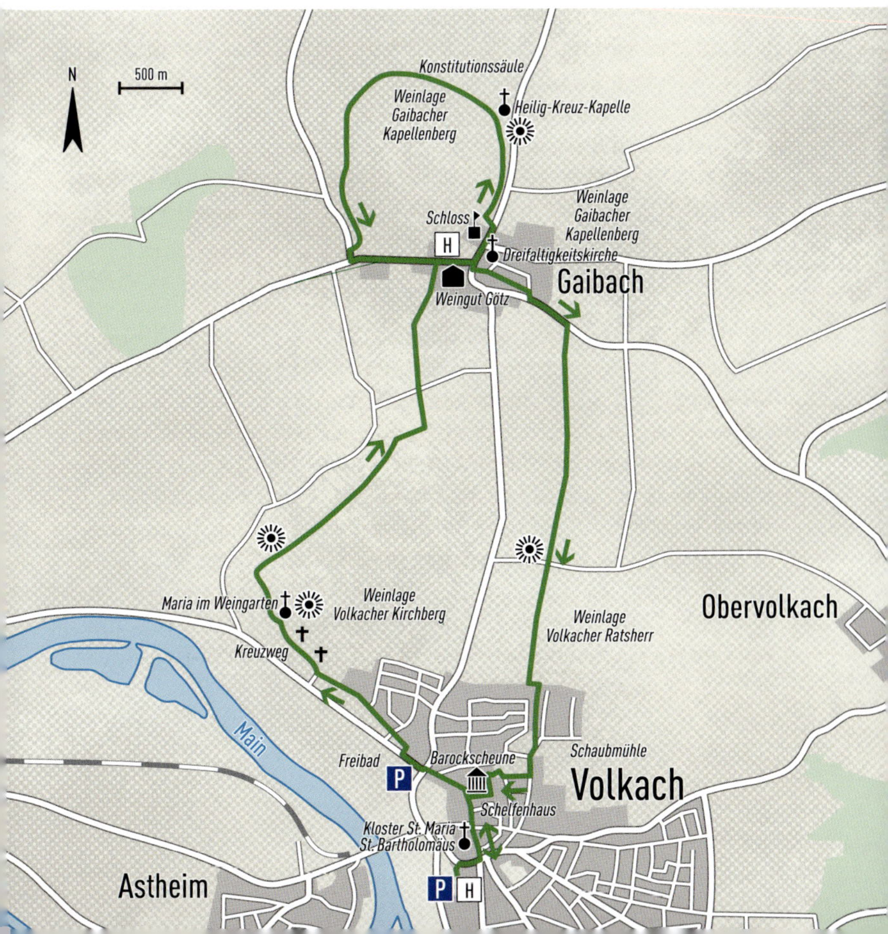

siv genug, sodass dort ausschließlich Weideland, Buschwerk und einige Obstbaumplantagen vorzufinden sind. Die Landschaft ist gleichwohl idyllisch, besonders im Frühjahr, wenn alles duftet und blüht. Nach gut 45 Minuten stoßen wir auf einen mit Betonplatten belegten Weg, dem wir nach links folgen. So erreichen wir Gaibach.

Ein kleiner Ort mit großer Vergangenheit

Trotz seiner nur 400 Einwohner hat Gaibach eine Menge zu bieten. Zwei berühmte Architekten, Leonhard Dientzenhofer und Balthasar Neumann, haben hier ihre Spuren hinterlassen. Schloss Gaibach war das Stammschloss des mächtigen Fürstbischofs Lothar Franz von Schönborn. Und am 27. Mai 1832 forderten in Gaibach, zeitgleich zum Hambacher Fest an der Weinstraße, über 5000 Teilnehmer aus allen Teilen Frankens lautstark demokratische und liberale Reformen. Der damalige Würzburger Bürgermeister Wilhelm Josef Behr, der auf der Kundgebung eine Rede gehalten hatte, wurde später wegen Majestätsbeleidigung und Hochverrats zu einer mehrjährigen Festungshaft verurteilt – zu jener Zeit konnte man mit Abweichlern kurzen Prozess machen. Es lohnt sich also, in Gaibach etwas zu verweilen.

Das Gaibacher Schloss und zwei Sakralbauten

Wir gehen auf der Schönbornstraße nach rechts, anschließend auf der Schweinfurter Straße nach links weiter und kommen zur katholischen Dreifaltigkeitskirche, einem Werk Balthasar Neumanns. Schräg gegenüber liegt dann schon das Gaibacher Schloss. Franz von Schönborn beauftragte um 1700 seinen Baumeister Leonhard Dientzenhofer, das ursprüngliche Wasserschloss in ein barockes Lustschloss umzubauen, ergänzt durch einen Barockgarten mit Brunnen, Grotte, Orangerie und Fasanerie. Unter dem späteren Grafen Franz Erwein von Schönborn-Wiesentheid wurde der Garten im 19. Jahrhundert aufgelöst und, dem veränderten Zeitgeschmack entsprechend, in einen englischen Landschaftsgarten umgestaltet.

Gaibach ist ein stiller Ort mit großer Vergangenheit – und mit hervorragendem Wein.

Der Garten wurde inzwischen teilweise mit modernen Schulgebäuden überbaut, die ein Gymnasium und eine Realschule beherbergen, das nach wie vor imposante Schlossgebäude wird jetzt als Internat genutzt. Der Innenhof des Schlosses, ausgestattet mit zwei riesigen Platanen, kann besichtigt werden. Auch der Zugang zum ehemaligen Barockgarten, nunmehr zur Sportanlage umgestaltet, ist möglich – zu sehen ist von der einstigen Herrlichkeit allerdings nichts mehr. Gegenüber dem Schloss, östlich der Schweinfurter Straße, beginnt die 27 Hektar große Weinlage Gaibacher Kapellenberg, deren exquisite Weine wir in Kürze kosten können. Wer möchte, kann den Weinstöcken dort kurz Grüß Gott sagen (Wegweiser *Friedhof*).

Unser Wanderweg biegt allerdings mit den Markierungen *Marienweg* bzw. *M* nach links ab und führt uns durch ein kleines Wäldchen zu einer Weggabelung. Der *Marienweg* zweigt nach rechts zur barocken Heilig-Kreuz-Kapelle ab – einem kreisrunden Bau, geschaffen von Dientzenhofer und ausgestattet mit einer wertvollen Orgel von Adam Schleich aus Lohr. Ein Abstecher lohnt sich auch deshalb, weil man von den Treppen vor der Kapelle aus einen herrlichen Ausblick Richtung Zeilitzheim hat.

Ein Stück bayerischer Geschichte

Von der Heilig-Kreuz-Kapelle geht es wieder zurück zur Verzweigung, von der aus die 32 Meter hohe Konstitutionssäule bereits zu sehen ist. Graf Franz von Schönborn-Wiesentheid, sehr angetan von der 1818 verkündeten bayerischen Verfassung, ließ die Säule nach einem Entwurf des Baumeisters Leo von Klenze anfertigen. Grundsteinlegung war am 27. Mai 1821, die Einweihung der Säule in Anwesenheit des bayerischen Königs Ludwig I. im August sieben Jahre später. Dass die Säule exakt elf Jahre nach ihrer Grundsteinlegung zum Treffpunkt aufsässiger Bürger werden würde, die eine andere Verfassung wollten, hatten weder Schönborn noch Ludwig I. ahnen oder gutheißen können. Anders als 1818 vorgesehen, war die Säule inzwischen zum Symbol des Widerstands gegen das bestehende autoritäre Herrschaftssystem geworden.

Zwischen der Konstitutionssäule und dem leider nicht mehr vorhandenen, ehemaligen Englischen Landschaftsgarten wur-

Die Konstitutionssäule wurde zum Symbol des Widerstands gegen die Monarchie.

den auf dem gen Süden leicht abfallenden Hügel Ende des 20. Jahrhunderts wieder Rebstöcke gepflanzt. Entstanden ist eine von Laubbäumen umrahmte, zwölf Hektar große Rebfläche, die wir, der Markierung *12* folgend, gemächlich umrunden. Bald darauf erreichen wir wieder die Schönbornstraße und haben nun Zeit, Ausschau nach einem verlockenden Weingut zu halten.

Einkehr im *Weingut Götz*

Auf der Schönbornstraße werden wir auch gleich fündig. Das *Weingut der Familie Götz* besitzt acht Hektar am Kapellenberg. Hatte Großvater Götz anfangs nur einen landwirtschaftlichen Betrieb mit Weinanbau als Nebenerwerb im Auge, so hat Enkel Stefan, ein perfekt ausgebildeter Önologe, sich ganz auf diesen spezialisiert. Ausdruck dessen ist die 2005 fertiggestellte Vinothek, die mit ihrer modernen Architektur einen reizvollen Kontrast zu den Sandsteingebäuden bildet. Die Götz'schen Rebflächen am Kapellenberg sind mit einer Hanglage von bis zu 20 Prozent nach Südsüdost und Südsüdwest ausgerichtet. Die Böden, eine

Mischung aus Muschelkalk und Lettenkeuper, bieten den Rebstöcken eine Menge unterschiedlicher Mineralien.

Zurück mit dem Bus oder per pedes

Nach der Weinprobe wird es Zeit, an den Rückweg nach Volkach zu denken. Zu Fuß ist nochmals mit einer knappen Stunde zu rechnen. Wer die verbleibende Zeit anstatt mit Wandern lieber mit einem längeren Bummel in Volkach verbringen möchte, kann – vorausgesetzt, es ist ein Schultag – den Bus nehmen (siehe Variante auf S. 89).

Wir aber gehen bis ans Ende der Schönbornstraße, die Schweinfurter Straße ein paar Schritte rechts hinunter und biegen gleich links in den Hirtenweg ab. Geradeaus auf dem Bleichwasen entlangwandernd, kommen wir in wenigen Minuten auf die Landstraße Gaibach–Obervolkach, auf der wir 200 Meter weitergehen. Direkt hinter einer Lagerhalle schwenken wir rechts ohne Markierung Richtung Volkach ein und haben einen längeren, aber allmählichen Anstieg zu bewältigen. Nach einer Weile gesellt sich die Markierung *12* wieder zu uns. Die Reb-

Auf der letzten Etappe der Wanderung bietet sich ein wunderbarer Ausblick auf Volkach.

stöcke der Lage Volkacher Ratsherr beginnen erst ab dem höchsten Punkt der Hügelkette. Die Aussicht von dort oben ist überwältigend und reicht bis zu den Lagen Zeilitzheimer Heiligenberg und Obervolkacher Landsknecht im Osten.

Allmählich tauchen die ersten Häuser von Volkach auf und wir betreten den Ort in einem großen Neubaugebiet. Wir überqueren auf einer alten Steinbrücke das Flüsschen Volkach, lassen die Schaubmühle links liegen und erreichen über die Grünanlage rechts der Straße die Altstadt. Der Weinstraße folgend, sind wir schnell am Marktplatz. Wer mehr von dieser wunderbaren Stadt kennenlernen möchte, holt sich beim Tourismusbüro im Rathaus weitere Informationen und stellt sich einen Rundgang zusammen. Zu entdecken gibt es hier einiges, z. B. das Schelfenhaus, die Pfarrkirche St. Bartholomäus, die Alte Würzburger Amtskellerei, das Kloster der Franziskanerinnen und das Museum Barockscheune, das Ausstellungen zur Geschichte Volkachs und der gesamten Mainschleife beherbergt und außerdem mit allerlei kulturellen Angeboten lockt.

Weinempfehlung

Die aktuelle Weinliste des *Familienweingutes Götz* enthält sieben Weiß- und vier Rotweine, außerdem Rotling und Secco. Drei davon sind im modernen Bocksbeutel PS abgefüllt und in der Kategorie Premium zusammengefasst. Dazu gehört der trockene **2020er Silvaner Kabinett** vom **Gaibacher Kapellenberg**, den wir probiert haben. Er macht der von Stefan Götz favorisierten Stilistik – modern und geradlinig will er den Wein haben – alle Ehre und passt hervorragend zu jedem guten Essen.

Ausgewählte Adressen und Tipps

- Tourist-Information Volkacher Mainschleife, Rathaus, 97332 Volkach, Tel. 09381/40112, www.volkach.de.
- *Weingut Familie Götz,* Schönbornstr. 5, 97332 Gaibach, Tel. 09381/9295, www.wein-familie-goetz.de. Weinverkostung und -verkauf Mo–Fr 13–18 Uhr, Sa 9–14 Uhr und nach Vereinbarung.
- *Hinterhöfle,* Wein-, Biergarten und mehr, Hauptstr. 30, 97332 Volkach, Tel. 09381/718180, www.hinterhoefle.de. Di–So ab 11 Uhr, Mo Ruhetag. Große Auswahl von Weinen verschiedener Volkacher Winzer.
- *Genießerei,* Marktplatz 5, 97332 Volkach, Tel. 09381/8140, www.tuchhaus.com/geniesserei. 11–22 Uhr, Di Ruhetag. Gehört zum *Hotel Tuchhaus.*
- *Schwane 1404,* Hauptstr. 12, 97332 Volkach, Tel. 09381/80660, www.schwane.de. Fr–Di 12–14 und 18–21 Uhr, Mi/Do Ruhetage. Eine der ältesten erhaltenen Gaststuben Frankens, mit Hotel.
- Museum Barockscheune, Weinstr. 7, 97332 Volkach, Tel. 09381/717590, www.museum-barockscheune.de. Geöffnet Ostern bis 1. Nov. Fr 14–17 Uhr, Sa/So und Fei 11–17 Uhr.
- In Volkach und seinen zehn Ortsteilen (darunter Escherndorf!) finden im Jahresverlauf so viele Veranstaltungen mit, für und um den Wein statt, dass sie an dieser Stelle unmöglich einzeln aufgelistet werden können. Unter www.volkach.de/veranstaltungen lassen sich alle Infos nach Monaten sortiert finden.
- Eine Veranstaltung sei beispielhaft herausgestellt: Beim Mainschleifen Weintasting im Sep. verwandelt sich der Volkacher Marktplatz zwei Tage lang in eine große Freiluft-Vinothek. Hier können mehr als 100 Frankenweine von Winzern der Mainschleife verkostet werden.

»Leinen los!« 13

Auf dem Floß von Astheim nach Gerlachshausen

Tour: Floßfahrt auf dem Altmain von Astheim nach Gerlachshausen.
Länge: 9 km.
Dauer: 3,5–4 Std.
Familie: für jede Altersstufe geeignet.
Saison: 1. Mai bis 31. Oktober.
Anfahrt: *ÖPNV:* Mit öffentlichen Verkehrsmitteln ist keine Anreise möglich. *Kfz:* auf der A 3 bis Ausfahrt Schwarzach/Kitzingen, dann weiter bis Volkach und Astheim. Von hier zur Anlegestelle am Main der Beschilderung folgen, ca. 1 km in Richtung Escherndorf, erste Einfahrt nach der Sandgrube links bis zum Mainufer (Hinweisschild »Floßfahrt«).
Besonderheiten: Eine Fahrt muss vorher mit dem Floßunternehmen vereinbart werden (www.flosserlebnis.de). Gefahren wird auch bei Regen, das Floß ist überdacht. Bestellt werden können zusätzlich Weinproben, Häckerplatten oder ein Spanferkelessen. Auf Wunsch wird außerdem für Musik gesorgt. Eine Toilette ist an Bord.

Natur- und Vogelschutzgebiet Altmain

Die Mainschleife bei Volkach (siehe auch Tour 12) zählt zu den bekanntesten Regionen in Unterfranken. Seit der Fertigstellung des Mainkanals von Volkach nach Gerlachshausen wird das alte Flussbett nicht mehr zur Schifffahrt genutzt. So konnte sich in den Folgejahren ungestört eine Naturidylle entwickeln, wie sie in Deutschland nur noch selten anzutreffen ist, ein Paradies vor allem für Fische und Vögel. 1999 wurde hier ein 43 Kilogramm schwerer Waller gefangen. Der ein Jahr später an Land gezogene Waller wog sogar 75 Kilogramm.

Auf dem 21 Meter langen, siebeneinhalb Meter breiten und rund 25 Tonnen schweren Floß finden 75 Personen plus sechs Mann Besatzung Platz. Mit Hilfe der Steuerruder an Heck und Bug wird das Floß in der Mainmitte gehalten, werden Strudel und Engstellen geschickt umfahren. Passieren kann jedoch ohnehin nichts, da ein Kentern unmöglich ist. Bei brütender Sonne oder Regen wird die Überdachung aufgezogen. Der TÜV über-

Das Kloster Vogelsburg liegt inmitten der Weinberge an der Volkacher Mainschleife.

prüft regelmäßig, ob alle sicherheitstechnischen Bestimmungen eingehalten werden.

Romantik pur

Sobald die Leinen an der Sandgrube kurz hinter Astheim gelöst sind, treibt das Floß, ein Eigenbau der Betreiber, gemächlich und geräuschlos den Altmain hinab. Da die Strömung schwankt, dauert die Fahrt unterschiedlich lang, notfalls wird zur Beschleunigung der Motor in Gang gesetzt oder zum Bremsen der Anker geworfen. Der »Kapitän« fungiert gleichzeitig als Fremdenführer.

Die Ufer des Altmains sind dicht bewachsen und bieten Wasservögeln und anderen Tieren einen idealen Unterschlupf. Gleich hinter Büschen, Schilf und Wiesen beginnen die Rebhänge. Hoch oben auf dem rechten Mainufer ist die Vogelsburg mit dem ältesten Weingut der Region erkennbar, westlich davon die weltberühmte Weinlage Escherndorfer Lump. Die Hänge haben ein Gefälle von bis zu 70 Prozent und das Sonnenlicht wird hier wie in einem Hohlspiegel gesammelt, sodass Temperaturen von 50 bis 60 Grad entstehen.

Es folgt rechts der Weinort Escherndorf, gegenüber, durch eine Seilfähre verbunden, das Winzerdorf Nordheim. Ein Drittel des Frankenweins stammt von hier, von der sogenannten fränkischen Weininsel.

Genießen ohne Reue

Das Floß ist reich mit Blumen geschmückt. Die Gäste sitzen an gedeckten Tischen, probieren den köstlichen Wein und lassen sich die bestellte Häckerplatte munden. Die idyllische Gegend ist eine schöne Kulisse für den leiblichen Genuss.

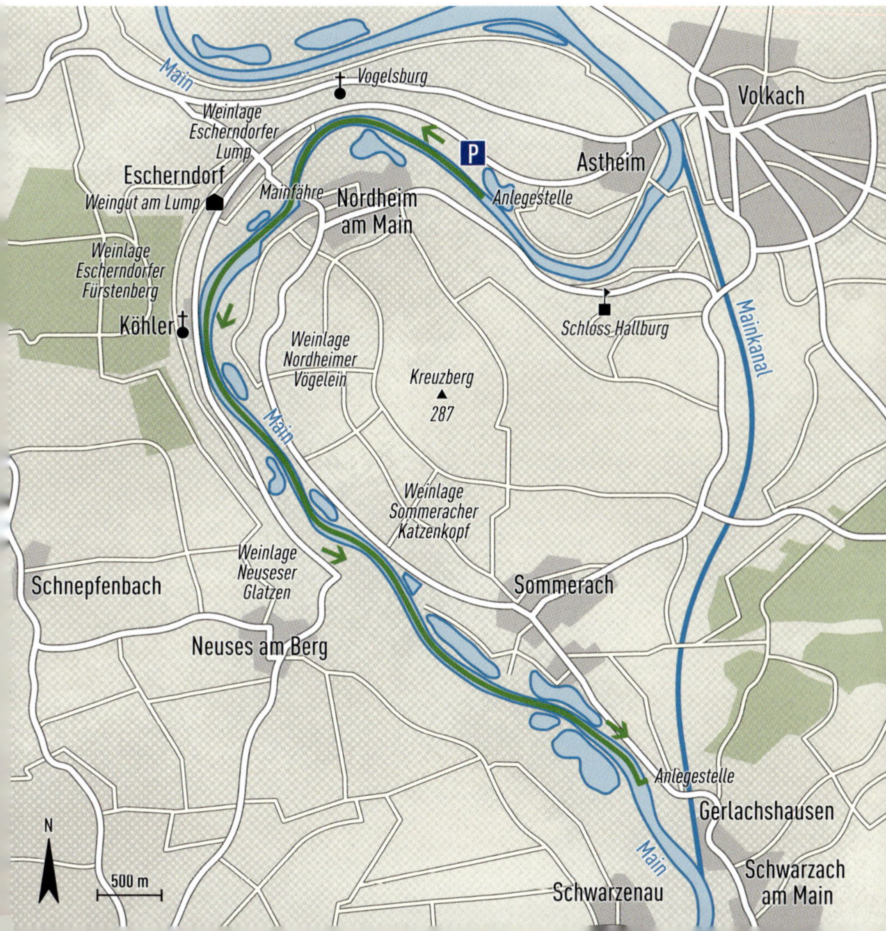

Langsam geht es weiter, vorbei an der Weinlage Escherndorfer Fürstenberg, und dann taucht auch schon das Winzerörtchen Köhler auf, ein anmutig gelegenes Dorf mit nicht einmal 50 Einwohnern und einer schönen Filialkirche, in der geschnitzte Figuren aus der Schule Tilman Riemenschneiders anzutreffen sind.

Die Landschaft wird danach noch romantischer – auf den alten Flussauen und kleinen Inseln hat sich eine subtropisch anmutende Fauna und Flora entwickelt. Die Musik wird hier eine Weile eingestellt, um die Vogelwelt nicht zu stören.

Von Ferne ist auf der linken Uferseite der spitze Kirchturm von Sommerach zu sehen, dem mittelalterlichen Weinbauerndorf, das bekannt ist durch die Weinlage Sommeracher Katzenkopf. Der Name entstand, so die Legende, als einst die Frau eines trunksüchtigen Winzers diesem eines Tages eine tote Katze auf das Weinfass legte, was den Berauschten so in Schrecken versetzte, dass er das Trinken sofort aufgegeben haben soll.

Kurz vor Gerlachshausen, also dort, wo der Mainkanal sich mit dem Main vereint, ist die Floßfahrt zu Ende. Sofern gewünscht, werden die Gäste per Bus zur Anlegestelle bei Astheim zurückgebracht.

Es bietet sich an, noch einen der herrlichen Winzerorte Sommerach, Nordheim, Escherndorf oder Volkach zu besuchen oder zur Hallburg bzw. zur Vogelsburg aufzubrechen.

Weinempfehlung

Nicht nur weil Goethe ein großer Verehrer der Weine aus Escherndorf war, soll hier einem edlen Tropfen aus diesem Winzerort Reverenz erwiesen werden. Der **2021er Silvaner Escherndorfer Lump**, ein trockener Kabinettwein aus dem *Weingut Am Lump*, stammt von alten Reben und gefällt uns wegen seines ausgesprochen mineralischen Geschmacks, der den Weinen aus dieser Lage zu eigen ist.

Ausgewählte Adressen und Tipps

Zu Volkach siehe auch Tour 12, S. 98

- Tourist-Information Volkacher Mainschleife, im Rathaus, Marktplatz 1, 97332 Volkach, Tel. 09381/40112, www.volkach.de.
- *Weingut Am Lump*, Bocksbeutelstr. 60, 97332 Volkach-Escherndorf, Tel. 09381/9035, www.weingut-am-lump.de. Weinverkauf Mo–Fr 10–18 Uhr, Sa 10–17 Uhr, So/Fei 10–14 Uhr, Mittagspause tägl. 12–13 Uhr.
- *Hotel Vogelsburg Volkach*, Vogelsburg 1, 97332 Volkach, Tel. 09381/7108970, www.vogelsburg-volkach.de. In wunderbarer Lage inmitten von Weinbergen mit grandiosem Blick auf die Mainschleife, hier kann man perfekt entspannen. Schöne Terrasse mit Weitblick.
- Floßunternehmen Sauer-Barthel, Ritterstr. 22, 97337 Bibergau, Tel. 09324/980350, www.flosserlebnis.de.
- Astheim wartet noch mit einer Besonderheit auf, die bei An- oder Abfahrt einen Abstecher lohnt: Der Quittenladen (mit angeschlossenem Quittenlehrpfad), Dieter Wolfahrt, Am Kloster 24, 97332 Volkach OT Astheim, Tel. 0172/4725777, www.derquittenladen.de. Hier gibt es alles aus der Quitte aus biodynamischem Anbau.

14 Eine Laune der Natur

Schifffahrt auf der Mainschleife bei Volkach

Tour: Schifffahrt von Volkach nach Stammheim und zurück mit anschließendem Stadtrundgang.
Dauer: Schifffahrt 90 Min., Stadtrundgang ca. 1–2 Std.
Familie: für jede Altersstufe geeignet.
Saison: Ende März bis Ende September.
Anfahrt: *ÖPNV:* mit Bus 8110 (Mai bis Oktober am Wochenende auch 107) von Kitzingen, mit Bus 8137 von Schweinfurt und mit Bus 8105 von Würzburg zum Volkacher Busbahnhof. Von dort in wenigen Minuten zu Fuß zur Anlegestelle an der Mainlände. *Kfz:* auf der A 3 bis Ausfahrt 74 (Kitzingen/Schwarzach) und weiter über Münsterschwarzach zum Parkplatz direkt neben der Anlegestelle an der Mainlände.

Flusslandschaft an der Volkacher Mainschleife

Auf einer Länge von über 500 Kilometern, vom Quellgebiet im Fichtelgebirge bis zur Mündung in den Rhein bei Mainz, schlängelt sich der Main in unendlich vielen, zum Teil höchst bizarren Windungen dahin. Wie aus einer Laune der Natur heraus dreht er sich zwischen Fahr und Escherndorf einmal sogar fast im Kreis. Hier ist die Volkacher Mainschleife, das Ziel unseres Ausflugs. Wer die Eigenart und Schönheit des Mains kennenlernen will, sollte ein Schiff besteigen, um diese wunderbare Flusslandschaft hautnah zu erleben (siehe auch Touren 12 und 13).

Start an der Mainbrücke

Unterhalb der Mainbrücke, die Volkach mit dem Ortsteil Astheim verbindet, liegt die Mainlände, Anlagestelle des Motorschiffs »Undine«. Sie befährt den nördlichen Teil der Mainschleife, der südliche zwischen Astheim und Escherndorf wird seit dem Bau des Mainkanals von Volkach nach Gerlachshausen nicht mehr von Schiffen befahren. Seither hat sich der Main hier zu einem wahren Naturparadies entwickelt. Fische, die die Strömung lieben, finden jetzt im Mainwasser ideale Bedingungen vor, während im Kanal Fischarten anzutreffen sind, die sich in ruhigen Gewässern wohl fühlen.

Flusslandschaft mit Weinbergen

Sobald die Leinen gelöst sind, tuckert die »Undine« den Main stromaufwärts. Die besten Plätze sind vorn, am Bug, während man am Heck das laute Geräusch des Schiffsmotors in Kauf nehmen muss. Bei kühler Witterung oder Regen sind die Plätze im zweistöckigen Schiffsrestaurant von Vorteil. Klar, dass es hier allerlei Getränke und Speisen gibt.

Volkach verfügt über ein vollständig erhaltenes historisches Stadtbild.

Bald sind die Umrisse von Volkach verschwunden und schon schiebt sich rechter Hand die Wallfahrtskirche Maria im Weingarten ins Blickfeld. Das spätgotische Kirchlein, umringt von Rebflächen, ist nicht nur herrlich gelegen, sondern beherbergt auch die »Madonna im Rosenkranz«, eines der letzten Werke Tilman Riemenschneiders (siehe auch Tour 12).

Bis zur Ortschaft Fahr dominieren auf beiden Uferseiten steile Anhöhen, rechts Weinberge der Lage Volkacher Ratsherr, links lichte Wälder, da sonnenabgewandte Nordseite. Der Main hat da und dort Ausbuchtungen, Nebenarme und kleine Seen gebildet. Flugenten flattern übers Wasser oder dümpeln träge am seichten Uferrand. Hinter Fahr wird die Landschaft mit sanften Feldfluren und grünen Wiesen flacher, aber auch hier dominieren die Weinberge.

Untereisenheim und Obereisenheim, berühmt durch die Lage Eisenheimer Höll, liegen links von uns (siehe auch Tour 11). Rechts folgt der Ort Stammheim mit der Lage Stammheimer Eselsberg. Danach ist es nicht mehr weit bis nach Wipfeld (siehe auch Tour 10). Wer viel Zeit mitbringt, kann eine größere Tour mit Schleusendurchfahrt und Anlegen in Wipfeld buchen. Wir allerdings kehren vor der Schleuse um und wenn dann wieder in Volkach unterhalb der Mainbrücke angelegt wird, ist die Zeit wie im Fluge vergangen.

Volkach – ein Zentrum fränkischer Weinkultur

So schön und anregend die Schifffahrt auch ist, man sollte sich nicht mit ihr begnügen, sondern vorher oder besser noch danach einen Stadtbummel durch Volkach unternehmen. Also schnell von der Tourist-Information im Rathaus Anregungen holen und schon geht es los.

Im alten Stadtkern Volkachs gibt es mindestens 15 herausragende Sehenswürdigkeiten, u. a. das ab 1544 erbaute Renaissance-Rathaus am Marktplatz mit der schwungvollen zweiläufigen Freitreppe, die im Rokokostil renovierte Bartholomäus-Kirche, das fürstbischöfliche Amtshaus (Echterhof), das prächtige Schelfenhaus, zwei mächtige Stadttore, ausladende Weinbauern- und Häckerhäuser, herrliche Barockfassaden, Brunnen und Heiligenfiguren. Das Bayerische Landesamt für Denkmalpflege stellte die gesamte Volkacher Altstadt unter Ensembleschutz. Volkach lag über Jahrhunderte im Schnittpunkt wichtiger Handelsstraßen, erhielt frühzeitig das Münz- und Marktrecht sowie die Blutgerichtsbarkeit und profitierte von den üppigen Erträgen der umliegenden Weinberge.

Mit einer Anbaufläche von mehr als 625 Hektar ist Volkach die mit Abstand größte fränkische Weinbaugemeinde. Gemessen am Flächenanteil muss jeder zehnte Rebstock des Anbaugebiets Franken in Volkach und seinen Ortsteilen wurzeln. Dennoch oder vielleicht gerade deswegen gibt es keine von der Stadt geführte *Vinothek* mit einem breiten Querschnitt von Weinen der örtlichen Winzer, wie es in einigen anderen Gemeinden der Fall ist. Volkach verfügt über andere Möglichkeiten, die überragende Qualität seiner Winzer anschaulich zu demonstrieren, etwa das jährlich im September stattfindende Mainschleifen Weintasting. Und wir wissen uns auch dann zu helfen, wenn diese Leistungsschau gerade nicht ansteht: Im Ortskern gibt es eine Menge ausgezeichneter Wirtshäuser mit gemütlichen Innenhöfen, die alles zu bieten haben, was ein Touristenherz begehrt, beispielsweise den überdachten Wein- und Biergarten *Hinterhöfle* in der Hauptstraße. Er schenkt eine große Auswahl von Weinen verschiedener Volkacher Winzer aus.

Weinempfehlung

Volkacher Ratsherr heißt eine der bekanntesten fränkischen Weinlagen und mit rund 180 Hektar ist sie eine der ganz großen. Auf sie haben wir geblickt, als wir mit der »MS Undine« den Main befahren haben, und natürlich sind Weine dieser Lage in der Karte des *Hinterhöfle* gleich mehrfach vertreten. Von ausgezeichneter Qualität sind sie alle, doch der ausdrucksvolle, feinherbe **Bacchus** des *Weinguts Karl Müller*, Jahrgang 2021, war für uns der ideale Begleiter zum Essen. Ihn wollen wir empfehlen.

Mit Flair und der Lage am Fluss weiß der Ort zu begeistern.

Ausgewählte Adressen und Tipps

Tourist-Information Volkacher Mainschleife, Rathaus, 97332 Volkach, Tel. 09381/40112, www.volkach.de.

Weingut Max Müller I, Hauptstr. 46, 97332 Volkach, Tel. 09381/1218, www.max-mueller.de. Weinverkauf Mo–Fr 9–18 Uhr, Sa 10–16 Uhr, So 10–12 Uhr.

Weingut Karl Müller, Zehentgasse 3, 97332 Volkach, Tel. 09381/9216, www.frankenweingut.de. Mo–Fr 8–18 Uhr, Sa 8–17 Uhr, So 9.30–13 Uhr oder nach Vereinbarung.

Hinterhöfle, Wein- und Biergarten, Hauptstr. 30, 97332 Volkach, Tel. 09381/718180, www.hinterhoefle.de. Di–So ab 11 Uhr durchgehend, Mo Ruhetag.

Genießerei, Marktplatz 5, 97332 Volkach, Tel. 09381/8140, www.tuchhaus.com/geniesserei. 11–22 Uhr, Di Ruhetag. Gehört zum *Hotel Tuchhaus.*

Schwane 1404, Hauptstr. 12, 97332 Volkach, Tel. 09381/80660, www.schwane.de. Fr–Di 12–14 und 18–21 Uhr, Mi/Do Ruhetage. Eine der ältesten erhaltenen Gaststuben Frankens, mit Hotel.

Museum Barockscheune, Weinstr. 7, 97332 Volkach, Tel. 09381/717590, www.museum-barockscheune.de. Ostern bis 1. Nov. Fr 14–17 Uhr, Sa/So und Fei 11–17 Uhr, Adventssonntage geöffnet. Erwachsene 3,50 €, Kinder, Schüler und Studenten frei.

In Volkach und seinen zehn Ortsteilen finden im Jahresverlauf so viele Veranstaltungen mit, für und um den Wein statt, dass sie an dieser Stelle unmöglich einzeln aufgelistet werden können. Unter www.volkach.de/veranstaltungen lassen sich alle Infos nach Monaten sortiert finden. Eine Veranstaltung sei beispielhaft herausgestellt: Mitte Aug. findet in Volkach Frankens größtes Weinfest statt.

Volkacher Mainschleifenbahn An jedem Sonntag zwischen Ende Mai und Mitte Oktober pendelt ein historischer Schienenbus auf der 10 km langen Strecke zwischen Volkach-Astheim und Seligenstadt. Eine Fahrt mit der Museumsbahn verspricht nostalgische Gefühle und schöne Ausblicke auf die Landschaft. www.mainschleifenbahn.de.

Fränkische Personen-Schifffahrt (FPS), Hauptstr. 42, 97332 Volkach, Tel. 09381/710880, www.mainschifffahrt.info. Rundfahrten mit dem Main-Schiff »Undine«, Abfahrten siehe Webseite.

Von Lumpen und Glatzen 15

Durch beste Lagen bei Escherndorf

Tour: Wanderung von Escherndorf nach Neuses am Berg und zurück.
Länge: rund 10 km.
Dauer: reine Gehzeit rund 2,5–3 Std.
Höhenunterschied: insgesamt etwa 120 m.
Markierung: vorwiegend *weißes Auge auf rotem Grund (Panoramaweg)* und *Meditationsweg.*
Familie: Etwas Kondition sollte man mitbringen, aber die Wege sind bequem und nicht zu steil. Sonnenschutz nicht vergessen!
Saison: das ganze Jahr über möglich.
Anfahrt: *ÖPNV:* vom Würzburger Busbahnhof mit der Buslinie 8105 bis Escherndorf Rathaus. *Kfz:* auf der A 3 bis Ausfahrt 74 (Kitzingen/Schwarzach), dann über Schwarzach nach Volkach (dort über die Brücke), von hier über Astheim nach Escherndorf. Parkplatz »An der Güß«.

An der Mainschleife

Dieser Ausflug führt in das wohl schönste und zugleich größte Weinanbaugebiet Unterfrankens, an die Mainschleife zwischen Volkach und Sommerach. Viele der besten fränkischen Weine stammen von hier, so vor allem der Escherndorfer Lump, den auch Geheimrat Goethe sehr zu schätzen wusste und immer gerne bestellt haben soll. Nordheim und Escherndorf zählen neben Volkach zu den bekanntesten Weinorten. Unser heutiges Ziel, das Weindorf Neuses am Berg, ist nicht ganz so renommiert, doch auch hier wächst ein hervorragender Wein, wie wir bald feststellen werden.

Von Escherndorf nach Neuses

Wir starten am Parkplatz »An der Güß«, nicht weit von der Mainfähre Nordheim–Escherndorf bzw. an der Anfang des 17. Jahrhunderts erbauten Escherndorfer Pfarrkirche, wenn wir mit dem Bus gekommen sind. Aufmerksam schlendern wir die Bocksbeu-

Oberhalb von Escherndorf bieten sich herrliche Blicke auf Main und Wein.

telstraße entlang. Hier wohnt in nahezu jedem zweiten Haus ein Winzer, denn nach wie vor leben die meisten Bewohner Escherndorfs vom Weinanbau. Nach 400 Metern biegen wir auf Höhe des *Weinguts Am Lump* mit dem Wegweiser *Rebsorten-Lehrpfad* nach rechts und gleich anschließend auf der gepflasterten Weinbergstraße nach links ab.

Es geht jetzt zunächst leicht bergauf, von beiden Seiten umgeben uns die Rebhänge der Lage Escherndorfer Lump, von der, wie schon erwähnt, einer der vorzüglichsten fränkischen Weine stammt. Je höher wir kommen, desto weiter wird der Blick über den Main zur Weininsel, so genannt, da dieses Gebiet zwischen Main und Mainkanal komplett mit Weinstöcken bepflanzt ist. Der Blick zurück fällt auf Escherndorf und Nordheim, darüber thront die Vogelsburg mit dem ältesten Weingut der Region – ein herrliches Panorama.

Gemächlich fließt der Main dahin, umsäumt Flussauen mit üppiger Baum- und Strauchvegetation, die im reizvollen Kontrast zu den geometrischen Linien der Weinstöcke am Kreuzberg stehen. Gelegentlich ist vom Fluss her das Gelächter der entspannt paddelnden Kanufahrer zu hören. Auch wir lassen uns Zeit.

Sobald unter uns das malerische Dörfchen Köhler zu sehen ist, können wir uns etwas erholen, denn es geht nun leicht bergab, bevor ein weiterer Anstieg folgt. Inzwischen sind wir bei der Lage Escherndorfer Fürstenberg angekommen, von der ebenfalls ein exzellenter Wein gewonnen wird. In der Ferne, auf der linken Mainseite, sind die Türme der Abtei Münsterschwarzach und bald darauf die Turmspitze der Sommeracher Kirche zu erkennen.

Auf halber Höhe stößt von rechts der *Panoramaweg* mit seinem recht verblassten (oder sollte man sagen »erblindeten«?) *Auge auf rotem Grund* zu uns. Ohne jede Hektik geht es weiter und wir erreichen nach einer Rechtskurve den an ovalen Tafeln erkennbaren *Meditationsweg,* in den wir nach links einbiegen. Hier beginnt die Lage Neuseser Glatzen. Auf diesen urigen Namen einigten sich 1971 die Winzer der Gemeinde Neuses. Entlang

des *Meditationsweges* beschreiben mehrere Tafeln die Vorzüge des Weingenusses. Wie zu lesen ist, wusste bereits Goethe, dass der Wein dort, wo er wächst und getrunken wird, zur Bildung eines freieren Charakters beiträgt und über die ganze Gegend eine unglaubliche Heiterkeit verbreitet. Zudem, so erfahren wir, senkt Wein, in Maßen genossen, den Cholesterinspiegel und mindert das Risiko, von Schlaganfällen oder Herzinfarkten heimgesucht zu werden. Derart motiviert setzen wir unsere Wanderung unverdrossen fort. Bald darauf tauchen die beiden charakteristischen Zwiebeltürme von Neuses auf. Auch wenn es so aussieht: Sie gehören nicht zu einer, sondern zu zwei Kirchen! Dazu gleich mehr. Nach gut einer Stunde von Escherndorf aus haben wir über die Köhlerstraße den Neuseser Marktplatz erreicht.

Das beschauliche Winzerdorf ist 1340 erstmals als *Nuzez apud Tetelbach* urkundlich erwähnt worden und geht auf eine frühe Ansiedlung zurück, wobei *Nuzez* bzw. *Neuses* so viel bedeutet wie »neuer Sitz«. Wein wird hier seit Jahrhunderten angebaut. Durch freiwilligen Zusammenschluss ist Neuses seit 1978 ein Ortsteil der Stadt Dettelbach. Es besitzt bei nur 400 Einwohnern zwei stattliche Kirchen. Das 1574 gebaute Rathaus wartet mit schönem Fachwerk auf.

Der Ort war jahrhundertelang politisch und, seit der Reformationszeit, auch konfessionell geteilt: Die Neuseser Katholiken waren dem Würzburger Fürstbischof, die Protestanten dem Ansbacher Markgrafen zinspflichtig. Die evangelische Nicolaikirche wurde lange Zeit als Simultankirche genutzt, was immer wieder zu Streit und gerichtlichen Auseinandersetzungen führte. Ab 1784 bauten die Katholiken ihr eigenes Gotteshaus, die Nikolauskirche. Weil beide Türme sich sehr ähnlich sind, hat Neuses ein einmaliges, unverwechselbares Gepräge erhalten.

Die Weine des Neuseser Glatzen

Was es mit den Weinen vom Neuseser Glatzen auf sich hat, wollen wir in der *Häckerwirtschaft Düll* in der Köhlerstraße herausfinden. Das ausladende Gebäude wurde früher landwirtschaftlich genutzt, der Weinanbau wurde lediglich nebenbei betrieben und die geernteten Trauben gingen an die Genossenschaft. Seit 1990 wird alles selbst vermarktet. Stolze 12 Hektar

Neuses am Berg mit seinen beiden Kirchen und dem schönen Fachwerkrathaus

Herrliche Weinhänge zwischen Escherndorf und Neuses am Berg

Neuseser Glatze bearbeitet Karl-Heinz Düll mit seiner Frau und den beiden Söhnen. Auf der Düll'schen Weinliste finden sich Silvaner, Scheurebe, Bacchus, Müller-Thurgau, Riesling, Kerner, Weißer Burgunder sowie drei Rotweine – Domina, Dornfelder, Rotling. Der Muschelkalkboden und die Hanglage zum Main begünstigen die Qualität. Guter Wein und gutes Essen gehören zusammen: Im großzügigen Innenhof des Weinguts finden rund 80 Gäste Platz, die dann noch etwas ganz Besonderes erleben können: eine Pferdekutschfahrt durch den Neuseser Glatzen.

Ein grandioser Rückweg

Im Anschluss an die genussvolle Weinverkostung geht es zurück nach Escherndorf, diesmal mit zwei kleinen Variationen. Gleich nach Durchschreiten eines schmalen Waldgürtels, der Weg ist hier beidseits von Geländern flankiert, halten wir uns rechts den Berg hinunter und lernen so einen anderen Teil des *Meditationsweges* kennen. Die zweite Abweichung: Wir biegen bei einer schönen Blaufichte links ab den Berg hinauf und haben einen noch grandioseren Ausblick auf den Main und die Weininsel bis hin nach Astheim und Volkach. Das letzte Stück führt entlang einer hohen Steinmauer und endet kurz vor der Escherndorfer Pfarrkirche.

Bevor wir unseren Ausflug beenden, gehen wir ein paar Schritte nach links zu der pittoresken Lourdes-Kapelle, die 1892 ein Escherndorfer Bürger nach erfolgreicher Pilgerfahrt nach Frankreich hatte erbauen lassen. Da sich hier viele Paare trauen lassen, hat sie den Beinamen »Hochzeitskapelle« bekommen. Etwa 200 Meter weiter auf der Straße kann die Holzkonstruktion des wohl größten Bocksbeutels der Welt bewundert werden, seit seiner Errichtung Ende der 1970er-Jahre ein beliebtes Fotomotiv.

Weinempfehlung

Von den guten Weinen der Häckerwirtschaft *Düll* hat uns der **2021er Weißburgunder Kabinett feinherb, Neuseser Glatzen,** am meisten zugesagt. Er besitzt, was Weine dieser Rebsorte auszeichnet: kraftvolle Eleganz und feine Frucht. Eine fränkische Brotzeit dazu – was könnte es nach einer Wanderung durch die idyllischen Weinlagen an der Mainschleife Schöneres geben?

Ausgewählte Adressen und Tipps

- Tourist-Information im KUK, Rathausplatz 6, 97337 Dettelbach, Tel. 09324/3560, www.dettelbach-entdecken.de.
- *Weingut Horst Sauer,* Bocksbeutelstr. 14, 97332 Volkach-Escherndorf, Tel. 09381/4364, www.weingut-horst-sauer.de. Verkauf Mo–Fr 9–12 und 13–18 Uhr, Sa 11–17 Uhr.
- *Weingut Rainer Sauer,* Bocksbeutelstr. 15, 97332 Volkach-Escherndorf, Tel. 09381/2527, www.weingut-rainer-sauer.de. Mo–Fr 9–12 und 13–18 Uhr, Sa 10–17 Uhr.
- *Häckerwirtschaft und Weinbau Karl-Heinz Düll*, Köhlerstr. 5, 97337 Dettelbach-Neuses am Berg, Tel. 09324/840, www.weinbau-duell.de. Häckerstube von Ostern bis Ende Okt. Sa/So und Fei ab 13 Uhr. Weinverkauf täglich nach Anmeldung, Gästezimmer und Wohnmobilstellplatz.
- *Reisers Zehnthof, Gasthaus am Main,* Langgasse 33, 97334 Nordheim a. M., Tel. 09381/1702, www.der-reiser.de/restaurants. Mi/Do 17–22.30 Uhr, Fr–So 11.30–22.30 Uhr, Mo/Di Ruhetage.
- *GenießerCafé & Konditorei,* Bocksbeutelstr. 9, 97332 Volkach-Escherndorf, Tel. 09381/8008263, www.geniessercafe.de. Tägl. 12–17 Uhr.
- Weinfest in Neuses am Berg Mitte Juni.
- Hofschoppenfest im *Weingut Düll* am dritten Augustwochenende.
- Einer der terroir-f-Orte Weinfrankens befindet sich an der Staatsstraße zwischen Prosselsheim und Volkach nahe der Vogelsburg. Er bietet Ausblicke auf den Escherndorfer Lump und Einblicke ins Thema Wein und Klima.
- Bei Kanutouren auf der Mainschleife lassen sich Weinberge, Auenlandschaft und die Winzerdörfer Nordheim und Escherndorf vom Wasser aus erleben. Kanus können in Köhler gemietet werden. www.weingut-hoehn.de.
- Volkacher Mainschleifenbahn: An jedem Sonntag zwischen Ende Mai und Mitte Oktober pendelt ein historischer Schienenbus auf der 10 Kilometer langen Strecke zwischen Volkach-Astheim und Seligenstadt. Eine Fahrt mit der Museumsbahn verspricht nostalgische Gefühle und schöne Ausblicke auf die Landschaft. www.mainschleifenbahn.de.
- Im Mainfrankenpark nahe der Autobahnausfahrt Rottendorf gibt es Kinos, Bowling und Gastronomie. Mainfrankenpark 2, 97337 Dettelbach.

Fromm und trinkfest

16

Über die Weininsel bei Sommerach

Tour: mittelschwere Rundwanderung von Sommerach über Schloss Hallburg und Nordheim.
Länge: ca. 12 km.
Dauer: reine Gehzeit 3,5–4 Std.
Höhenunterschied: insgesamt 150 m.
Markierung: Sommerach–Hallburg grünes Schild *Hallburg;* Hallburg–Nordheim grünes Schild *Nordheim;* Nordheim–Sommerach *Weg 7,* dann *Weg 5* und schließlich der Nase nach.
Familie: kann bei heißem Wetter für Kinder sehr anstrengend sein, ansonsten für jedermann geeignet, der längeres Gehen gewohnt ist.
Saison: Anfang Mai bis Ende Oktober.
Anfahrt: *ÖPNV:* mit der Bahn bis Kitzingen, anschließend mit dem Bus 107 (Mainschleifen-Express), der vom 1. Mai bis 1. November Sa und So verkehrt, oder mit der Linie 8110 (auch Mo–Fr). *Kfz:* auf der A 3 bis Ausfahrt Kitzingen/Schwarzach, dann Richtung Volkach. Parken südlich des Maintors in Sommerach nahe Camping- und Sportplatz (schattige Plätze) oder gleich am Schwarzacher Tor.

Die fränkische Weininsel

Das Weinanbaugebiet südlich der Volkacher Mainschleife zwischen Nordheim und Sommerach zählt mit den Sommeracher Lagen Katzenkopf, Rosenberg und Engelsberg, dem Nordheimer Vögelein und Kreuzberg sowie dem Hallburger Schlossberg zu den größten und ergiebigsten Rebflächen im Frankenland. Hier bestimmt der Wein seit Jahrhunderten den Rhythmus des Alltags, das Denken und Tun der Menschen.

Den Besucher erwartet ein Wein-Eldorado, eine paradiesische Weininsel, denn das Gebiet ist seit dem Bau des Mainkanals ringsum von Wasser umgeben: im Norden, Westen und Süden vom Main, im Osten zwischen Volkach und Gerlachshausen vom Kanal.

Rund um die Hallburg wachsen die Reben des *Weinguts Graf von Schönborn*.

Zauberhaftes Sommerach

Wir starten am Parkplatz und durchschreiten das Maintor auf Sommerachs Hauptstraße, wenden uns nach links und gehen auf die InfoVinothek und die katholische Pfarrkirche St. Eucharius zu. Ganz in der Nähe der Kirche ist die Bushaltestelle Nordheimer Straße. Anschließend gehen wir mit dem grünen Hinweisschild *Hallburg* in die Volkacher Straße und biegen bald danach links in die Straße Zum Engelsberg ab, die uns zu den Weinbergen führt.

In dem zauberhaften Weinort Sommerach bewirtschaften zahlreiche Winzerfamilien rund 230 Hektar Rebfläche und hier wurde auch 1901 die erste fränkische Winzergenossenschaft gegründet. Dass es den Bewohnern schon in früheren Zeiten – der Weinanbau wird nachweislich seit dem 11. Jahrhundert betrieben – nicht eben schlecht ging, belegen die z. T. stattlichen Weingüter mit urgemütlichen Innenhöfen. Wahre Kunstwerke sind die herrlichen Toreinfahrten mit üppigem Rankwerk und ausdrucksvollen Heiligenfiguren. Auch konnte sich nur eine sehr wohlhabende Gemeinde eine so prächtige Kirchenausstattung leisten, wie sie hier vorzufinden ist.

Der Weg von Sommerach nach Schloss Hallburg ist gut befestigt, selbst Kinderwagen können gerne mitgenommen werden, sofern genügend Kraftreserven fürs wiederholte Bergaufschieben vorhanden sind. Weinberg reiht sich an Weinberg – ein berauschender Anblick. Das erste Tagesziel, Schloss Hallburg, ist nach knapp einer Stunde von Sommerach aus erreicht.

Wechselvolle Geschichte

Die Anlage, in ihren Ursprüngen eine keltische Fliehburg, diente bis Mitte des 13. Jahrhunderts den Grafen zu Castell als Zollburg, im 14. Jahrhundert wurde sie an das Adelsgeschlecht der Zollner übereignet. Die Burg ging im Wirbel des Bauernkriegs

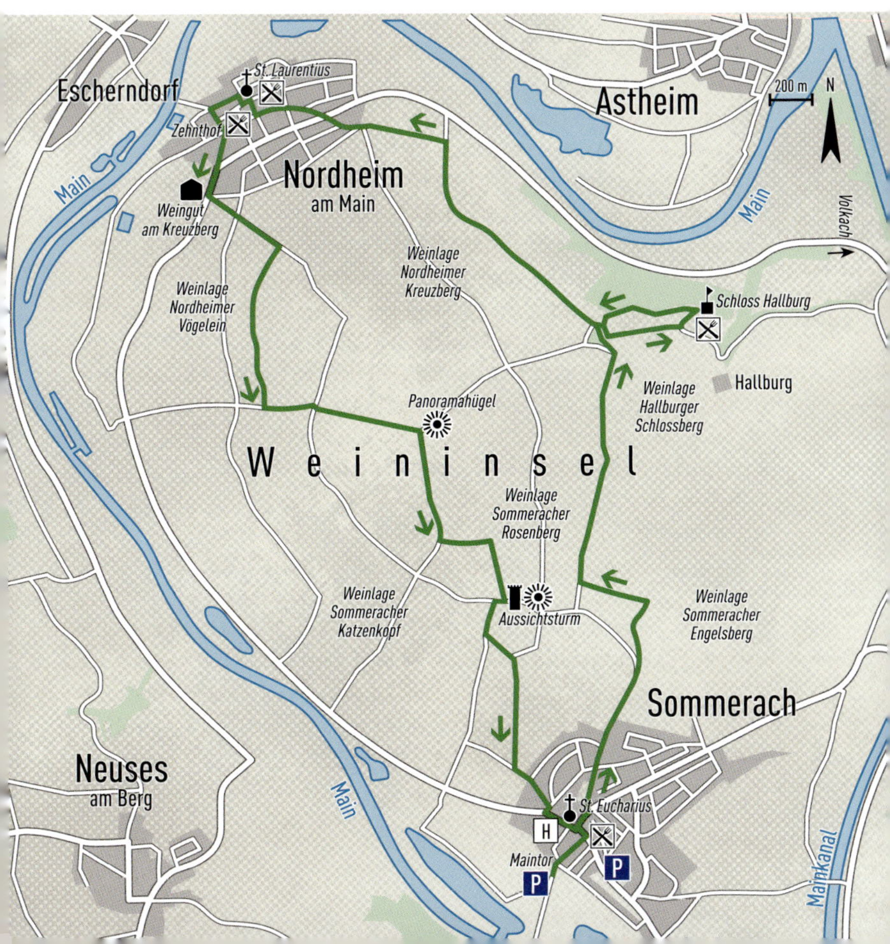

unter, wurde wieder aufgebaut und wechselte mehrmals den Besitzer. Während das langgestreckte Wohngebäude des heutigen Schlosses im 16. Jahrhundert entstand, geht der Turm sogar auf das 13. Jahrhundert zurück. 1806 fiel das Schloss an die heutigen Eigentümer, die Grafen von Schönborn, die rings um das Schloss hervorragenden Wein anbauen.

Bis zu einem verheerenden Brand am Pfingstmontag 2016 wurde der Rebensaft im *Schlossgasthof* ausgeschenkt, selbstverständlich zusammen mit Schmankerln der fränkischen Küche. In den festlichen Sälen des Schlosses kam es regelmäßig zu Hochzeitsfeierlichkeiten. Lange sah es so aus, als wäre es nur eine Frage der Zeit, bis die Gasträume saniert und wiedereröffnet würden. Doch seit Sommer 2022 ist klar: Die Gastronomie im Schlossgebäude ist Geschichte, die Gutsverwaltung plant eine Büronutzung für die historischen Mauern.

Verdursten und verhungern muss trotzdem niemand, der nach Hallburg wandert: *Die Vinothek im Jägerhaus* gleich neben dem Schloss bietet erlesene Weine des Graf von Schönbornschen Weinguts und kleine Speisen. Ein Plootz, salzig oder süß belegter Blechkuchen, ist der ideale Begleiter zum Wein.

Nach der Einkehr wandern wir weiter gen Nordheim, jetzt mit dem gleichnamigen *grünen Hinweisschild.* Jenseits des Mains liegt, oftmals leicht im Dunst, das viel besuchte Volkach, etwas weiter westlich ist der Blick frei auf die stolze Vogelsburg. Die knapp drei Kilometer bis Nordheim sind bald geschafft, denn der Weg führt bergab, und schon öffnet sich ein neues Schatzkästlein. Etwa 100 Meter vor Erreichen der von Volkach kommenden Straße biegen wir links in die letzte Weinbergstraße ein und sind nach kurzer Zeit in Nordheim. Über den Hallburger Weg und die Volkacher Straße wandern wir vorbei an unzähligen Weingütern ins Ortszentrum mit der Kirche.

Fromm und trinkfest, gläubig und lebensfroh

Kelten, Markomannen, Alemannen und Burgunder hatten sich hier angesiedelt, bis die Franken unter König Chlodwig Ende des 5. Jahrhunderts das Land einnahmen und ein Reihendorf gründeten, das später zu Nordheim wurde. In einer nicht datierten Schenkungsurkunde, die in der Zeit um 823 entstand, wird der

Auf dem Kreuzberg über Sommerach weht der Frankenrechen im Wind.

Ort erstmals schriftlich erwähnt – Anlass für die Nordheimer, das 1200-jährige Bestehen im Jahr 2023 ausgiebig zu feiern.

Wahrzeichen und architektonischer Höhepunkt des Winzerortes ist der dreiflügelige, reich mit Erkern und Schwunggiebeln verzierte Zehnthof, ein im 16. und 17. Jahrhundert errichteter Renaissancebau. Die imposanten Kreuzgewölberäume fungieren seit den 1960er-Jahren als Wirtshausstube, in der man mit dem Wein der Gegend und fränkischer Küche fürstlich bedient wird.

Die stilvollen Barockfassaden und Fachwerkgiebel der alten Weinhöfe im Dorf sind vorbildlich renoviert und beflügeln zu einem gemütlichen Rundgang. Die Pfarrkirche St. Laurentius entstand in etwa zur gleichen Zeit wie der Zehnthof und die vielen Bildstöcke oder Marterln im Ort wie in den Weinbergen erinnern an die Frömmigkeit der Mainfranken.

Die Gottesfürchtigkeit der Einwohner stand jedoch nie einer ausgesprochen sinnesfrohen Lebensauffassung entgegen. Wie stark gerade in Nordheim der Weinanbau mit kultureller Blüte Hand in Hand ging und geht, wird bei einem Besuch der *Vinothek* klar, einer Einrichtung der lokalen Winzergenossenschaft.

Moderne und Tradition begegnen uns auf der Wanderung in Nordheim und Sommerach.

Der Rückweg nach Sommerach beginnt am Westende Nordheims auf der Höhe des *Weinguts Am Kreuzberg.* Wir schlagen den Weg mit der *Nummer 7* ein und genießen die Rundsicht vom Panoramahügel auf 287 Metern, dem Gipfel der Weininsel. In der Ferne ist bei klarem Wetter die Rhön mit dem Namensvetter zu erahnen, dem mit 927 Metern allerdings erheblich höheren Kreuzberg. Die Markierung lässt uns hier oben immer wieder im Stich und man liest gelegentlich *5, 5a* und *7*, aber wir können die kleinen Täfelchen genauso gut ignorieren, weil wir uns einfach an den weithin sichtbaren Panoramapunkten orientieren. Schon nach kurzer Strecke erreichen wir einen Aussichtsturm mit wunderbarem Blick auf Sommerach im Vordergrund und Münsterschwarzach im Hintergrund.

Sommerach betreten wir nach gut einer Stunde am Haus der Winzergenossenschaft, unweit der Kirche und des Ausgangspunkts unseres Ausflugs. Sommerach bietet in zahlreichen Gasthöfen, Heckenwirtschaften und Weinhöfen Verlockendes an. Wandern in Mainfranken ist eben voller Versuchungen.

Weinempfehlung

Auf halber Strecke unserer Wanderung liegt das *Graf von Schönbornsche Weingut Schloss Hallburg* natürlich sehr günstig. Auf 34 Hektar wachsen hier in den Lagen Hallburger Schlossberg und Volkacher Ratsherr vor allem Silvaner und Riesling, aber auch ein relativ hoher Anteil roter Sorten. Im Schatten der Eiche vor der *Vinothek im Jägerhaus* und mit Blick auf die Reben hat uns besonders der feinherbe **2019er Riesling »1806« vom Schlossberg** geschmeckt. Er überzeugt durch die gut eingebundene Süße und die interessante Note, die durch die Reifung im Holzfass entsteht. Selbstverständlich ist es absolut empfehlenswert, die Vinotheken der beiden anderen am Weg gelegenen Weinorte Nordheim und Sommerach mit ihren Spitzenerzeugnissen aufzusuchen.

Ausgewählte Adressen und Tipps

Sommerach

Gemeindeverwaltung Sommerach, Kirchplatz 4, 97334 Sommerach, Tel. 09381/1229, www.sommerach.de.

InfoVinothek Sommerach, Kirchplatz 3, 97334 Sommerach, Tel. 09381/7187939, www.infovinothek-sommerach.de. Mo–Fr 10–13 und 14–18 Uhr, Sa/So und Fei 11–18 Uhr. Die *InfoVinothek Sommerach* bietet Rundgänge durch den Weinort, zu den historischen Bildstöcken und Flurdenkmälern sowie Weinbergführungen mit Weinverkostung an.

Gasthof zum Schwan, Hauptstr. 10, 97334 Sommerach, Tel. 09381/847684, www.schwan-sommerach.de. 11.30–21 Uhr, Mo Ruhetag. Zimmervermietung.

Von Juni bis August finden in Sommerach Weinfeste statt, so im Juli das der örtlichen Winzer. Anmeldung und Auskünfte über die *InfoVinothek* und die Gemeinde Sommerach.

Hallburg

Vinothek Schloss Hallburg, Weingut Schloss Hallburg, 97332 Volkach, Tel. 0163/7592667, www.weingut-schloss-hallburg.de. Apr. bis Okt. tägl. 11–17 Uhr, weitere Monate verkürzt.

Nordheim

Gemeindeverwaltung Nordheim am Main, Hauptstr. 15, 97334 Nordheim a. M., Tel. 09381/2866, www.nordheim-main.de.

Vinothek Divino Nordheim, Langgasse 33, 97334 Nordheim a. M., Tel. 09381/80990, www.divino-wein.de. Tägl. 10–18 Uhr.

Gasthaus zur Sonne, Hauptstr. 18, 97334 Nordheim a. M., Tel. 09381/80710, www.franken-sonne.de. Mo–Fr 17–22 Uhr, Sa/So 12–14 und 17–22 Uhr, Do Ruhetag. Auch Hotelbetrieb.

Reisers Zehnthof, Gasthaus am Main, Langgasse 33, 97334 Nordheim a. M., Tel. 09381/1702, www.der-reiser.de/restaurants. Mi/Do 17–22.30 Uhr, Fr–So 11.30–22.30 Uhr, Mo/Di Ruhetage.

Nordheim feiert 2023 sein Jubiläum mit einem abwechslungsreichen Programm aus Kunst, Sport und Musik. www.nordheim-jubiliert.de.

Zahlreiche Veranstaltungen in Nordheim, in der Woche von Christi Himmelfahrt das Große Weinfest.

Bei Kanutouren auf der Mainschleife lassen sich Weinberge, Auenlandschaft und die Winzerdörfer Nordheim und Escherndorf vom Wasser aus erleben. Kanus können in Köhler gemietet werden. www.weingut-hoehn.de.

Muskatzinen und Loreto

17

Hügelig um Dettelbach

Tour: Rundwanderung von Dettelbach-Bahnhof nach Effeldorf und Dettelbach, mit Abstecher nach Mainsondheim.
Länge: rund 15 km, mit Erweiterungen 18 km.
Dauer: reine Gehzeit 4–5 Std.
Höhenunterschied: etwa 100 m.
Markierung: Dettelbach-Bahnhof–Effeldorf: *Fränkischer Marienweg;* Effeldorf–Dettelbach: ohne Markierung, kurz *Traumrunde Dettelbach;* Dettelbach–Bibergau: *Fränkischer Marienweg;* Bibergau–Dettelbach-Bahnhof: ohne Markierung.
Familie: Die Wanderung setzt eine gute Kondition voraus, für Kinder erst ab etwa 12 Jahren geeignet.
Saison: das ganze Jahr über möglich, besonders schön Juni bis August.
Anfahrt: *ÖPNV:* mit dem Zug auf der Strecke Würzburg–Kitzingen bis Dettelbach-Bahnhof. *Kfz:* auf der A 3 bis zur Ausfahrt Rottendorf, dann kurz über die B 8 zur St 2450 und anschließend links nach Dettelbach-Bahnhof. Hier parken.
Varianten: Lohnend sind Abstecher zur Wallfahrtskirche Maria im Sand und auf die andere Flussseite nach Mainsondheim.

Muttergotteskapelle in Effeldorf

Das Bahnhofsgebäude im Rücken wenden wir uns auf der Straße nach links Richtung Effeldorf. Das kleine Dorf mit einigen schönen Stein- und Fachwerkhäusern und viel Blumenschmuck hält eine echte Überraschung bereit: die einzige Loreto-Kapelle Unterfrankens. Loreto kommt vom lateinischen *laurentum* (Lorbeer). Nach einer christlichen Legende brachten Engel Ende des 13. Jahrhunderts das Haus der Gottesmutter aus Nazareth in die italienische Region Marken, mitten in einen Lorbeerwald. Seitdem ist Loreto einer der bedeutendsten Wallfahrtsorte Italiens. In zahlreichen Orten wurde später die Kapelle von Loreto nachgebaut, so auch 1652 in Effeldorf. Heute ist sie als Chor in die mehr als hundert Jahre später errichtete Jakobskirche integriert.

Abendstimmung am Main bei Dettelbach

Eine Oase der Ruhe

Am Ortsende, gegenüber der Kirche, biegen wir in den Euerfelder Weg ein. Es geht jetzt ohne Markierung auf breitem, befestigtem Fuhrweg Richtung Bibergauer Höh. Die Hochebene wird intensiv landwirtschaftlich genutzt – keine Wiesen, aber Feld an Feld, Getreide, Mais, Zuckerrüben und Sonnenblumen. Hoch oben kann man mitunter einen nach Beute spähenden Raubvogel beobachten, ab und zu flattert ein aufgescheuchtes Rebhuhn eilig davon. Der Blick reicht weit in die Ferne, über die Maintalhöhen bis zum Schwanberg am Rand des Steigerwaldes.

Nach etwa einem Kilometer zweigt der Weg im rechten Winkel nach rechts ab, gut 20 Minuten später überqueren wir die Verbindungsstraße Bibergau–Euerfeld und erreichen den Obstverkauf Zörner.

Im Frühsommer leuchtet die Hügellandschaft gelb von Raps, später, kurz vor der Ernte, schillert sie in vielen Farben: goldgelb der Weizen, dunkelgrün der Mais, blaugrau der Roggen. Eine wunderbare Stille liegt über der Landschaft, unterbrochen allenfalls vom Motorengeräusch eines Traktors. In dieser bäuerlichen Welt bestimmt noch die Natur den Ablauf der Dinge.

Rund zwei Kilometer nach dem Obstcenter biegt der Weg, der inzwischen nur mehr ein Wiesenweg ist, erneut scharf nach rechts ab, bald darauf kommen wir auf die kleine Verbindungsstraße Bibergau–Dettelbach. Wir gehen nach links Richtung Dettelbach weiter und biegen nach knapp 100 Metern beim Totholzgarten erneut links auf einen Fuhrweg ein, folgen kurz der rot-weißen Markierung *Traumrunde Dettelbach,* die uns aber bald nach rechts wieder verlässt. Wir nehmen die kleine Anhöhe und bald taucht der erste Weinberg auf, dahinter kann man die Dächer von Bibergau erkennen.

Durch Dettelbachs Weinberge

Ganz oben auf der Höhe biegen wir auf einer befestigten Straße nach rechts ein und stoßen bald auf die Weinberge Dettelbachs, Lage Sonnenleite. Hier wächst eine vortreffliche Rebe, denn der oben sanft und weiter unten steil abfallende Südhang fängt die Sonnenstrahlen optimal ein. Wir genießen den Rundblick und folgen der Weinstraße weiter, erst der Links-, dann der Rechtskurve, wandern vorbei an Pferdekoppeln und kommen bei den ersten Häusern auf die Josef-Kram-Straße, der wir bis in den Ort folgen. Über die Kühngasse erreichen wir die Straße Am Brücker Tor, die uns ins Zentrum von Dettelbach führt.

Eine weinfränkische Besonderheit

Dettelbach verkörpert in idealer Weise die Eigentümlichkeiten eines mainfränkischen Winzerstädtchens. Rings um den Ort befinden sich rund 240 Hektar Rebfläche auf der Großlage Dettelbacher Honigberg und den weiteren Lagen Sonnenleite, Berg Rondell und Neuseser Glatzen. Um sie kümmern sich 20 Winzerfamilien im Haupt- und Nebengewerbe. Der hier ausgeschenkte Wein, so versichern die Einheimischen, schmeckt besonders gut mit Muskatzinen, einem traditionellen Dettelbacher Süßgebäck, das dem Gewürz Muskat seinen Namen verdankt und das es nur hier zu kaufen gibt. Angeblich tragen Muskatzinen zur Bekömmlichkeit des Dettelbacher Weines bei. Wirklich nötig haben die hervorragenden Tropfen diese Begleiter aber natürlich nicht. In einem der Weinhöfe und Weinlokale lässt sich das leicht ausprobieren.

Dettelbacher Highlights

In Dettelbach gibt es viel zu sehen. Darum sollte man vom Angebot der Tourist-Information Gebrauch machen und sich einen Stadtplan sowie ein paar Tipps holen. Der Besuch lohnt sich auch deshalb, weil die Tourist-Information zusammen mit Vinothek, örtlichem Museum und Stadtbibliothek im Kultur- & Kommunikationszentrum KUK untergebracht ist, einem hochmodernen

Das spätgotische Rathaus wurde 1512 direkt über dem Flüsschen Dettel erbaut.

Die abwechslungsreiche Tour führt nach Mainsondheim und Bibergau.

Gebäude, dessen Glasfassade einen reizvollen Kontrast zu den umgebenden historischen Häusern bildet. Unbedingt besichtigen sollte man das spätgotische, direkt über dem Flüsschen Dettel erbaute Rathaus von 1512. Lange Zeit war die inzwischen verbaute Durchfahrt im Erdgeschoss Teil des wichtigen Verbindungswegs zwischen Bamberg und Würzburg. Wahrzeichen der Stadt ist die Pfarrkirche St. Augustin mit den zwei ungleichen Türmen. Unterhalb der Kirchenmauer erinnert ein Pranger daran, wie man einst mit »böse Leut« umgegangen ist. Anschließend besichtigen wir die gut erhaltene Stadtmauer mit ursprünglich 52 Türmen und zwei erhaltenen Toren und schlendern durch die kopfsteingepflasterten Gassen. Wir bestaunen die schönen Fachwerkhäuser, kehren abschließend ein und genießen die herrliche Atmosphäre eines weinumrankten Innenhofes.

Etwas weiter östlich, außerhalb des alten Stadtkerns, nur fünf Minuten vom Faltertor entfernt, liegt die Wallfahrtskirche Maria im Sand. Julius Echter, der baubesessene Würzburger Fürstbischof, veranlasste den Kirchenbau vor gut 400 Jahren. Entstanden ist ein Gotteshaus im sogenannten Juliusstil, einer Verschmelzung von Elementen der Spätgotik, der Renaissance und des Barock. Typisch für diesen Stil ist das großartige Portal in der Westfassade. Im Inneren der Kirche beeindrucken vor allem die ungewöhnlichen Ausmaße des Gnadenaltars sowie die kostbare Alabaster-Kanzel.

Abstecher über den Main

Von der Wallfahrtskirche ist es nicht weit nach Mainsondheim, dem einzigen Gemeindeteil Dettelbachs jenseits des Flusses. Wir begeben uns zurück zum Falterturm und hinunter zur Bamberger Straße, kreuzen die Staatsstraße und fahren mit der Fähre über den Main. Von der Anlegestelle auf der linken Mainseite sind es bis Mainsondheim nur gut 200 Meter. Hier fällt vor allem das Renaissanceschloss der Freiherren von Mauchenheim mit seinen drei Türmen inmitten einer Parkanlage auf. Mit der Fähre setzen wir wieder über und kehren zurück zum Dettelbacher Rathaus.

Der Rückweg nach Dettelbach-Bahnhof ist mindestens eine halbe Stunde kürzer als der Hinweg. Es geht über die Würzburger Straße – jetzt wieder mit dem *Marienweg* – in die Nachtigallenstraße. Kurz zuvor sticht uns ein Gebäude ins Auge, das aussieht wie ein alter Bahnhof. Kein Wunder, handelt es sich doch um die übrig gebliebene Endstation der historischen Eisenbahnlinie Dettelbach-Bahnhof–Dettelbach-Stadt, die 1966 stillgelegt wurde.

Wir wandern entlang des Bibergauer Mühlbachs und an ehemaligen Mühlen vorbei immer geradeaus bis Bibergau. Die fünf Kilometer auf der kaum befahrenen und sonntags für den Autoverkehr gesperrten Landstraße sind keineswegs langweilig, denn malerische Hügelketten säumen den Weg.

Stopp in Bibergau

In diesem Bauerndorf scheint die Zeit stehen geblieben zu sein. Hier gibt es noch den Vollzeitbauern, der für und von der Landwirtschaft lebt. Im Ortszentrum befindet sich ein schmuckes Kirchlein und gleich daneben das ehemalige Wasserschloss.

In Bibergau gehen wir nun ohne Markierung die Ritterstraße bis zum ehemaligen *Gasthaus Zum Stern,* biegen dann in die Muckengasse ein, der wir in einem Linksbogen und leicht bergauf bis zu ihrem Ende folgen. Bei Hausnummer 28 gehen wir auf dem breiten Fuhrweg linker Hand kurz geradeaus weiter bis zu einem Querweg, in den wir rechts einbiegen. Zwischen Feldern erkennen wir in der Ferne bereits die Eisenbahnlinie an ihren Oberleitungsmasten. Bei den ersten Häusern von Dettelbach-Bahnhof wandern wir nach links hinauf und haben den Ausgangspunkt unserer Rundwanderung in wenigen Minuten erreicht.

Weinempfehlung

Ausgezeichnet schmeckt der erfrischende **2021er Stahlnagel Rosé trocken** vom *Winzerhof Nagel,* der aus Spätburgundertrauben gekeltert wird. Stahlnagel, so nennen Vater Roland und Sohn Tobias Nagel die Einstiegskategorie in das Sortiment des Familienweinguts. Die Trauben werden von Hand gelesen und spontan im Edelstahltank vergoren. Den Rosé, aber natürlich auch einen Silvaner und weitere Weine des aufstrebenden Betriebs kann man direkt vor Ort verkosten und erwerben.

Ausgewählte Adressen und Tipps

- Tourist-Information im KUK, Rathausplatz 6, 97337 Dettelbach, Tel. 09324/3560, www.dettelbach-entdecken.de. Das KUK Dettelbach vermittelt Stadtführungen, Kirchenführungen, Weinbergwanderungen sowie Weinproben.
- *Winzerhof Nagel,* Raiffeisenstr. 1, 97337 Dettelbach, Tel. 09324/2963, www.winzerhof-nagel.de. Auch Gästezimmer.
- *Restaurant und Hotel Franziskaner,* Wallfahrtsweg 14, 97337 Dettelbach, Tel. 09324/973030, www.hotelfranziskaner.de. So–Do 11–22 Uhr, Fr/Sa bis 23 Uhr.
- *Gasthof Zum Hirschen,* Eichgasse 2, 97337 Dettelbach, Tel. 09324/1436. Mo/Di geschlossen.
- *Café & Conditorei Kehl,* Eichgasse 5, 97337 Dettelbach, Tel. 09324/97300, www.cafe-kehl.de. 6–22 Uhr, So/Fei bis 19 Uhr.
- *Schinhammers Restaurant,* Lindenstr. 8, 97337 Dettelbach-Bibergau, Tel. 09324/771, www.weinbau-schinhammer.de.
- Kunstmuseum Pilger und Wallfahrer im KuK in Dettelbach, Rathausplatz 6, 97337 Dettelbach, Tel. 09324/3560. Mo–Mi 10–13 und 14–17 Uhr, Do/Fr bis 18 Uhr, Sa 10–16 Uhr, So und Fei nach Ankündigung.
- Von Fronleichnam bis zum folgenden Sonntag ist Altstadtweinfest in Dettelbach.
- Wein & GenussSchlenderei: Kulinarischer Stadtspaziergang mit 3-Gänge-Menü an mehreren Tagen im Jahr.
- Der Mainfrankenpark Dettelbach nahe der Autobahnausfahrt Rottendorf bietet mit Kinos, Bowling und Gastronomie Entertainment für jedes Alter. Mainfrankenpark 2, 97337 Dettelbach.
- Der 18-Loch-Golfplatz des Golfclubs Schloss Mainsondheim liegt direkt am Main, Schlossweg 3, 97337 Mainsondheim.

18 Die Rotweininsel im Steigerwald

Auf den Schwanberg

Tour: Rundwanderung von Wiesenbronn zum Schwanberg.
Länge: rund 12 km.
Dauer: reine Gehzeit 3–3,5 Std.
Höhenunterschied: etwa 210 m.
Markierung: Waldrand–Schloss Schwanberg *grünes Dreieck*, Schloss Schwanberg–Wiesenbronn zunächst *Steigerwaldweg (grünes S)* und dann *W2 auf gelbem Grund.*
Familie: Bis auf den Anstieg zum Schwanberg ist die Route einfach. Kinder ab 10 Jahren dürften keine Schwierigkeiten haben.
Saison: das ganze Jahr über möglich, am schönsten April bis Oktober.
Anfahrt: *ÖPNV:* mit der Bahn bis Kitzingen, anschließend mit der Buslinie 8111 nach Wiesenbronn. *Kfz:* auf der A 3 bis Ausfahrt Wiesentheid, dann B 286 bis Rüdenhausen, hier nach Wiesenbronn abbiegen. Parkplatz in der Wiesenbronner Hauptstraße hinter der Bushaltestelle.

Die Rotweininsel Wiesenbronn

Urkundlich erwähnt ist der Weinbau in Wiesenbronn bereits im Jahr 814. Rotwein kam allerdings erst über 1100 Jahre später dazu, und zwar 1946 durch den Winzer Andreas Roth. Danach folgten andere Wiesenbronner Weinbauern dem Beispiel, sodass gegenwärtig etwa ein Drittel der Rebflächen auf den Lagen Wachhügel und Geißberg dem Rotwein vorbehalten ist. Das hat Wiesenbronn den Ehrentitel »Rotweininsel im Steigerwald« eingebracht.

Unsere Wanderung beginnt in Wiesenbronn an der Bushaltestelle, Ecke Hauptstraße/Seegartenstraße. Wir gehen zum Rathaus und schwenken in die Koboldstraße ein. Nach dem Kindergarten biegen wir rechts in einen Feldweg ein, dem Hinweis *Schwanberg* folgend.

Wie eine schützende Kappe umschließt ein dichter Mischwald den Schwanberg auf seiner Nordflanke bis weit über den Höhenrücken. Zwischen Wiesenbronn und dem Berg erstreckt sich flaches Ackerland mit Getreide-, Mais- und Sonnenblumenfeldern.

Nach Betreten des Waldgürtels stoßen wir auf die Markierung *grünes Dreieck.* Bis zum Ende der Tour können wir uns dieser Markierung anvertrauen. Es geht steil bergauf, insgesamt sind ca. 200 Höhenmeter zu überwinden.

Ein keltisches Oppidum

Auf dem Plateauweg angekommen, stoßen wir auf einen mächtigen Wallring, der um 500 v. Chr. entstanden sein dürfte und ein Oppidum (keltische Siedlung) umschloss. Bei Gefahr diente die Siedlung als Fliehburg. Die aus Erde, Holz und Steinen aufgetürmten Wälle sind inzwischen mit Bäumen bewachsen, aber immer noch deutlich erkennbar, ebenso wie der davor angelegte

Graben. Überhaupt ist der Schwanberg siedlungsgeschichtlich hochinteressant. Hier wurden Pfeilspitzen, Faustkeile, Bohrer und Schaber gefunden, die aus der Altsteinzeit stammen und belegen, dass der Berg über die Jahrtausende von Menschen bewohnt war.

Etliche Sagen umgeben den 474 Meter hohen Schwanberg. Pippin III., Vater Karls des Großen, soll hier Hof gehalten haben und in einem silbernen Sarg im Inneren des Berges ruhen. Eine andere Legende erzählt von einem Schweden, der im Dreißigjährigen Krieg einer Christusfigur in Großlangheim den Kopf abschlug, und als er darauf vom Pferd stürzte, trennte sein eigenes Schwert ihm den Kopf vom Rumpf. Seitdem reitet er, keine Ruhe findend, ohne Kopf durch die Wälder – so will es die Überlieferung.

Schloss und Park Schwanberg

Nach knapp 1,5 Stunden von Wiesenbronn aus erreichen wir Schloss Schwanberg, dessen Anfänge im 13. Jahrhundert liegen. Der jetzige Bau entstand im 18. Jahrhundert. Die ursprüngliche Anlage wurde 1525 von den aufständischen Bauern in Schutt und Asche gelegt und nach dem Wiederaufbau während des Dreißigjährigen Kriegs erneut zerstört. 1911 erwarb Alexander Graf zu Castell-Rüdenhausen das Schloss, seit 1957 werden die Räumlichkeiten von der Communität Casteller Ring als Tagungs- und Bildungsstätte genutzt.

Vor dem Rückweg nach Wiesenbronn kommt für eine Verschnaufpause das *Bistro* gelegen. Danach gehen wir durch den Schlosspark. Es lohnt sich, ein wenig zu »lustwandeln«, denn gartenhistorisch ist die Anlage bemerkenswert. Das Rondell mit Obelisk, Pergola, Neptunbrunnen, Aussichtskanzel, Lindenplatz und Mausoleum erstreckt sich auf einem Gelände von acht Hektar, durchzogen von einer Allee. Ziel des Bauherrn war, Elemente des Barock- und Landschaftsgartens zu verbinden.

Weinlehrpfad am Geißberg

Am Ende des Schlossparkes kommen wir am Zypressensee vorbei und erreichen wieder den Plateauweg. Wir bleiben auf dem Plateau und folgen jetzt dem *Steigerwaldweg*, markiert mit *grünem S*.

Blick auf den Schilfsandsteinbruch und Pause im Park von Schloss Schwanberg

Diesem folgen wir ca. 45 Minuten durch den Wald, zum Teil in leichtem Auf und Ab. Wir verlassen den *Steigerwaldweg* an einer Kreuzung mit Markierung *W2 auf gelbem Grund* zurück in Richtung Wiesenbronn. Ein Schotterweg führt gemütlich in Kurven bergab. Wir passieren einen stillgelegten Schilfsandsteinbruch, der bis Mitte des 20. Jahrhunderts wichtige Baustoffe für den Ort Wiesenbronn lieferte. Wir treten aus dem Wald und sehen bereits die Spitze des Wiesenbronner Kirchturms. Nach einigen Hundert Metern entlang der Felder folgen wir kurz vor Wiesenbronn dem Hinweisschild *Weinlehrpfad.*

Auf einer Länge von gut einem Kilometer informieren 16 Tafeln, welche Weinreben auf der Lage Geißberg angebaut werden. Der Blick durch die Weinstöcke zum Schwanberg und auf Wiesenbronn ist herrlich und kann in vollen Zügen genossen werden. Eine Ruhebank am Ende des Lehrpfads macht's möglich.

Tagesausklang mit Wiesenbronner Rotwein

Wieder in Wiesenbronn angekommen, gibt es abschließend noch einige Höhepunkte, etwa den Besuch der 400 Jahre alten evangelischen Heiligkreuzkirche. Besonders schön sind Altar und Fresken, Kanzel und Taufstein sowie die reich verzierte Holzempore.

In der Büttnergasse beim *Weingut Roth* kann täglich außer sonntags Wein verkostet werden. Gerhard Roth, Enkel des legendären Rotweinbegründers Andreas Roth, entschied sich 1974 für den ökologischen Weinanbau und hat inzwischen selbst die größten Skeptiker überzeugt.

Wer einkehren möchte, hat dazu im *Schwarzen Adler* Gelegenheit, einem Wirtshaus mit vorzüglicher Küche, oder im gutbürgerlichen *Gasthaus Zur Becka.* Klar, dass es in beiden Häusern den Wiesenbronner Rotwein gibt.

Weinempfehlung

Begeistert sind wir vom **Wiesenbronner Wachhügel Spätburgunder**, einem trockenen rubinroten Wein, feinfruchtig mit zart-würzigem Aroma, hervorragend zu Wildgerichten und milden Käsesorten. Erhältlich ist er im *Weingut Roth* in Wiesenbronn. Nach Anmeldung sind hier jederzeit auch Weinproben möglich.

Ausgewählte Adressen und Tipps

- Gemeinde Wiesenbronn, www.wiesenbronn.de.
- *Weingut Roth*, Büttnergasse 11, 97355 Wiesenbronn, Tel. 09325/902004, www.weingut-roth.de. Mo–Fr 9–17 Uhr, Sa 10–16 Uhr. Weinverkauf und Verkostung.
- *Landhotel und Weingasthof Schwarzer Adler*, Hauptstr. 21, 97355 Wiesenbronn, Tel. 09325/232, www.schwarzer-adler-wiesenbronn.de. Di–Sa 17–21.30 Uhr, So 11.30–14 Uhr. Sehr schöne Zimmer.
- *Gasthaus zur Becka*, Hauptstr. 15, 97355 Wiesenbronn, Tel. 09325/771. Mo, Mi 16.30–22 Uhr, Do–So 11–14.30 und 16.30–22 Uhr, Di Ruhetag.
- *Bistro Schwanberg*, Schwanberg 1–3, 97348 Rödelsee, Tel. 09323/32590. Informationen unter www.geistliches-zentrum-schwanberg.de. Di–So 10.30–18 Uhr.
- Wiesenbronner Weinfest am ersten Augustwochenende.

19 Zu Gast in fürstlichen Domänen

Durch die Rebhänge um Castell

Tour: angenehme Rundwanderung um Castell.
Länge: 6,5 km.
Dauer: reine Gehzeit knapp 2 Std.
Höhenunterschied: ca. 160 m.
Markierung: auf der gesamten Strecke das *Casteller Wappen (Burg auf rot-weißen Feldern).*
Familie: auch für Kinder ab 10 Jahren gut geeignet.
Saison: besonders lohnend April bis Oktober.
Anfahrt: *ÖPNV:* mit der Bahn zum Kitzinger Bahnhof, anschließend mit der Buslinie 8111 nach Castell. Von der Bushaltestelle in Castell sind es knapp 100 m zum Info-Pavillon. *Kfz:* auf der A 3 Würzburg–Nürnberg bis Ausfahrt Wiesentheid, dann die B 286 Richtung Rüdenhausen. In Castell am Info-Pavillon in der Birklinger Straße parken.

Der Anfang des fränkischen Silvaners

Aus dem Archiv des *Weinguts von Ferdinand Graf zu Castell-Castell* geht hervor, dass am 5. April 1659 ein Amtsbote aus Greuth beauftragt wurde, 25 österreichische Silvanerreben in Obereisenheim abzuholen. Am Mittwoch nach Ostern desselben Jahres pflanzte Jakob Heyd aus Castell diese Setzlinge im herrschaftlichen Weinberg ein und begründete damit den Einzug der Silvanerrebe in Franken. Erst sechs Jahre danach gelang dem Ebracher Abt Alberich Degen das gleiche Kunststück in Zeil. Heute ist ein Drittel der 65 Hektar großen Rebfläche des *Fürstlich Castell'schen Domänenamts* der Silvanertraube vorbehalten.

Das Fürstengeschlecht der Herren von Castell

Die Spur der Familie reicht bis ins Jahr 1057 zurück. 1205 erhielt sie den Grafentitel, Anfang des 20. Jahrhunderts durch Prinzregent Luitpold von Bayern die Fürstenwürde. Gräfliche Weinberge sind urkundlich bereits seit 1266 bekannt. Mit den rund um Castell bewirtschafteten Weinbergen und weiteren 35 Hektar in der näheren Umgebung ist das *Fürstlich Castell'sche Domänenamt* heute das größte private Weingut Frankens. Wie gewaltig die produzierte Weinmenge hier schon immer war, belegt ein Ereignis aus dem Jahr 1497. Als das untere Schloss bei Castell von Feinden erobert und in Brand gesetzt wurde, konnte das Feuer, entsprechend der Überlieferung, nur gelöscht werden, indem man eimerweise Wein in die Flammen goss.

Die Einführung der Reformation in Castell ist der gräflichen Familie zu verdanken, ohne sie wäre auch die evangelische Pfarr- und Schlosskirche, die zu den bedeutendsten Bauwerken protestantischer Architektur in Franken zählt, nicht möglich gewesen. 1774 entstand die Fürstlich Castell'sche Bank, die älteste ihrer

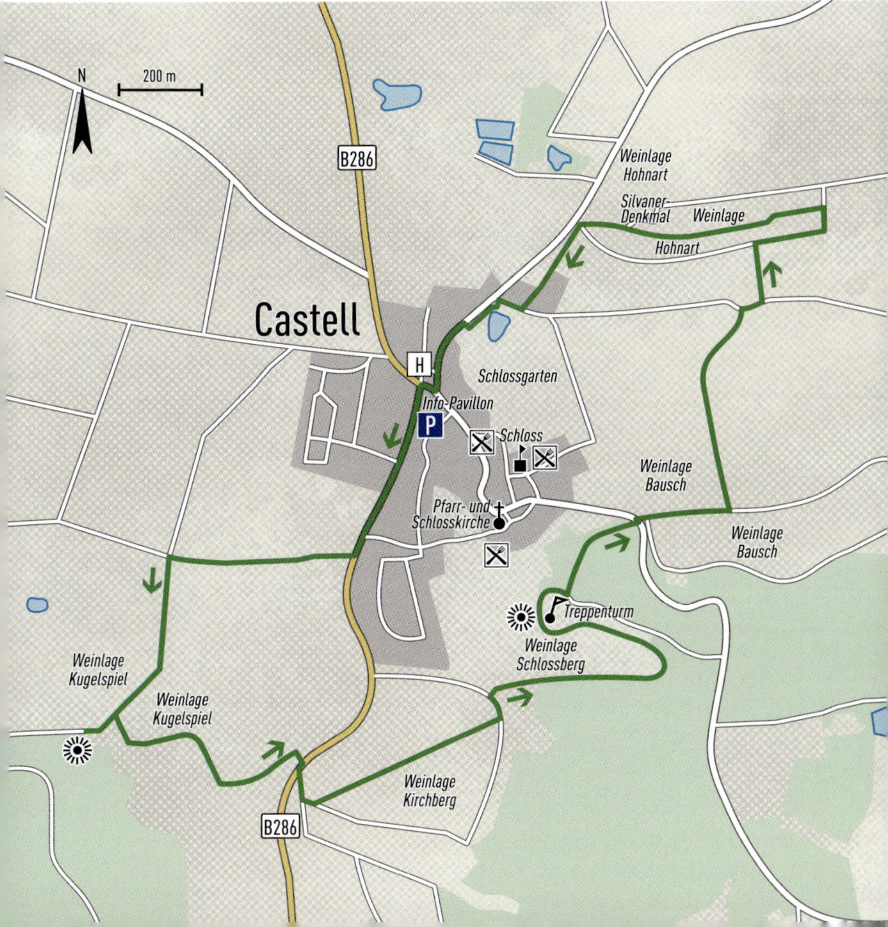

Die Tour führt durch die Lagen Kirchberg und Schlossberg und den Schlosspark.

Art in Bayern. Mittelpunkt des Ortes ist das Ende des 17. Jahrhunderts erbaute prächtige Barockschloss mit dem Schlossgarten.

Von Weinberg zu Weinberg

Wir starten unseren Rundgang durch die Casteller Weinhänge am Info-Pavillon in der Birklinger Straße und orientieren uns bis zum Ende der Route ausschließlich an der Markierung *Burg auf weiß-roten Feldern.* Wir gehen knapp 400 Meter die Straße entlang, dann rechts, später biegen wir mit der Markierung links ab und wandern den Kugelspielweg hinauf. Auf beiden Seiten finden wir Rebstock an Rebstock, Lage Kugelspiel. Der Name wird auf die Tatsache zurückgeführt, dass hier bei der Jagd der Knall der Flinten ein besonders starkes Echo auslöste.

Der Blick von oben geht bei klarer Sicht über Rüdenhausen und Wiesentheid bis in die Rhön. Am schönsten ist der Anblick von Castell mit seinen zwei markanten Wahrzeichen, dem Turm der Pfarrkirche und dem Treppenturm der Burgruine. Der Weinort in den westlichen Ausläufern des Steigerwalds wird umrahmt von den steilen, der Sonne zugewandten Rebhängen, die durch den nahen Wald vor kalten Winden geschützt sind. Die hier erzeugten Weine zählen zu den besten in Franken..

Auf dem Berg angekommen, gibt eine Tafel Auskunft über die auf den Weinbergen im Laufe des Jahres anfallenden Arbeiten, die hier angebauten Rebsorten und Weinlagen. Es lohnt sich, eine kleine Pause einzulegen.

Dann aber weiter, ein paar Meter zurück und erst auf einem Wiesenweg, dann auf dem Asphaltweg mit der Markierung den Berg hinunter, über die B 286 und anschließend zu den Lagen Kirchberg und Schlossberg, zuerst noch ein gemütlicher Anstieg, später etwas steiler, durch eine einzigartige Kulturlandschaft.

Zeugen bewegter Vergangenheit

Ganz oben auf dem Schlossberg steht der Treppenturm, Überrest einer einst bedeutenden Burganlage. Unmittelbar davor steht eine alte Linde, an der bis zum Beginn der Neuzeit Gericht gehalten wurde. Die Verhandlungen fanden stets öffentlich und

Das Silvaner-Denkmal erinnert an die Einführung dieser Rebsorte in Franken.

nur bei gutem Wetter statt, damit keine Eile aufkam und jedermann Einwände vorbringen konnte. Der Galgen soll auf dem gegenüberliegenden Kugelspiel gestanden haben. Auch hier gibt es eine Informationstafel zur Geschichte der Linde und der Burgen Schloss- und Herrenberg.

Bevor wir von hier wieder absteigen, machen wir einen Abstecher zu dem wuchtigen Treppenturm, der leider nicht bestiegen werden kann, doch hat man auch so eine ideale Weitsicht.

Zum Geburtsort des fränkischen Silvaners

Nun geht's rechts ein paar Hundert Meter durch einen Hohlweg, danach überqueren wir die Verbindungsstraße Castell–Wüstenfelden und stoßen auf die Lage Bausch, Anbaufläche des Müller-Thurgau. Dann biegen wir links ab, um in etwa 15 Minuten die Lage Hohnart zu erreichen, die einst ein lichter Waldhügel war, auf dem lange Zeit nur die Silvanerrebe angebaut wurde. Das hier 1992 errichtete Silvaner-Denkmal erinnert an die Einführung dieser Rebsorte in Franken im Jahr 1659.

Nun ist es nicht mehr weit zum Ausgangspunkt der Rundwanderung in der Birklinger Straße. Am Ortseingang liegt der Schlossgarten, der öffentlich zugänglich ist, mit Teich, Reitstall und großartigem Baumbestand.

Genießen pur im Weinstall

Wer jetzt, am Info-Pavillon bzw. an der Bushaltestelle angekommen, gleich die Heimfahrt antritt, macht einen schweren Fehler. Der wunderbare Rundgang durch die Rebhänge verdient einen krönenden Abschluss. Also die Autoschlüssel oder das Busticket zurück in die Jackentasche gesteckt und vom Unterdorf über den Kniebrecher – so heißt die Straße – hinauf ins Oberdorf von Castell gestiegen. Vom Rathausplatz mit der Castellbank geht es schnurstracks zur Pfarr- und Schlosskirche, einem lichtdurchfluteten Rokokobau, dessen mit Stuck, Alabaster und Gold verzierte Decken- und Wandpartien wie schwerelos den Raum umgeben. Selbst im Castell'schen Barockschloss soll kein Zimmer so kunstvoll verziert sein wie in diesem herrlichen Bauwerk.

Das Schloss, 1686 bis 1691 erbaut, kann nicht besichtigt werden, da es von der fürstlichen Familie bewohnt wird.

Ein paar Schritte weiter steht man vor dem *Weinstall,* einem Wirtshaus, an dem nur Banausen und Kostverächter achtlos vorbeigehen dürften, denn hier werden sie kredenzt, die edlen Tropfen des *Fürstlich Castell'schen Weingutes,* zusammen mit Köstlichkeiten fränkischer Küche. Da das *Fürstlich Castell'sche Domänenamt* gleich neben dem *Weinstall* liegt, steht dem Entschluss nichts im Wege, die eine oder andere Flasche Wein mit nach Hause zu nehmen.

Weinempfehlung

Probieren wir hier doch einen **Silvaner Erste Lage Kugelspiel**, einen trockenen Wein mit ausgeprägtem mineralischen Charakter. Er überzeugt durch seine rassige, herzhafte Frische mit gelben Fruchtaromen wie Birne und Apfel, Nuancen von trockenen Kräutern und weißen Blüten. Er wird ausgeschenkt im *Weinstall* und ist jederzeit im *Castell'schen Domänenamt* in Castell erhältlich.

Ausgewählte Adressen und Tipps

- Tourist-Information Gemeinde Castell, Rathausplatz 4, 97355 Castell, Tel. 09325/60160, www.castell-gemeinde.de.
- *Fürstlich Castell'sches Domänenamt,* Vinothek, Schloßplatz 5, 97355 Castell, Tel. 09325/60160, www.castell.de. Mo–Fr 10–18 Uhr, Sa 10–16 Uhr.
- *Weinstall Castell*, Schloßplatz 3, 97355 Castell, Tel. 09325/9809949, www.weinstall-castell.de. Der Weinstall wird gegenwärtig restauriert und soll ab Spätherbst 2022 wieder öffnen.
- *Gin & Coffee,* Breite Str. 2a, 97355 Castell, Tel. 09325/9809949, www.ginandcoffee.cafe. Mi–Fr 15–21 Uhr, Sa/So 12–21 Uhr. Selbst gemachte Kuchen und liebevoll zubereitetes Essen.
- *Casteller Weingarten,* Schützenhausstr. 2, 97355 Castell, Tel. 09325/9799330, www.casteller-weingarten.de. Zwischen Ostern und Okt. bei entsprechender Witterung: Fr ab 17 Uhr, Sa ab 16 Uhr, So und Fei ab 11 Uhr. Und immer dann, wenn die Fahne gehisst ist!
- Am dritten und vierten Juliwochenende finden im Casteller Schlossgarten Weinfeste statt.

Kaiser Karl und der Heiße Stein

20

Rund um die alte Weinhandelsmetropole Kitzingen

Tour: Rundwanderung durch Kitzinger und Buchbrunner Rebhänge.
Länge: ca. 9 km.
Dauer: reine Gehzeit ohne Stadtbummel 2,5–3 Std.
Höhenunterschied: rund 100 m.
Markierungen: keine ausreichenden Hinweisschilder, Wegbeschreibung im Text.
Familie: für Kinder ab 10 Jahren gut zu schaffen.
Saison: ganzjährig möglich, besonders lohnend Mai bis Oktober.
Anfahrt: *ÖPNV:* Kitzingen ist mit dem Zug gut zu erreichen, es ist zudem in den Verkehrsverbund Großraum Nürnberg integriert. *Kfz:* auf der A 3 bis Ausfahrt 74 (Kitzingen/Schwarzach), von da auf der St 2271 und der Nordtangente zum Parkplatz am Kitzinger Bahnhof. Oder von der Ausfahrt 103 (Kitzingen) der A 7 auf der B 8 ebenfalls zum Bahnhofsparkplatz an der Friedenstraße.

Zur Kitzinger Weingeschichte

Bereits im Mittelalter war die Stadt Kitzingen Deutschlands Weinhandelsmetropole. 1482 entstand hier, verabschiedet von den Abgesandten der fränkischen Fürsten und Bischöfe sowie der Freien Reichsstadt Nürnberg, das sogenannte Erste Fränkische Weingesetz. Darin wurde festgelegt, was im Rebensaft enthalten sein durfte und was nicht – eine frühe Qualitätsoffensive in Sachen Wein. Wer dagegen verstieß, hatte mit harten Strafen zu rechnen: Den gefüllten Fässern wurde der Boden ausgeschlagen, der Wein verschüttet. Zudem musste pro Fass ein Gulden gezahlt werden. Das Gesetz wurde später von anderen Ländern übernommen und galt von Sachsen bis zum Bodensee.

Anfang des 20. Jahrhunderts war Kitzingen als die »Stadt der 100 Weinhändler« bekannt. Aufgrund ihrer Lage ist sie heute noch Zentrum des unterfränkischen Weinhandels, denn in keiner Region Frankens wird so viel Wein angebaut wie im Kitzinger Landkreis. Nicht zufällig hat die Winzergemeinschaft Franken (GWF) hier ihren Sitz. Mit rund 1400 angeschlossenen Winzern ist sie der größte Weinerzeuger Bayerns. Aber in Kitzingen wird kei-

Blick über die Mainebene zu den Ausläufern des Steigerwalds mit dem Schwanberg

neswegs nur Genossenschaftswein produziert. Von der Vortrefflichkeit der Weinlagen im Umkreis der Stadt werden wir uns auf dem nun bevorstehenden Rundgang ein Bild machen können.

Eselsberg und Heißer Stein

Wir verlassen den Kitzinger Bahnhof, gehen links auf der Friedenstraße, dann ein kurzes Stück auf dem Hindenburgring bis zur Eisenbahnbrücke. Wir gehen unter ihr hindurch und stehen jetzt an einem sehr unwirtlichen Ort: An der Kreuzung der B 8 mit der Nordtangente tobt der Autoverkehr, über unseren Köpfen donnern die Züge. Doch Rettung ist nah. Nach Überqueren der Bundesstraße beginnt direkt bei der Fußgängerampel ein unscheinbarer, aber nicht zu übersehender Trampelpfad, der uns an einem Hang nach oben führt, weg von Lärm und Gestank, mitten hinein ins Kitzinger Villenviertel. Wir erreichen die Richard-Wagner-Straße und sofort herrscht Ruhe.

In nördlicher Richtung geht es weiter auf der Straße Eselsberg vorbei an schmucken Einfamilienhäusern. Mit Erreichen des für den Autoverkehr gesperrten Teils des Holzbergwegs lassen wir die Bebauung schließlich hinter uns und kommen mit der *Radwegmarkierung* und dem *Marienweg* auf freies Feld. Und sofort bietet sich uns ein eindrucksvolles Panorama: Die komplette Westflanke des Steigerwalds liegt vor uns. Wir schauen bis zum Schwanberg und zu den Weinorten Iphofen, Rödelsee und Mainbernheim. Dann und wann kreisen über uns Greifvögel, in der Ferne drehen sich Windräder, links und rechts des Wegs wachsen alle Sorten Getreide. Getreide? Und wo ist der Wein?

Um ihn zu sehen, müssen wir den breiten Fahrweg verlassen und auf einen parallelen Wiesenweg wechseln, der weiter westlich, etwas unterhalb des Kamms, verläuft. Wir tun das, sobald sich bei der ersten Kreuzung nach dem Funkmast die Gelegenheit dazu bietet. Nach weniger als 100 Metern haben wir diesen

Weg erreicht und schwenken nach rechts ein. Jetzt wandern wir durch die Rebhänge der Lage Kitzinger Eselsberg, umrahmt von dichten Hecken und aufgelockert von Streuobstwiesen, die für Pflanzen und Tiere einen wichtigen Lebensraum bieten. Es folgt bis Buchbrunn Rebhang auf Rebhang, alles in Steilhanglage, ab und an unterbrochen von Obstplantagen, jetzt auf der Lage Heißer Stein. Domina, Silvaner, Kerner und Grauburgunder gedeihen hier prächtig. Seit Längerem wird der Wein schon nach ökologischen Kriterien angebaut und immer noch per Hand verlesen.

Aber nicht nur die Rebhänge erfreuen des Wanderers Gemüt. Linker Hand schweift der Blick ins Tal bis Buchbrunn. Kurz vor dem Ort treffen wir auf eine Aussichtsterrasse mit Informationen zu alten historischen Rebsorten. Wir halten geradewegs auf die Häuser zu, unmittelbar davor scheint der Weg zu enden, doch dann erkennen wir einen Pfad, der nach links weiterführt. Ihm vertrauen wir uns an und schwenken gleich wieder nach rechts. Jetzt sind wir in der Straße Am Sonnenhang, die uns zur Hauptstraße und dann in die vor einigen Jahren völlig neu gestaltete Ortsmitte von Buchbrunn hinunterführt.

Der Platz, an dem sich heute der Ort befindet, wurde bereits in der Jungsteinzeit besiedelt. Die Gegend war Bestattungsort frühkeltischer Siedler der Hallstattkultur – gefunden wurden Brandgrubengräber sowie ein Körpergrab mit einem voll erhaltenen Skelett.

Über Repperndorf zur Weinlage Wilhelmsberg

Wir folgen an der Kreuzung im Ortszentrum dem Radwegweiser nach Repperndorf, der in die Gartenstraße zeigt, und durchschreiten auf dieser Straße Buchbrunn – gerne mit einem kurzen Abstecher zur Maria-Magdalena-Kirche.

Hinter Buchbrunn folgt eine leichte Steigung und auf dem Höhenrücken kurz darauf freier Ausblick in alle Richtungen. 200 Meter vor Erreichen der modernen Hallen der Winzergemeinschaft Franken macht unser Weg erst einen Links-, weitere 200 Meter später *(Radwegmarkierung)* einen Rechtsknick. Jetzt gehen wir auf die B 8 und die dahinterliegenden Häuser von Repperndorf zu, die wir aber nicht erreichen, denn wir biegen zuvor nach links ab, nicht in die Asphaltstraße, sondern in den unmittelbar hinter den Hecken und damit oberhalb der Lage Repperndorfer Kaiser Karl verlaufenden Kitzinger Weinwanderweg. Erneut Rebhang an Rebhang, knapp zwei Kilometer lang, nur ein paar Mal unterbrochen von wahrscheinlich aufgegebenen Parzellen. Es ist so schön hier, dass man immer wieder stehen bleiben oder sich hinsetzen möchte, um diese herrliche Landschaft zu genießen. Zahlreiche Infotafeln entlang des unbefestigten Weges erzählen Geschichten rund um den Wein in Kitzingen.

Die Lage Kaiser Karl geht langsam über in die Lage Wilhelmsberg und nach einer Weile stoßen wir unversehens auf den Hubschrauberlandeplatz des Klinikums. Dort verlassen wir den Weinwanderweg und gelangen auf asphaltiertem Weg wieder in die Außenbezirke von Kitzingen. Selbst hier, in der Keltenstraße, haben wir nochmals einen schönen Blick zum Eselsberg, vorausgesetzt wir schauen nach links und nicht auf die Wohnblocks der anderen Straßenseite. Die Keltenstraße mündet in die Dagmar-Voßkühler-Straße, die wir am Zebrastreifen überqueren. Indem wir der Buchbrunner und danach der Repperndorfer Straße folgen, landen wir wieder sicher an der uns bereits bekannten Kreuzung. Von hier ist es nicht weit in die Altstadt, wenn man nach der Bahnunterführung der Würzburger Straße folgt.

Die Lage am Main war ein Vorteil für die Entwicklung Kitzingens – aber nicht immer.

Der schiefe Falterturm ist eines der Wahrzeichen der historischen Weinhandelsstadt.

Stadtbummel und Einkehr

Ein Aufenthalt in Kitzingen ohne Stadtbummel wäre unverzeihlich. Sehenswert sind zum Beispiel der Falterturm mit seinem schiefen Dach, Kitzingens Wahrzeichen, die alte Synagoge, heute ein Kulturzentrum, die evangelische Stadtkirche, die Alte Mainbrücke und das ehemalige Gartenschaugelände auf der anderen Mainseite. Nach dem Rundgang wäre eine Einkehr im *Bayerischen Hof* mehr als verdient, zumal in diesem exquisiten Restaurant auch Wein von Kitzinger Lagen ausgeschenkt wird.

Von dort ist es nicht weit zum Marktplatz mit dem wunderbaren Renaissance-Rathaus, an dessen Südostseite ein steinerner fränkischer Häcker mit Hacke und Weinkrug, dem Kandel, zu sehen ist. »Bist du in Kitzingen gewesen, musst du aus dem Kandel trinken«, so ein aus dem Mittelalter stammender Spruch. Bleibt zu hoffen, dass alle, die sich diesen Spruch zu Herzen genommen und dem Wein freudig zugesprochen haben, abschließend den Weg zurück zum Bahnhof mühelos finden werden.

Weinempfehlung

Für die Vereinigung von Tradition und Moderne steht das *Gut Wilhelmsberg* von Markus Heid und Lukas Herrmann. Nach der Übernahme des seit 1845 bestehenden Kitzinger Weinguts Meuschel produzieren sie bio-zertifizierten Wein und haben die Palette deutlich verschlankt. Dafür wurden trendige Spezialitäten wie Orange Wine, ein Weißwein, der wie Rotwein hergestellt wird, ins Angebot genommen. Ihrem Vorhaben, Weine zu kreieren, die nicht breit, sondern schlank, finessenreich und gut strukturiert sind, kommt der trockene **2019er Silvaner Kitzinger Wilhelmsberg** recht nahe, der uns besonders gemundet hat.

Ausgewählte Adressen und Tipps

Tourist-Info der Stadt Kitzingen, Marktstr. 36, 97318 Kitzingen, Tel. 09321/208888, www.stadt-kitzingen.de. Mo–Fr 9–17 Uhr, Sa/So 10–14 Uhr, Nov. bis März nur Mo–Fr. Die Tourist-Info Kitzingen vermittelt Stadt- und diverse Themenführungen, online buchbar unter www.stadt-kitzingen.de/tourismus/gaestefuehrungen.

Weingut Wilhelmsberg, Innere Sulzfelder Str. 14, 97318 Kitzingen, Tel. 09321/4378, www.gut-wilhelmsberg.de. Mo, Mi, Fr 16–18.30 Uhr. Hier wird umgebaut. Bis zur Fertigstellung (voraussichtlich Sommer 2023) kann der Wein in einem Ladengeschäft in der Altstadt (Marktstr. 20) verkostet und gekauft werden.

Hotel & Restaurant Bayerischer Hof, Herrnstr. 2, 97318 Kitzingen, Tel. 09321/1440, www.bayerischerhof.info. Mi–So 11.30–14 und 17.30–21 Uhr, Mo/Di nur abends. 30 Gästezimmer.

Café & Bar Casa Konrad, Marktstr. 18, 97318 Kitzingen, Tel. 09321/1307620, www.casa-konrad.de. Mo Ruhetag.

Hotel & Restaurant Esbach-Hof, Repperndorfer Str. 3, 97318 Kitzingen, Tel. 09321/220900, www.esbachhof.de. Mo und Mi–So 17–21 Uhr, So auch 11–14 Uhr, Di Ruhetag.

Das Deutsche Fastnachtmuseum ist das offizielle Museum des Bundes deutscher Karneval e. V., Luitpoldstr. 4, 97318 Kitzingen, Tel. 09321/23355, www.deutsches-fastnachtmuseum.byseum.de. Di–So 13–17 Uhr, Rosenmontag geöffnet.

Kitzinger Stadtfest am ersten Juniwochenende und Kitzinger Promenadenweinfest am letzten Wochenende im Juni.

18-Loch-Golfanlage mit Blick aufs Maintal, Golfclub Kitzingen, J.-A.-Klein-schroth-Str., 97318 Kitzingen, Tel. 09321/4956, www.golfclub-kitzingen.de.

Das trinkt man bei Hofe

21

Ausgedehnte Tour um Iphofen

Tour: Rundwanderung von Iphofen über Markt Einersheim zum Kalbberg.
Länge: 12 km.
Dauer: reine Gehzeit 3–4 Std.
Höhenunterschied: ca. 150 m.
Markierung: zunächst mit dem *Kirchenburgweg-Zeichen (schwarze Kirche auf gelbem Grund)*, dann mit der *Radweg-Markierung* nach Markt Einersheim. Von dort weiter mit *E3*, anschließend mit *E2* und *i4* über den Kalbberg. Zum Schluss mit *i2* und dem *Steigerwald-Panoramaweg-Zeichen.*
Familie: Die Strecke ist lang, darum nur für Kinder mit guter Kondition geeignet.
Saison: das ganze Jahr über möglich, am schönsten von Frühjahr bis Herbst.
Anfahrt: *ÖPNV:* Iphofen ist mit dem Zug gut zu erreichen. Es liegt an der Bahnstrecke Fürth–Würzburg und ist in den Verkehrsverbund Großraum Nürnberg integriert. *Kfz:* auf der B 8 zum Bahnhof Iphofen. Dort auf dem P+R-Platz parken.

Für die Queen nur das Beste

Der Weinanbau an den Flanken des Schwanbergs begann bereits vor 1200 Jahren, ausgelöst durch eine Urkunde Karls des Großen. Von den Weinlagen Julius-Echter-Berg, Kronsberg, Kalb und Domherr bei Iphofen stammen etliche der besten fränkischen Weine, bedingt durch die mineralhaltigen schweren Keuperböden, begünstigt durch die nach Süden ausgerichteten Steilhänge und nicht zuletzt geschaffen mit dem von Generation zu Generation weitergegebenen und perfektionierten Fachwissen der Winzer. Kein Zufall also, dass eine 1950er Riesling Auslese vom Iphöfer Julius-Echter-Berg zum Krönungswein anlässlich der Inthronisation der englischen Königin Elizabeth II. wurde. Eine Neuauflage wurde 2004 beim Staatsbankett anlässlich des Deutschlandbesuchs der Queen in Berlin ausgeschenkt. Wir können uns also auf einen Rundgang mit besonders schönen Eindrücken einstellen.

Frühsommer in Weinfranken: zwischen Iphofen und Markt Einersheim

Zunächst nach Markt Einersheim

Von Iphofens Bahnhof bis Markt Einersheim sind es knapp drei Kilometer. Wir orientieren uns am Bahnhofsgebäude nach Südosten, schließen uns der Markierung *Kirchenburgweg* an, die uns am großen P+R-Platz erstmals ins Auge sticht, und gelangen auf die andere Seite der Gleise, indem wir der Bahnhofstraße durch die Eisenbahnunterführung folgen. Bei der nächsten Kreuzung biegen wir links in die Alte Reichsstraße ein und genießen schon bald eine wunderbare Aussicht: Neben uns verläuft der Bahndamm, dahinter sind die Mauern und Türme von Iphofen zu sehen, außerdem – aufgereiht wie auf einer Perlenkette – die über 400 Meter hohen Erhebungen von Schwanberg, Kalbberg, Vogelgesangberg und Schlossberg. Nach einiger Zeit zweigt die *Kirchenburg-Markierung* nach rechts ab, wir folgen ihr aber nicht, sondern gehen weiter geradeaus mit der *Radweg-Markierung* auf der kaum befahrenen Straße, die eigentlich mehr eine Obstbaumallee ist.

Nach gut einer halben Stunde überqueren wir die Eisenbahnbrücke und sind schon auf dem Gebiet von Markt Einersheim. Der

Ort wurde 1023 erstmals urkundlich erwähnt. Seine Geschicke waren lange eng mit den Herrschaftsgeschlechtern derer von Speckfeld (13.–14. Jh.), den kaiserlichen Reichserbschenken von Limpurg-Speckfeld (1414–1713) und den Reichsgrafen von Rechteren-Limpurg-Speckfeld (1713–1806) verbunden. 1542 erhielt Einersheim das Marktrecht und zählt heute rund 1250 Einwohner.

Über die Straße Am Landturm und die von Gewerbebetrieben flankierte Bahnhofstraße kommen wir zum Würzburger Tor, das im 14. Jahrhundert errichtet wurde und in dem jetzt das Informationszentrum Grafschaft Limpurg-Speckfeld untergebracht ist. Bald liegt linker Hand das neugotische Einersheimer Schloss, das sich seit 1960 in Privatbesitz befindet und nicht besichtigt werden kann. Den schönen Park und den Fachwerkteil der Anlage

aus dem 17. Jahrhundert kann man bei einem Blick durchs Gittertor nur erahnen. Nach wenigen Schritten erreichen wir den idyllischen Marktplatz und damit das Rathaus, einen prächtigen Fachwerkbau, der früher gleichzeitig als Torhaus für die dahinterliegende Kirchenburg diente. Auch heute noch führt der Zugang zur evangelischen St. Matthäuskirche mit Welscher Haube auf dem Glockenturm durch das Tor des Rathauses. Ein Blick in die schlicht, aber geschmackvoll eingerichtete Kirche lohnt sich. Anschließend weiter, vorbei am über 300 Jahre alten *Gasthof Rotes Ross,* zum Nürnberger Tor, das wie sein Pendant im Westen aus dem 14. Jahrhundert stammt und jetzt das Gemeindearchiv beherbergt.

Aschenberg und Kalbberg

30 Meter hinter dem Nürnberger Tor und gegenüber der historischen Apotheke zweigt links ein schmaler Fußweg ab, markiert als *E3* und als *Steigerwald-Panoramaweg.* Wir folgen dieser Spur an einem Zaun entlang, überqueren kurz darauf die B 8 (Obacht: In der Kurve sind die nahenden Autos recht spät zu sehen!), orientieren uns anschließend erst nach links und dann 100 Meter weiter nach rechts, geleitet von den zwei genannten Markierungen. Vor uns liegt der 342 Meter hohe Aschenberg, gen Süden mit Wein bepflanzt. Nach einer Phase des Niedergangs – kurzzeitig gab es in Einersheim überhaupt keine Weinberge mehr – hat der Weinbau im Ort seit den 1970er-Jahren wieder Tritt gefasst. Heute wird in den Lagen Vogelsang und Mönchshütte auf rund 60 Hektar Wein kultiviert.

Wir erklimmen den Aschenberg und erreichen das Wengersthäusla, das wir schon von unten erspäht haben und das heute Teil des hiesigen terroir-f-Ortes ist. Hier haben wir einen einmaligen Ausblick über die Weinhänge nach Einersheim und das weiter östlich gelegene Possenheim. Im Nordosten erheben sich die kegelförmigen Anhöhen des Vogelgesangbergs und des Schlossbergs mit der Ruine Speckfeld. Nach kurzer Rast wandern wir weiter auf breitem Weg zwischen den Rebstöcken. Dort, wo *E3* nach rechts abzweigt, gehen wir mit *E2* nach links in Richtung Wald weiter, in den wir schließlich auch eintauchen. Bei einem Waldkindergarten halten wir uns rechts und stoßen nach kurzer

Sonnenuntergang zwischen den Reben am Westrand des Steigerwalds

Zeit bei einer Wegkreuzung auf die Markierung *i4*, der wir uns nach links anvertrauen. Beim Erreichen der breiten Weinbergstraße geht es im spitzen Winkel nach rechts und in einer Kurve hinauf. Wir gehen jetzt oberhalb der gestaffelten Rebhänge der Lage Kalb.

Der 412 Meter hohe Kalbberg verdankt seinen Namen der sprachlichen Zusammenlegung der Wörter »kahl« und »Berg«, was Rückschlüsse auf sein ursprüngliches Erscheinungsbild zulässt. Inzwischen sind die Anhöhen des Kalbbergs allerdings durchgehend bewaldet und bieten den darunterliegenden Rebstöcken Schutz vor kalten Nord- und Ostwinden. Die Hänge sind hier teilweise extrem steil, sodass der Einsatz von modernen Erntemaschinen nicht infrage kommt. Trotzdem finden sich hier Weinstöcke, so weit das Auge reicht. Es empfiehlt sich, dem Wegweiser zu einem Rastplatz zu folgen und einen Abstecher zu machen. Dort angekommen, genießen wir nämlich eine betörend schöne Aussicht über die Hellmitzheimer Bucht und aufs nahe Iphofen und seine größten Arbeitgeber: den Wein und die Zentrale der Firma Knauf, die hier und in den Werken Markt Einersheim und Hüttenheim rund 2000 Menschen beschäftigt. Dann heißt es, die 300 Meter bis zu unserem Rundweg wieder zurückzugehen.

Der Marktplatz von Iphofen gehört zu den schönsten in Mainfranken.

Altstadtbummel iund standesgemäßer Schick in Iphofen

Beim Flurbereinigungsdenkmal, einem stattlichen Kreuz, schwenkt der Weg nach Norden um. Wir verlieren nun langsam an Höhe, durchqueren ein Wäldchen und biegen im Tal angekommen am Ringsbühlsee mit der *Steigerwald-Panoramaweg-* und der *i2-Markierung* scharf nach links Richtung Iphofen ab. Rechter Hand befindet sich ein Freizeitgelände. Schließlich ist die Birklinger Straße erreicht. Vor uns liegt die Altstadt zum Greifen nahe, deren Sehenswürdigkeiten und gediegenen Wirtshäuser wir nun in Augenschein nehmen wollen. Dazu bahnen wir uns zwischen dem Stadtsee und ausgedehnten Sportanlagen hindurch unseren Weg durch die Breite Gasse zum Markt.

Höhepunkte eines Stadtspaziergangs wären beispielsweise die vollständig erhaltene Stadtmauer mit ihren sieben Türmen und drei Toren, der Marktplatz mit dem barocken Rathaus, die Stadtpfarrkirche St. Veit mit der Riemenschneider-Figur »Johannes der Evangelist«, die Spitalkirche, der Zehntkeller und viele malerische Fachwerkhäuser. Vielleicht ist noch Zeit für einen Abstecher in das großartige Knauf-Museum mit seinen eindrucksvollen Repliken großer Meisterwerke aus Persien, Mesopotamien, dem alten Ägypten und anderen Hochkulturen rund um den Globus. Jährliche Sonderausstellungen erweitern die Themenvielfalt und locken Besucher ins beschauliche Iphofen.

Nicht versäumen sollten Weinliebhaber den Besuch in der örtlichen *Vinothek* am Kirchplatz. Das schick möblierte und geräumige Haus ist absolut standesgemäß für ein vinologisches Oberzentrum wie Iphofen. Mehr als 50 Weine von 18 Winzern können hier unter fachkundiger Beratung verkostet werden. Gerade für »Weinanfänger« bietet die *Vinothek* eine gute Möglichkeit, die Facetten des Frankenweins kennenzulernen.

Weinempfehlung

Aus dem reichhaltigen Angebot der *Iphöfer Vinothek* hat uns der **2020er Riesling Holzwerk** vom *Weingut Thomas Mend* besonders imponiert. Die Trauben für diesen Wein sind am Kalbberg gewachsen, den wir durchwandert haben. Ausgebaut wurde er im 500-Liter-Holzfass entsprechend der Philosophie des traditionsreichen, seit vier Generationen bestehenden Weinguts: kein Mainstream, keine technisch gemachten Weine.

Ausgewählte Adressen und Tipps

Tourist-Information Iphofen, Kirchplatz 1, 97346 Iphofen, Tel. 09323/870306, www.iphofen.de. Mo–Fr 10–18 Uhr, Sa und Fei 10–14 Uhr.

Vinothek Iphofen, Kirchplatz 7, 97346 Iphofen, Tel. 09323/870317, www.vinothekiphofen.de. Mo 10–14 Uhr, Do–So 12.30–20.30 Uhr, Di/Mi Ruhetage.

Weingut Thomas Mend, Weinbergstr. 13, 97346 Iphofen, Tel. 09323/3013, www.weingut-mend.de. Mo–Fr 9–12 und 13–18 Uhr, Sa 10–17 Uhr, So 10–12 Uhr.

Weißes Ross, Restaurant und Hotel, Maxstr. 26, 97346 Iphofen, Tel. 09323/8774155, www.weisses-ross-iphofen.de. Fr–Mo 11.30–14 und 17–22 Uhr, Do nur abends, Di/Mi Ruhetage.

Bistro & Wein, Pfarrgasse 24, 97346 Iphofen, Tel. 09323/8766419, www.weingut-mend.de/bistro. Täglich außer So 12–20 Uhr.

Neunundneunzger Kulinarium, Pfarrgasse 18, 97346 Iphofen, Tel. 09323/804488, www.99er-kulinarium.de. 12–14 und ab 17 Uhr, Mo und Do Ruhetage. Regional, saisonal – slowfood!

Zehntkeller Iphofen, Romantik Hotel & Weingut, Bahnhofstr. 12, 97346 Iphofen, Tel. 09323/8440, www.zehntkeller.de. Restaurant Di–So ab 12 Uhr.

Gasthof Goldener Stern, Maxstr. 22, 97346 Iphofen, Tel. 09323/3315, www.goldener-stern-iphofen.de. Di–Do 17–22 Uhr, Fr 14–22 Uhr, Sa 11.30–15 und 16–22 Uhr, So 11.30–20 Uhr, Mo Ruhetag.

Weingut Gästehaus Weigand, Lange Gasse 29, 97346 Iphofen, Tel. 09323/3805, www.weingut-weigand.de.

Gasthof Rotes Ross, Von-Rechteren-Limpurg-Str. 20, 97348 Markt Einersheim, Tel. 09326/282, www.rotes-ross.markt-einersheim.de. Di–Fr ab 17 Uhr, Sa 11–15 und ab 16.30 Uhr, So 11–15 Uhr, Mo Ruhetag.

Knauf-Museum Iphofen, Am Marktplatz, 97343 Iphofen, Tel. 09323/31528 www.knauf-museum.de. Di–Sa 10–17 Uhr, So 11–17 Uhr, Mo geschlossen.

Freilandmuseum Kirchenburg Mönchsondheim, An der Kirchenburg 5, 97346 Iphofen-Mönchsondheim, Tel. 09326/1224, www.kirchenburgmuseum.de. Mitte März bis Ende Okt. 10–18 Uhr, Mo geschlossen, im Nov. nur Sa/So 10–16 Uhr.

»Schwandertag« am 1. Mai mit Wanderungen rund um den Schwanberg.

Winzerfest auf dem Marktplatz von Iphofen am zweiten Juliwochenende.

Weinkulinarischer Spaziergang in der Altstadt Ende September.

Symbolischer Weinleseabschluss mit dem Einholen der »letzten Fuhre« und anschließendem Bremserfest am zweiten Oktoberwochenende.

Silvaner mit Ausblick

22

Ein Tag am Schwanberg bei Iphofen und Rödelsee

Tour: Rundwanderung von Iphofen am Schwanberg nach Rödelsee und zurück.
Länge: rund 8 km.
Dauer: reine Gehzeit 2,5–3 Std.
Höhenunterschied: gut 150 m.
Markierung: vom Rödelseer Tor in Iphofen zunächst mit dem *Steigerwald-Panoramaweg* bis zum Parkplatz am Geschichtsweinberg, später mit *R3* nach Rödelsee. Zurück nach Iphofen mit *i1*.
Familie: für jede Altersstufe geeignet.
Saison: das ganze Jahr über möglich, am schönsten zwischen April und Oktober.
Anfahrt: *ÖPNV:* Iphofen ist mit dem Zug gut zu erreichen, es liegt an der Bahnstrecke Fürth–Würzburg und ist in den Verkehrsverbund Großraum Nürnberg integriert. *Kfz:* auf der B 8 zum Kreisverkehr am Bahnhof Iphofen, von dort über Bahnhofstraße, Birklinger Straße und Schützenstraße zum Rödelseer Tor, dort parken.

Ein sagenumwobener Berg

Um den Schwanberg bei Iphofen ranken sich geheimnisvolle Legenden. In grauer Vorzeit sollen der Rossegöttin Svana Jungfrauen geopfert worden sein. Pippin der Jüngere, Sohn Karl Martells und Vater Karls des Großen, so eine Sage, habe auf dem Schwanberg Hof gehalten und ruhe in einem silbernen Sarg im Inneren des Bergs. Kein Mythos dagegen ist, dass der Berg über Jahrtausende – schon seit der Mittelsteinzeit – von Menschen bewohnt war und als Zufluchtsort genutzt wurde. Im 13. Jahrhundert wurde eine Burg errichtet, die im Bauernkrieg zerstört und wieder aufgebaut wurde und danach eine wechselvolle Geschichte erlebte. 1919 ließ der damalige Eigentümer Alexander Graf zu Faber-Castell einen bemerkenswerten Schlosspark anlegen. 1957 pachteten die Schwestern der evangelischen Communität Casteller Ring das Schloss, wo sie seither ein Geistliches Zentrum betreiben (für Ruhesuchende: Übernachtungen sind hier möglich).

Beliebtes Fotomotiv: Das markante Rödelseer Tor in Iphofen ist unverwechselbar.

Heutzutage sind es jedoch weniger die Legenden oder die Einrichtungen auf dem Berg, die Jahr für Jahr unzählige Besucher anlocken, sondern exquisite Weine, die auf den Weinbergen zwischen Iphofen und Rödelsee gewonnen werden.

Vom Rödelseer Tor zum Schwanberg

Das eigentliche Ziel des heutigen Ausflugs ist der alte Weinort Rödelsee. Wer mit dem Zug angekommen ist, verlässt den Iphöfer Bahnhof am P+R-Platz und erreicht über die Bahnhofstraße schnell den Ortskern von Iphofen. Den einladenden Zehntkeller, die eindrucksvolle Spitalkirche am Julius-Echter-Platz und die anderen Sehenswürdigkeiten sollte man sich besser für den Rückweg aufheben. Deshalb gehen wir vom Julius-Echter-Platz schnurstracks rechts in die Maxstraße und anschließend gleich links durch die Pfarrgasse zum Rödelseer Tor. Wer mit dem Auto nach Iphofen gefahren ist, parkt hier.

Unsere ganze Aufmerksamkeit gilt nun dem Schwanberg, der in seiner behäbigen Breite vor uns liegt. Nach Durchschreiten des malerischen Rödelseer Tors gehen wir ein kurzes Stück auf der Rödelseer Straße und biegen dann mit der Markierung *Steigerwald-Panoramaweg* rechts in den Schwanbergweg ab.

Hinter den letzten Häusern liegen die ersten Rebhänge der Lage Iphöfer Kronsberg. Es geht eine asphaltierte Weinbergstraße hinauf, rechts und links des Wegs werden die hier heimisch gewordenen Rebsorten mit Bild und Text vorgestellt und es lohnt sich durchaus, die Erklärungen in Ruhe zu lesen. Die Steigung nimmt stetig zu und am Julius-Echter-Berg-Bildstock bei einer Weggabelung wäre es möglich, eine kleine Verschnaufpause einzulegen und den Blick schweifen zu lassen: Wir sind umgeben von Rebstöcken. Im Süden erstreckt sich Iphofen, im Norden liegen die steil aufragenden Flanken des Schwanbergs und über den Weinbergen ein dichter Waldgürtel.

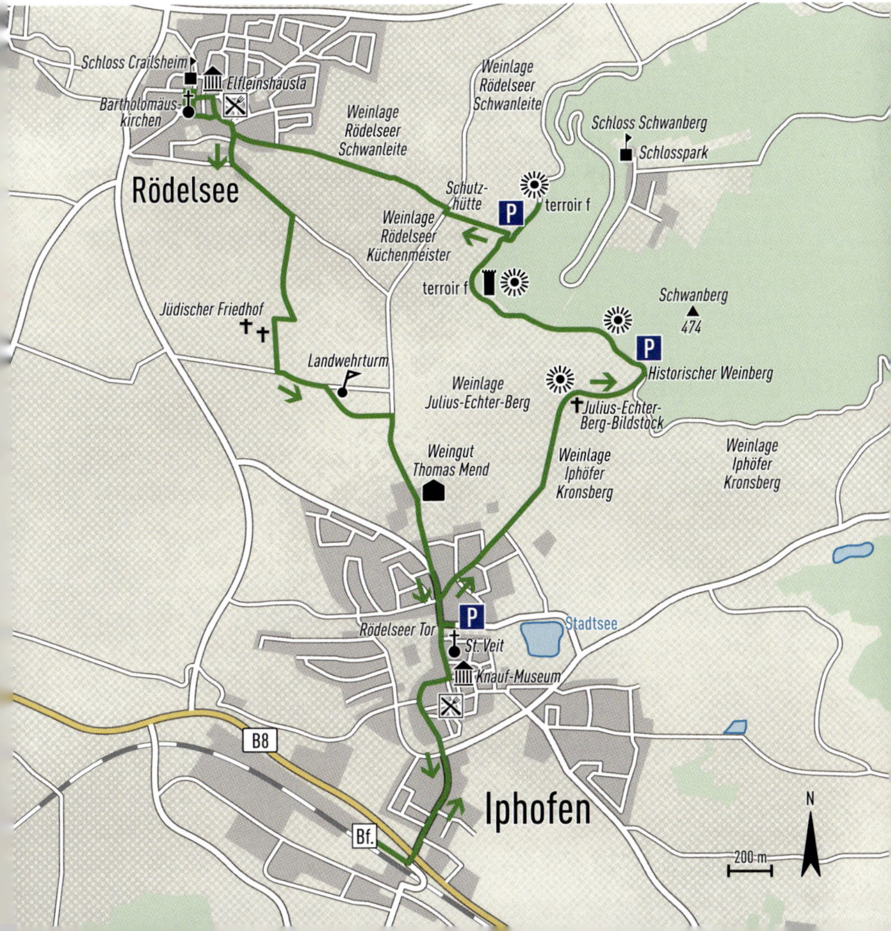

Mit den Markierungen *Panoramaweg* und *i2* geht es anschließend auf dem mittleren der drei Wege weiter, der Anstieg wird beschwerlicher. Eine Rechts- und eine ausladende Linksschleife bringen uns vorbei an einer erneuten Verzweigung – wir wählen wieder die goldene Mitte – zu einem kleinen Parkplatz auf der Höhe. Hier verlässt uns der *Steigerwald-Panoramaweg* und wendet sich Schloss Schwanberg zu. Wir halten uns mit *R3* nach links und haben jetzt die schönste Strecke des Tages vor uns.

Die Aussicht ist einfach überwältigend, der Blick reicht über Willanzheim, Mainbernheim und Fröhstockheim bis Kitzingen. Hier, auf den extrem steilen Südhängen der Weinlage Julius-Echter-Berg, wächst, bedingt durch den tiefgründigen und mineralstoffhaltigen Gipskeuperboden, einer der besten fränkischen Weine. Vor kalten Nordwinden schützen die dichten Laubwälder oberhalb der Rebstöcke. Sie tragen dazu bei, dass im Sommer ein annähernd mediterranes Klima entsteht und eine vielfältige Tier- und Pflanzenwelt heimisch wurde.

Küchenmeister und Schwanleite

Nach einigen Hundert Metern, stets mit Blick auf das grandiose Panorama, erreichen wir einen beflaggten Aussichtsturm, der mit Informationen über den Weinanbau in aller Welt aufwartet. 2016 wurde dieser Iphöfer terroir-f-Ort zur »schönsten Weinsicht Frankens« gewählt. Ab hier gehören die Rebhänge zur Lage Rödelseer Küchenmeister, benannt nach dem Adelsgeschlecht, das im 14. Jahrhundert in Rödelsee Weinberge besaß. Beim Weitergehen verlieren wir beständig an Höhe und erreichen die Westflanke des Schwanbergs. Der Ort Rödelsee mit seinen markanten Kirchtürmen liegt zum Greifen nahe. Bald erreichen wir einen Parkplatz mit Rastmöglichkeit, an dem unser Weg mit der Markierung *R3* (wahlweise *R1* und *R2*) nach links abbiegt. Wem die Beine schon schwer sind, wandert hier weiter. Wer noch Reserven hat, zweigt auf die nach rechts hinaufführende Weinbergstraße ab und gelangt nach 250 Metern an den Rödelseer terroir-f-Ort, der ausschließlich dem Silvaner gewidmet ist. Von dem als Fernrohr gestalteten Bau und den etwas weiter oben gelegenen Ruhebänken haben wir noch einmal eine fantastische Aussicht auf den Küchenmeister und über Rödelsee nach Kitzingen.

Ein »magischer Ort«: Für den terroir-f-Punkt über Rödelsee trifft dies vollkommen zu.

Nach diesem Erlebnis geht es zurück zum Parkplatz und wir steuern nun bergab geradewegs auf eine Schutzhütte zu. Um uns herum erstreckt sich die 72 Hektar große Weinlage Küchenmeister, etwas weiter nördlich, optisch abgetrennt durch einen Grünzug, schließt sich die Lage Rödelseer Schwanleite an, 1295 erstmals urkundlich erwähnt und damit eine der ältesten Lagenbezeichnungen Deutschlands. Von der Schutzhütte aus sind es bis zur Ortsmitte von Rödelsee nur noch ein paar Minuten. Dort einfach von der Küchenmeisterstraße rechts in die Alte Iphofer Straße einbiegen und dann links in die Bachstraße gehen.

Rödelsees Sehenswürdigkeiten

Was gibt es in dem knapp 2000 Einwohner zählenden Ort Interessantes? Etwas Besonderes sind auf jeden Fall die beiden Bartholomäuskirchen; insbesondere die im Markgrafenstil eingerichtete evangelische Kirche – Orgel, Kanzel und Altar in einer Linie – ist sehenswert. Beeindruckend sind auch der Ebracher Hof, das ehemalige 1616 erbaute Zehnthaus und das Castell'sche Amtshaus, jetzt *Gasthof Löwenhof.* Ein Besuch lohnt sich außerdem im Elfleinshäusla, einer Art Heimatmuseum, wo die einfachen Wohn- und Arbeitsverhältnisse von Rödelseer Handwerkern bis Mitte des 20. Jahrhunderts gezeigt werden.

Um Rödelsee wird seit Jahrhunderten Wein angebaut – mit den Rebhängen der Lagen Schwanleite und Küchenmeister haben wir ja bereits Bekanntschaft gemacht. Viele der Winzer verfügen nur über relativ kleine Rebhänge, bearbeiten ihr Terrain aber mit großer Hingabe. Die Gipskeuperböden sind besonders für die Silvanerreben ideal, die hier überwiegend angebaut werden. Wer die Vorzüglichkeit der von hier stammenden Rebsorten näher kennenlernen möchte, kommt nicht umhin, Schloss Crailsheim einen Besuch abzustatten. Das Gebäude mit seinen prächtigen Volutengiebeln und dem 50 mal 9 Meter großen Gewölbekeller war vor 400 Jahren im frühbarocken Stil als Wohnsitz der Rödelseer Seitenlinie des Geschlechts von Crailsheim erbaut worden. 1954 erwarb die Winzergenossenschaft das Anwesen. Heute ist hier die *Vinfothek Schloss Crailsheim* zu finden, eine reizvolle und praktische Kombination aus Tourist-Information und Vinothek unter Federführung der Gemeinde, wie man sie auch in anderen Orten Weinfrankens findet. Hier können Besucher

Der Jüdische Friedhof Rödelsee zählte einmal 2500 Gräber.

Weine aller Rödelseer Winzerbetriebe und der Winzergemeinschaft Franken kosten und erwerben. Das idyllische Gelände des Schlosses wird als Kulisse für Veranstaltungen genutzt.

Über Rödelsee zurück nach Iphofen

Nach einer belebenden Weinverkostung im Schloss, ergänzt durch die Einkehr im *Löwenhof* oder in der *Winzerstube*, geht es zurück nach Iphofen. Über die Alte Iphofer Straße verlassen wir Rödelsee und folgen der Markierung *i1*. Bis zum Bahnhof in Iphofen sind es rund vier Kilometer, es gibt kaum Steigungen.

Bald ist der Jüdische Friedhof Rödelsee zu sehen, der 1432 erstmals erwähnt wurde. Um dorthin zu gelangen, verlassen wir vorübergehend *i1* und biegen mit *R3* rechts ab. Auf dem seit 1602 von einer Mauer umgebenen Friedhof wurden jahrhundertelang die Toten der jüdischen Gemeinden aus Rödelsee und Umgebung beigesetzt, der Friedhofsbezirk umfasste annähernd 20 Gemeinden. Die Anlage zählte einmal 2500 Gräber und gehört heute zu den größten erhaltenen jüdischen Friedhöfen in Deutschland.

Wir kehren zurück zur Markierung *i1* und stoßen bald auf die Reste eines Landwehrturms, von dem aus früher das Anrücken feindlicher Truppen rechtzeitig ausgemacht werden konnte. Schließlich erreichen wir die ersten Häuser von Iphofen, links das *Weingut Thomas Mend,* und gehen über die Weinbergstraße zu unserem Ausgangspunkt am Rödelseer Tor. Wie anfangs erwähnt, bleibt vor der Abfahrt vielleicht noch Zeit für einen Bummel durch die Altstadt Iphofens; beispielsweise könnte man zum Marktplatz und zur St.-Veit-Kirche gehen, entlang der gut erhaltenen Stadtmauer schlendern oder das Knauf-Museum mit der einzigartigen Reliefsammlung großer Kulturen besuchen (siehe auch Tour 21).

Weinempfehlung

In der *Vinfothek Schloss Crailsheim* können mehr als 80 Weine aller Rödelseer Winzer probiert und erworben werden. Wir werden fachkundig durch das umfassende Sortiment in Weiß und Rot gelotst. So finden wir recht schnell unseren Favoriten, eine trockene Spätlese vom *Weingut Michael Melber:* den **2020er Küchenmeister**, ein Silvaner, wie es sich für Rödelsee gehört. Er wurde mit der Franken-Goldmedaille ausgezeichnet.

Ausgewählte Adressen und Tipps

Rödelsee

- *Vinfothek Schloss Crailsheim*, Tourist-Information und Vinothek, Schlossstr. 2, 97348 Rödelsee, Tel. 09323/8773663, www.vinfothek-roedelsee.de. Apr. bis Okt. Mo und Do 10–18 Uhr, Di/Mi 13–18 Uhr, Fr/Sa 10–19 Uhr, So 13–19 Uhr.
- *Weingut Michael Melber*, Dorfgraben 1a, 97348 Rödelsee, Tel. 09323/6222, www.weingut-melber.de. Weinverkauf Mo–Fr 9–12 und 13–18 Uhr, Sa 9–12 und 13–17 Uhr, 1. und 3. So im Monat 10–14 Uhr.
- *Gasthaus Winzerstube & Hotel*, Wiesenbronner Str. 2–4, 97348 Rödelsee, Tel. 09323/5222, www.gasthaus-winzerstube.de. Di/Mi ab 17 Uhr, Do–Sa ab 12 Uhr, So/Mo Ruhetag.
- *Restaurant Der Löwenhof*, An den Kirchen 14, 97348 Rödelsee, Tel. 09323/876842, www.loewenhof-roedelsee.de. Mo/Di Ruhetag.
- Elfleinshäusla, An den Kirchen 18, 97348 Rödelsee, Tel. 09323/89952, www.museen.de/elfleinshaeusla-roedelsee.html. Mai bis Okt. Sa/So und Fei 14–18 Uhr.
- Angebote für Führungen durch Rödelsee und die angrenzenden Weinberge auf der Homepage der Gemeinde, www.roedelsee.de/freizeit-tourismus.
- Rödelseer Frühling am letzten Aprilwochenende.
- »Schwandertag« – eine genussvolle Weinbergwanderung rund um den Schwanberg am 1. Mai.
- Schlossschoppenfest, am So zwei Wochen vor dem Weinfest.
- Rödelseer Weinfest am 1. Juliwochenende.

Iphofen

- Tourist-Information Iphofen, Kirchplatz 1, 97346 Iphofen, Tel. 09323/870306, www.iphofen.de. Mo–Fr 10–18 Uhr, Sa 10–14 Uhr.
- *Vinothek Iphofen*, Kirchplatz 7, 97346 Iphofen, Tel. 09323/870317, www.vinothekiphofen.de. Mo 10–14 Uhr, Do–So 12.30–20.30 Uhr, Di/Mi Ruhetage.
- *Weingut Thomas Mend*, Weinbergstr. 13, 97346 Iphofen, Tel. 09323/3013, www.weingut-mend.de. Mo–Fr 9–12 und 13–18 Uhr, Sa 10–17 Uhr, So 10–12 Uhr.
- *Weißes Ross*, Restaurant und Hotel, Maxstr. 26, 97346 Iphofen, Tel. 09323/8774155, www.weisses-ross-iphofen.de. Fr–Mo 11.30–14 und 17–22 Uhr, Do nur abends, Di/Mi Ruhetage.
- *Bistro & Wein*, Pfarrgasse 24, 97346 Iphofen, Tel. 09323/8766419, www.weingut-mend.de/bistro. Täglich außer So 12–20 Uhr.

Neunundneunzger Kulinarium, Pfarrgasse 18, 97346 Iphofen, Tel. 09323/804488, www.99er-kulinarium.de. 12–14 und ab 17 Uhr, Mo und Do Ruhetage. Regional, saisonal – slowfood!

Zehntkeller Iphofen, Romantik Hotel & Weingut, Bahnhofstr. 12, 97346 Iphofen, Tel. 09323/8440, www.zehntkeller.de. Restaurant Di–So ab 12 Uhr.

Gasthof Goldener Stern, Maxstr. 22, 97346 Iphofen, Tel. 09323/3315, www.goldener-stern-iphofen.de. Di–Do 17–22 Uhr, Fr 14–22 Uhr, Sa 11.30–15 und 16–22 Uhr, So 11.30–20 Uhr, Mo Ruhetag.

Weingut Gästehaus Weigand, Lange Gasse 29, 97346 Iphofen, Tel. 09323/3805, www.weingut-weigand.de. Nachhaltigkeit steht hier im Fokus, perfekter Service, leckeres Frühstück und wunderschöne, moderne Zimmer.

Gasthof Rotes Ross, Von-Rechteren-Limpurg-Str. 20, 97348 Markt Einersheim, Tel. 09326/282, www.rotes-ross.markt-einersheim.de. Di–Fr ab 17 Uhr, Sa 11–15 und ab 16.30 Uhr, So 11–15 Uhr, Mo Ruhetag. Gästezimmer.

Knauf-Museum Iphofen, Am Marktplatz, 97343 Iphofen, Tel. 09323/31528 oder 310, www.knauf-museum.de. Di–Sa 10–17 Uhr, So 11–17 Uhr, Mo geschlossen.

Winzerfest auf dem Marktplatz von Iphofen am zweiten Juliwochenende.

Weinkulinarischer Spaziergang in der Altstadt Ende September.

Symbolischer Weinleseabschluss mit dem Einholen der »letzten Fuhre« und anschließendem Bremserfest am zweiten Oktoberwochenende.

23 Wein, Rosen, Anhydrid

Reizvolle Route um den Tannenberg bei Hüttenheim

Tour: Wanderung von Hüttenheim rund um den Tannenberg.
Länge: 5 km.
Dauer: reine Gehzeit ohne Besichtigung und Einkehr rund 1,5 Std.
Höhenunterschied: 100 m.
Markierungen: *H 1* und *H 2*.
Familie: von jeder Altersstufe zu bewältigen.
Saison: das ganze Jahr über möglich.
Anfahrt: *ÖPNV:* vom Bahnhof in Kitzingen mit Buslinie 8107 zum Hüttenheimer Marktplatz. Vom 1. Mai bis 1. November fährt auch der Bocksbeutel-Express an Wochenenden und Feiertagen über Hüttenheim, und zwar von Iphofen oder Uffenheim aus. *Kfz:* auf der B 8 bis Altmannshausen (bei Markt Bibart), von da über Dornheim und Nenzenheim zum Hüttenheimer Marktplatz; oder von der A 7 Ausfahrt 105 (Gollhofen) und anschließend über Herrnberchtheim, Ippesheim, Bullenheim und Seinsheim nach Hüttenheim. Parken am Marktplatz oder in einer der Nebenstraßen.

Kirchenburg und Fahrradmuseum

Das 918 urkundlich erstmals erwähnte Hüttenheim ist seit 1978 ein Ortsteil der Gemeinde Markt Willanzheim. Seit 1199 wird in Hüttenheim nachweislich Wein angebaut, hauptsächlich an den Flanken des nahen Tannenbergs, und heute ist die Mehrzahl der 580 Hüttenheimer Einwohner hauptsächlich mit der Erzeugung und Vermarktung des edlen Traubensafts beschäftigt.

Bevor wir mit der Wanderung zum 382 Meter hohen Tannenberg und zur gleichnamigen Weinlage starten, lohnt es sich, die wichtigsten örtlichen Sehenswürdigkeiten in Augenschein zu nehmen. Gleich neben dem Marktplatz und erreichbar durch einen stattlichen Torbogen liegt die imposante Hüttenheimer Kirchenburg aus dem 14. Jahrhundert, eine der größten ihrer Art in Franken. Das mächtige Gotteshaus ist umgeben von trutzigen Mauern und eingerahmt von gut erhaltenen Gaden – kleine Häuschen, in denen die Anwohner früher Vorräte für Notzeiten lagern konnten. Bis 1895 wurde die Kirche von beiden Konfessionen genutzt, dann erst stand die katholische Pfarrkirche St. Johannes Baptist zur Verfügung.

Sehenswert ist auch das Hüttenheimer Fahrradmuseum, kaum 100 Meter vom Marktplatz entfernt. Hier hat Norbert Gonschorek im Laufe von rund 40 Jahren mehr als 600 Fahrräder gesammelt. 150 davon sind in der hauseigenen Scheune zu sehen, u. a. Renn- und bequeme Liegeräder, Kinder- und Lastenräder, Hochräder, Kardanräder und Bonanza-Räder, eine Rikscha, ein belgisches Holzrad und ein Schweizer Armeerad – also so ziemlich alles, was in zwei Jahrhunderten an Velos entwickelt und ausprobiert worden ist. Nahezu alle Räder sind funktionsfähig und Museumsdirektor Gonschorek ist jederzeit in der Lage, anfallende Reparaturen in seiner Werkstatt durchzuführen.

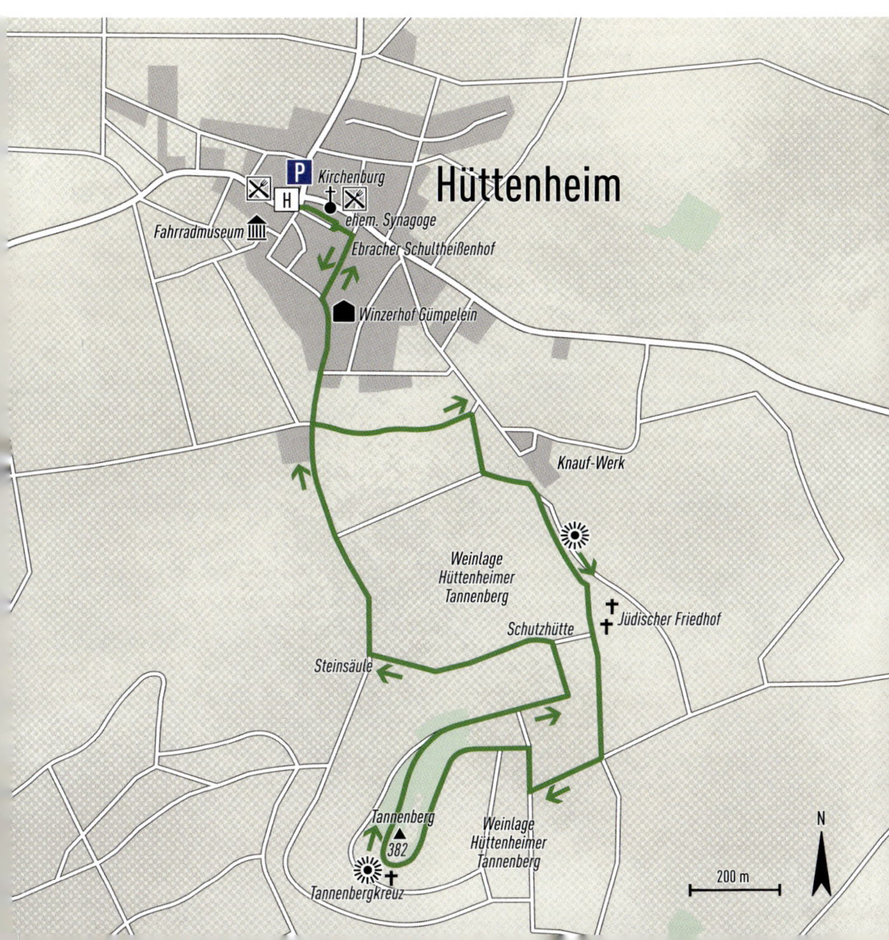

Aufstieg zum Tannenberg

Nun zurück zum Marktplatz, wo uns zum ersten Mal die gelben Tafeln mit *H 1* und *H 2*, unsere Wegmarkierungen, begegnen. Mit ihnen gehen wir kurz Richtung Nenzenheim weiter – Straßennamen gibt es hier nicht. Rechter Hand schauen wir auf die Kirchenburg, die auch von außen sehr eindrucksvoll ist. Linker Hand ein Hinweis auf die ehemalige Synagoge, die 1938 von Nazis geschändet und 1996 schließlich zum Wohnhaus umgebaut wurde. Mitte des 19. Jahrhunderts lebten in Hüttenheim 173 Juden und 1818 wurde außerhalb des Ortes, inmitten von Weinbergen, ein Friedhof angelegt, auf dem Juden aus Hüttenheim, Nenzenheim, Dornheim, Bullenheim und Weigenheim bestattet wurden. Ihn werden wir auf unserer Wanderung passieren.

Auf der gegenüberliegenden Straßenseite folgen wir unserer Markierung nach rechts und passieren kurz darauf den ehemaligen Ebracher Schultheißenhof, jetzt Domizil eines Weinguts. Wir lassen die letzten Häuser von Hüttenheim hinter uns und haben nun den Tannenberg unmittelbar vor uns. Kurz hinter dem Ortsschild biegen wir mit der Markierung *H 1* nach links ab und steuern direkt auf ein Werk der Firma Knauf zu. Seit 1957 wird hier unter Tage Anhydrid abgebaut und gleich zu Estrich verarbeitet. Man mag es kaum glauben, aber wir sehen hier das größte Bergwerk Bayerns. Die Betriebsgebäude wurden direkt am Eingang zum Stollen errichtet, aus dem jährlich 200.000 Tonnen des Minerals gefördert werden.

Vor dem Knaufwerk orientieren wir uns nach rechts. Nach 200 Metern gabelt sich der Weg und wir biegen – jetzt auch wieder mit *H 2* – nach links ab. Kurz darauf verlässt uns *H 1*, wir gehen geradeaus bergauf. Rechts von uns liegen jetzt die Rebhänge, die sich bis zum Tannenberg hinauf erstrecken. Es sind nun einige steilere Passagen zu bewältigen, doch die immer grandiosere Aussicht auf das hinter uns liegende Hüttenheim entschädigt dafür reichlich. Auf halber Höhe erreichen wir den bereits erwähnten jüdischen Friedhof. Obwohl der Friedhof im Dritten Reich verwüstet worden ist, sind über hundert Grabsteine erhalten geblieben, aufgestellt in 90 Meter langen Reihen.

Wir folgen weiterhin der Markierung *H 2* und gewinnen ständig an Höhe. Unser Blick reicht über die herrliche Landschaft rund um Hüttenheim und Nenzenheim. Die Rebhänge rings um

Zeugen der Geschichte: der Jüdische Friedhof am Tannenberg und die Kirchenburg

Die Direktvermarktung boomt in den modernen Vinotheken vieler Weinorte.

den Tannenberg umfassen eine Fläche von insgesamt 75 Hektar. Angebaut werden auf dem fruchtbaren Gipskeuperboden neben Müller-Thurgau und Silvaner auch Weißer und Grauer Burgunder, Kerner, Bacchus sowie die Rotweinsorten Domina, Dornfelder, Spätburgunder und Blauer Portugieser. Rosenbüsche flankieren den Weg – während der Blüte im Frühsommer ein wunderbarer Anblick, aber nicht nur das: Lange dienten Rosen als eine Art Frühwarnsystem, das den Befall mit Pilzkrankheiten wie dem Mehltau anzeigte. Da die Rosen empfindlicher für Mehltau waren als der Wein, konnten Winzer noch rechtzeitig Gegenmaßnahmen ergreifen.

Der letzte Teil des Weges ist unbefestigt, bald ist das Gipfelplateau erreicht. Die Aussicht ist von dort aus noch eindrucksvoller. Wir können mühelos die Ortschaften Bullenheim, Seinsheim, Markt Willanzheim und Kitzingen ausmachen und entdecken, dass sich auch an der Westflanke des Berges bis ins Tal hinunter Rebstock an Rebstock reiht. Das mächtige Holzkreuz ganz oben entstand zur Erinnerung an den 3. Oktober 1990, den Tag der deutschen Wiedervereinigung. Eine ausgiebige Rast zur Erholung und zum Genießen des wahrlich paradiesischen Panoramas sollte man sich gönnen. Dann geht es durch einen schmalen Waldgürtel ständig bergab, sodass man zügig vorankommt. An einer Schutzhütte auf halber Höhe links halten und unten angekommen an der überdachten Steinsäule nach rechts abbiegen. Die Skulptur kurz vor Hüttenheim erinnert daran, dass am Tannenberg seit 800 Jahren Wein angebaut wird. Nach ein paar Minuten stehen wir auch schon wieder vor den ersten Häusern des anheimelnden Winzerdorfes.

Einkehr im *Weingut Gümpelein*

Bald sehen wir auf der rechten Seite die moderne Vinothek des *Winzerhofs Gümpelein,* die uns schon auf dem Hinweg aufgefallen ist. Jetzt ist der richtige Zeitpunkt gekommen, dort Halt zu machen, um die Weine zu kosten, deren Ursprung in unmittelbarer Nähe zum Gut am Hüttenheimer Tannenberg liegt. Wie in vielen anderen Betrieben sind auch hier zwei Generationen in verschiedenen Funktionen mit dem Wein beschäftigt und das angeschlossene Café sowie die Ferienwohnung fordern zusätzlich Aufmerksamkeit. Seit Jahren arbeiten die Gümpeleins im Weinberg nach dem Grundsatz »Qualität statt Quantität« und achten auf einen richtigen Rebschnitt, lockere, saubere Böden und nicht zu viel Masse auf einem Rebstock.

Nach der ausgiebigen Weinprobe sind es nur wenige Schritte bis zum Hüttenheimer Marktplatz, dem Ausgangspunkt unserer Wanderung.

Weinempfehlung

Neben Silvaner produziert der *Winzerhof Gümpelein* auch Bacchus, Müller-Thurgau, Scheurebe, Weißen und Grauen Burgunder sowie die Rotweinsorte Domina. Zusätzlich steht Secco in Rot und Weiß auf der Liste. Von den Weinen des Gutes hat uns am besten der ausgewogene **Weißburgunder »S« des Jahrgangs 2020** geschmeckt, der mit einem Aroma von Birnen und Äpfeln zu gefallen weiß. »S« steht für »Selection«, also für die strenge Mengenbegrenzung bei der Produktion.

Ausgewählte Adressen und Tipps

- Gemeinde Markt Willanzheim, Marktplatz 5, 97348 Willanzheim, Tel. 09326/9789397, www.willanzheim.de.
- *Winzerhof & Weincafé Gümpelein,* Hüttenheim 71, 97348 Willlanzheim, Tel. 09326/1204, www.winzerhof-guempelein.de. Weinverkauf nach Vereinbarung, Weincafé Mitte März bis Mitte Mai So ab 14 Uhr, Mitte Sep. bis Ende Okt. Sa/So ab 14 Uhr geöffnet. Ferienwohnung.
- *Landgasthof May,* Hüttenheim 6 (am Marktplatz), 97348 Willanzheim, Tel. 09326/979215, www.landgasthofmay.de. Mo/Di und Fr 17–23 Uhr, Sa 11.30–14 und 17–23 Uhr, So 11.30–16 Uhr (Winter), 11.30–23 Uhr (Sommer), Mi/Do Ruhetage. 5 Gästezimmer.
- *Rabensteins Burggasthaus,* Hüttenheim 13, 97348 Willlanzheim, Tel. 09326/979215, www.rabenstein-1441.de. Do–Sa ab 17 Uhr, So ab 11 Uhr.
- Fahrradmuseum Hüttenheim, Hüttenheim 118, 97348 Willlanzheim, Tel. 09326/348, www.fahrradmuseum-hüttenheim.de. Geöffnet während der Ortsfeste von 14–18 Uhr oder nach Vereinbarung.
- Hüttenheimer Kirchenburgweinfest am vorletzten Augustwochenende mit fränkischen Spezialitäten und Weinen vom Tannenberg.
- Kirchenburgmarkt mit handgearbeiteten Waren und Wein, Sonntag Mitte Mai.
- Kulinarischer Dorfspaziergang durch Hüttenheim am ersten Samstag im März.

Paradies mit Scheune

24

Das größte Anbaugebiet in Mittelfranken um Bullenheim

Tour: Wanderung von Bullenheim auf dem *Weinparadiesweg* zur *Weinparadiesscheune,* weiter zur Weinlage Seinsheimer Hohenbühl, dann bis zum Tannenberg und zurück.
Länge: rund 7 km.
Dauer: reine Gehzeit mit Aufstieg zur Kunigundenkapelle 2,5–3 Std.
Höhenunterschied: ca. 150 m.
Markierung: *Weinparadiesweg (grüne Traube)* bis zum Tannenberg, danach ohne Markierung.
Familie: auch für Kinder ab 10 Jahren geeignet, die eine gute Kondition mitbringen.
Saison: Die Tour ist das ganze Jahr über möglich, am schönsten ist sie aber zur Zeit der Weinlese. Im Winter bei Eis und Schnee ungeeignet.
Anfahrt: *ÖPNV:* Vom 1. Mai bis 1. Nov. verkehrt der Bocksbeutel-Express (Buslinie 109) an Wochenenden und Feiertagen mehrmals zwischen Iphofen und Uffenheim, mit Haltestelle am Bullenheimer Rathaus. *Kfz:* auf der A 7 bis Ausfahrt Gollhofen, dann auf der B 13 bis Gollhofen, anschließend über Herrnberchtheim und Ippesheim nach Bullenheim. Parkmöglichkeiten im Ortskern.
Besonderheiten: Für den Aufstieg zu den Weinlagen und zur Kunigundenkapelle evtl. Wanderstöcke mitbringen.

Bummel durch Bullenheim

Die Weinhänge bei Bullenheim sind die größten im mittelfränkischen Weinanbaugebiet. Besonders seit Einführung der Buslinie Bocksbeutel-Express findet sich in dem überschaubaren 300-Seelen-Ort an den Sommerwochenenden eine große Schar von Besuchern ein, die von der Schönheit der Gegend begeistert ist und in den Heckenwirtschaften und Winzerstuben den hier gewonnenen trefflichen Wein genießt.

Vor dem Aufstieg in die Lage Bullenheimer Paradies und vor einer ausgiebigen Weinprobe lohnt sich zunächst ein kleiner Rundgang durch Bullenheim, das bereits im Jahr 816 zum ersten Mal urkundlich erwähnt wurde. Die Simultankirche St. Leonhard, eine ehemalige Wehrkirche aus dem 13. Jahrhundert, birgt in

Aussicht von der Treppe zum *Weinparadies* auf das nahegelegene Bullenheim

ihrem Innerem einen eindrucksvollen Altar aus dem Jahr 1663 und einen Taufstein von 1855. Da in Bullenheim nach der Reformation Katholiken und Protestanten lebten, kam es 1664 zu einem Gnadenvertrag, in dem festgelegt wurde, dass die Kirche beiden Konfessionen offenstehen solle. Der stolze Ritter am Kircheneingang, ausgestattet mit Rüstung und Schwert und lässig auf einem Löwen stehend, zeigt den 1572 verstorbenen Paul von Schwarzenberg, dereinst Herr über Bullenheim.

Umsäumt ist die Kirche von gut erhaltenen Mauern und Gaden – kleinen Häuschen, die meist nur aus einem Raum oder einem Stockwerk bestehen und in denen einst die Bewohner bei Gefahr Zuflucht fanden und ihre Vorräte lagern konnten. 2011 wurden die Gaden zu attraktiven Ferienwohnungen umgebaut. Nur 100 Meter sind es zum alten Rathaus, einem stattlichen Fachwerkbau aus dem Jahr 1583, errichtet während der Grundherrschaft der Herren von Schwarzenberg, die mit zwei Wappenreliefs an der Frontseite des Rathauses verewigt sind. Einen eigenen Gemeinderat gibt es schon lange nicht mehr – Bullenheim gehört, wie Herrnberchtheim, zur Marktgemeinde Ippesheim. Das Rathaus fungiert deshalb lediglich als Info-Zentrum.

Zum Weinparadiesweg

Nun aber auf zu den Rebhängen unterhalb des Kapellbergs, unserem eigentlichen Ziel! Vom Rathaus aus wenden wir uns nach Nordosten, überqueren die Kreuzung in der Ortsmitte und folgen den zahlreichen Wegweisern, einer davon der *Weinparadiesweg (grüne Traube)*. Bei *Weinbau Soldner* macht die Straße eine Rechtskurve, anschließend geht es links und dann immer geradeaus hinauf. Die prächtigen Rebstöcke, die uns bald von allen Seiten umgeben, gehören zur Lage Bullenheimer Paradies, links liegen die Weinberge bei Iphofen zum Greifen nahe und oben auf dem Kapellberg, halb verdeckt von Bäumen, ist die Ruine der Kunigundenkapelle zu erkennen. Wir lassen den nach links weisenden braunen Wegweiser zur *Paradiesscheune* unbeachtet und

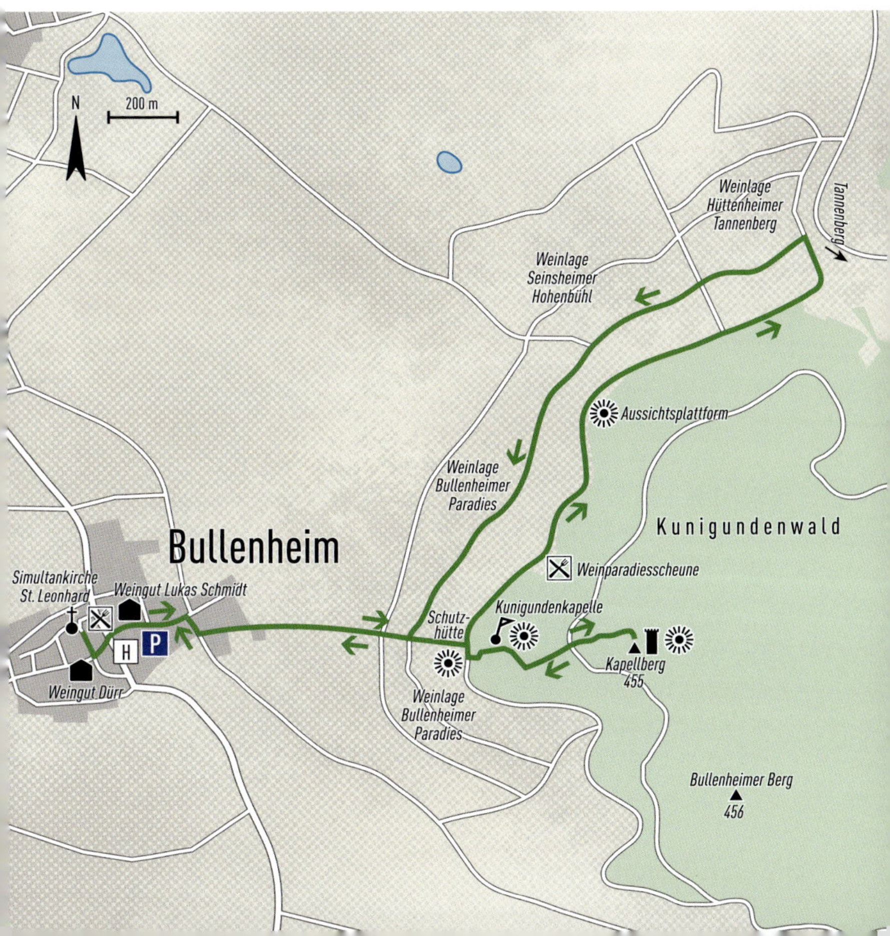

bleiben unserer *grünen Traube* treu, um vor der Einkehr noch die Möglichkeit zu haben, einen Abstecher zur Kapelle zu machen. Deshalb gehen wir zügig weiter bergauf, bis wir auf schmale Steinstufen stoßen. Der Anstieg erfordert jetzt vollen Einsatz, denn hier ist es recht steil. Der Treppenaufstieg lässt erahnen, wie anstrengend die Arbeit des Winzers an diesen Hängen sein muss.

Endlich – fast eine halbe Stunde hat der Aufstieg von Bullenheim gedauert – haben wir die oberste Weinbergstraße direkt am Waldrand erreicht. Wir genießen die einmalig schöne Aussicht über die Rebhänge nach Bullenheim und Seinsheim. Es ist wahrlich ein Paradies, das da zu unseren Füßen ausgebreitet liegt. In einer kleinen Schutzhütte lassen sich viele Erläuterungen zum Weinanbau und zur geologischen Struktur des Kapellbergs finden.

Vor der Fortsetzung der Wanderung bietet es sich an, zur Ruine der Kunigundenkapelle aufzusteigen, zu der ein paar Meter rechts von der Schutzhütte die Treppen steil hinaufführen – nach wenigen Minuten ist man oben und das Panorama ist noch beeindruckender. Der Legende nach geht der Bau der Kapelle auf ein Gelöbnis der Kaiserin Kunigunde zurück, der Frau des Kaisers Heinrich II., die sich hier mit ihrem Gefolge im Wald verirrt haben soll. Tatsächlich erst im 15. Jahrhundert errichtet, wurde der Sakralbau schon im Dreißigjährigen Krieg zerstört. Besucher mit guter Kondition können sogar ein Stück weiter zum Aussichtsturm auf dem Gipfel wandern (Markierung *Traumrunde Hüttenheim-Seinsheim*), der nach einer weiteren Viertelstunde erreicht ist.

Weinparadiesscheune und Seinsheimer Hohenbühl

Zurück von unserer kleinen Exkursion setzen wir nun den Rundgang in Richtung Norden fort. Die Weinhänge nehmen kein Ende und die *Weinparadiesscheune* ist bald erreicht, genau an der Grenze zwischen Mittel- und Unterfranken, eingebettet zwischen dem Kunigundenwald und malerischen Weinbergen. Die *Paradiesscheune* entstand auf Initiative von Winzern aus Seinsheim und Bullenheim. Sieben Ortschaften am Fuße des südlichen Steigerwalds, von Hüttenheim im Norden bis Weigenheim im Süden, haben sich zum Weinparadies Franken zusammengeschlossen, um ihr Profil als eigene Weinanbauregion zu stärken. Die gehisste Frankenfahne zeigt an, dass die Scheune geöffnet hat. Wer hier nicht einkehrt, um den Wein sowie die fränkischen Spezialitäten zu probieren, verpasst etwas. In der Vinothek wechseln sich die Weine der Paradieswinzer im Dreimonatsrhythmus ab.

Frisch gestärkt geht es weiter, wir wechseln übergangslos vom Bullenheimer Paradies zur Weinlage Seinsheimer Hohenbühl. Von der Aussichtsplattform, die wir nach knapp 15 Minuten erreichen, fällt der Blick direkt auf Seinsheim und auch Hüttenheim nordöstlich ist klar zu sehen.

Anschließend nähern wir uns dem Tannenberg, der sich mit jedem Schritt höher vor uns auftürmt. Gleich nach dem nächsten Häuschen mit Informationen zum Weinort Hüttenheim knickt die Straße nach links ab. Wir werfen noch einen bewundernden Blick auf die Weinhänge am Tannenberg und folgen dann der Kurve ein Stück nach unten. Schon bei der zweiten Querstraße verlassen wir den *Weinparadiesweg* und schwenken links ein. Die Straße schlängelt sich entlang der Rebhänge unterhalb des Kapellbergs dahin und bringt uns zum Ausgangspunkt unseres Rundgangs zurück. Es ist interessant, nun die Lagen Seinsheimer

Der Aufstieg zur Kunigundenkapelle wird mit einem Panoramablick belohnt.

Der »Paradieswein« ist Gemeinschaftsprodukt eines guten Dutzends Winzer.

Hohenbühl und Bullenheimer Paradies von unten nach oben zu erleben – und damit aus völlig anderer Perspektive als zuvor auf dem Paradiesweg.

Einkehr im Weingut

Zurück im Ort empfiehlt sich eine Stärkung. Etliche Heckenwirtschaften und Weinstuben sorgen dafür, dass niemand hungrig und durstig nach Hause fahren muss. In unmittelbarer Nähe zum Rathaus lädt zum Beispiel die *Winzerstube Dürr* mit ehrlicher fränkischer Küche und hervorragenden Weinen zum Besuch ein. Hier bekommen wir auch den sogenannten »Paradieswein«, Gemeinschaftsprodukt eines guten Dutzends Winzer aus Bullenheim, Hüttenheim, Ippesheim, Reusch, Seinsheim und Weigenheim. Er wird nur aus ausgewählten Trauben der Rebsorte Müller-Thurgau hergestellt. Sie stammen von verschiedenen Weinberglagen, ausgebaut wird der Wein dann im Keller eines der teilnehmenden Winzer. Dabei müssen genau festgelegte Qualitätskriterien eingehalten werden. Abgefüllt in einen speziellen Bocksbeutel mit fantasievollem Etikett kommt der Wein auf den Tisch und beweist jedes Jahr aufs Neue, dass der »Müller« mehr kann, als man der oft unterschätzten Rebsorte im Allgemeinen zutraut.

Weinliebhaber werden in Bullenheim ganz sicher auf ihre Kosten kommen.

Weinempfehlung

Seit sage und schreibe elf Generationen wird auf dem *Weingut von Lukas Schmidt* in Bullenheim Wein produziert. Alle, die unter der Bezeichnung »Bullenheimer Paradies« abgefüllt werden, stammen aus Lagen mit Südausrichtung und einer Hangneigung von bis zu 50 Prozent. Der Gipskeuperboden verleiht den Weinen Kraft und Konzentration, was gerade Rebsorten wie der Scheurebe zugutekommt, sagt der Winzer, der unter anderem in der Südsteiermark und in Südtirol seine handwerklichen Fähigkeiten erweitert hat. Davon konnten wir uns überzeugen: Die **2021er Scheurebe First Flight vom Bullenheimer Paradies** ist ein Genuss!

Ausgewählte Adressen und Tipps

- Gemeindeverwaltung Markt Ippesheim, Schlossplatz 1, 97258 Ippesheim, Tel. 09339/1444, www.ippesheim.de.
- Der Aussichtsturm auf dem Kapellberg ist von Apr. bis Okt. So und Fei 13–17 Uhr geöffnet.
- *Weingut Lukas Schmidt,* Bullenheim 157, 97258 Ippesheim-Bullenheim, Tel. 09339/9899054, www.lukas-schmidt-wein.de. Weinverkostung und -verkauf Di–So 10–18 Uhr sowie nach Vereinbarung.
- *Weinparadiesscheune,* Weinparadiesscheune 1, 97258 Ippesheim, Tel. 09339/989680, www.weinparadies-scheune.de. Mai bis Okt. Mi–Fr 13–22 Uhr, Sa/So und Fei 12–22 Uhr. Wechselnde Auswahl von Weinen der Winzer aus den Weinparadiesorten.
- *Weinstube Johannesstuben,* Bullenheim 157, 97258 Ippesheim-Bullenheim, Tel. 09339/407, www.johannesstuben.de. Sa/So und Fei ab 11 Uhr.
- *Weinbau Dürr,* Bullenheim 73, 97258 Ippesheim-Bullenheim, Tel. 09339/1436, www.weinbau-duerr.de. Frühjahr bis 2. Advent Sa/So und Fei ab 14 Uhr. 6 Gästezimmer.
- Bullenheimer Weinfest am Himmelsfahrtstag und dem anschließenden Wochenende.
- Weinparadiesfest mit Tanz unterm Sternenhimmel bei der *Weinparadiesscheune* am letzten Juniwochenende.

Wein und Gas – alles bio 25

Von Uffenheim über Ulsenheim nach Weigenheim

Tour: Wanderung von Uffenheim ins mittelfränkische Weinanbaugebiet nach Ulsenheim und Weigenheim. Unermüdliche können sie zu einer Rundwanderung komplettieren.
Länge: rund 11 km, mit Erweiterung 15 km.
Dauer: 3–4 Std.
Höhenunterschied: ca. 80 m.
Markierung: von Uffenheim bis Uttenhofen *roter Pfeil auf weißem Grund;* bis Ulsenheim *Main-Aisch-Radweg;* Ulsenheim bis Weigenheim ohne Markierung; von dort zurück nach Uffenheim mit der *Jakobsmuschel.*
Familie: für Kinderwagen und kleine Kinder nicht geeignet, auch Erwachsene müssen eine gute Kondition mitbringen.
Saison: am besten von Mai bis Oktober, da verkehrt an Wochenenden und Feiertagen der Bocksbeutel-Express.
Anfahrt: *ÖPNV:* mit der Bahn von Ansbach oder Würzburg nach Uffenheim. Wer sich den letzten Abschnitt von Weigenheim nach Uffenheim sparen möchte, kann den Bocksbeutel-Express (Buslinie 109) nutzen, der vom 1. Mai bis 1. November verkehrt. *Kfz:* auf der B 13 zum Bahnhof in Uffenheim, dort parken.

Der mittelfränkische Weinanbau

Von den 6300 Hektar, auf denen in Franken Wein angebaut wird, liegen lediglich etwa fünf Prozent in Mittelfranken. Aber diese mittelfränkischen Winzer verstehen etwas von ihrem Handwerk, schließlich ist der Weinanbau hier seit Jahrhunderten Tradition. Auf den zumeist kleinen Parzellen wird fast alles per Hand erledigt und die Winzer haben den Ehrgeiz, möglichst umweltschonend zu arbeiten und hohe Qualität zu erbringen. Davon werden wir uns auf unserer Tour überzeugen können.

Über Uttenhofen nach Ulsenheim

Das historische Gebäude des Uffenheimer Bahnhofs im Rücken, wenden wir uns nach links und gehen neben dem Bahndamm

Die Lage Huttenberg ist windgeschützt an der Südseite des Langen Bergs bei Ulsenheim.

auf der Straße Am Bahnhof bis zur Ulsenheimer Straße. Hier nehmen wir die Bahnunterführung und biegen gleich mit dem *roten Pfeil* nach rechts ab. Wir überqueren auf einem Holzsteg zum ersten Mal die Gollach, erreichen einen dichten Laubwald und gehen weiter geradeaus auf schmalem Pfad neben dem Bahndamm entlang. Nach gut zehn Minuten macht der Weg eine Linkskurve und wir verlassen den Wald. Jetzt öffnet sich der Blick auf das reizvolle Gollachtal. Bald ist Uttenhofen erreicht. Beim ehemaligen *Gasthaus zur Linde* (noch erkennbar am namensgebenden Baum davor) biegen wir scharf links ins Dorf ab, um gleich danach rechts in die Dorfmitte zu gelangen. Die Markierung *Main-Aisch-Radweg* führt uns an einigen imposanten Bauernhöfen vorbei bis zum Ortsende. Wir folgen der Radwegmarkierung und nun sind es noch drei Kilometer bis Ulsenheim.

Es ist eine weitläufige und stimmungsvolle Landschaft, die wir vor uns haben, benannt nach dem Flüsschen Gollach, das linker Hand gemächlich dahinfließt und östlich von Ulsenheim entspringt. So weit das Auge reicht, sanfte Hügel, durchzogen von Wiesen und Feldern. Immer wieder Buschwerk, Baumgruppen und einzelne Bäume – ein Naturpanorama zum Verlieben.

Schon bald tauchen die ersten Häuser von Ulsenheim auf, überragt vom spitzen Turm der evangelischen St. Jakobskirche.

In Ulsenheim angekommen, schlendern wir gemütlich durch den Ort. Straßennamen fehlen, die Anwesen sind lediglich mit Hausnummern versehen. Ulsenheim war noch im April 1945 Schauplatz von Kriegshandlungen und durch Artilleriebeschuss zu 80 Prozent zerstört worden, wovon zum Glück nichts mehr zu sehen ist. Die bis auf die Grundmauern eingeäscherte Kirche wurde 1949/50 wieder aufgebaut und erfreut durch eine schöne Innengestaltung. Der Ort, seit 1976 Teil von Markt Nordheim, hat mit einer Reihe von Umweltprojekten viel Beachtung gefunden. So produziert Ulsenheim fünf Mal mehr Strom, als es selbst verbraucht. Darüber hinaus wurde ein Nahwärmenetz errichtet, das von Biogasanlagen und Hackschnitzelheizungen

gespeist wird. Etwa 90 Prozent der Haushalte und Betriebe sind daran angeschlossen. Wir kommen an gepflegten Vorgärten und einladenden Winzerhöfen vorbei, sehr beachtenswert auch der *Schwarze Adler*, ein Landgasthof mit kulinarischen Überraschungen und eigenen Weinen vom Ulsenheimer Huttenberg. Diese Weinlage besteht aus neun Hektar malerischer Rebhänge am Langen Berg, den wir im Anschluss an unseren Bummel durch Ulsenheim erwandern werden.

Langer Berg und Kapellberg

Der *Radwegmarkierung* (Richtung Markt Nordheim) folgend verlassen wir Ulsenheim und überqueren die Staatsstraße auf Höhe der eindrucksvollen *Weinerlebnis-Vinothek des Weinguts Meier*. Sie ist geöffnet und so packen wir die Gelegenheit beim Schopf und treten ein. Wir probieren den vielfach ausgezeichneten Bio-Wein und erfahren, dass das 2005 gegründete Gut heute mit einer Anbaufläche von 38 Hektar zu den größten Familienweingütern in ganz Franken gehört. Diese erstaunliche Entwicklung war möglich, weil Markus Meiers Heimatort Ulsenheim zwar das Herzstück der Produktion geblieben ist, er aber längst nicht nur hier, sondern darüber hinaus an einigen der besten Lagen Frankens Weinberge bewirtschaftet.

Beschwingt gehen wir weiter. Der Radweg zweigt bald rechts ab, aber wir wandern geradeaus und leicht bergauf zum Langen Berg. Rund 50 Meter vor dem Parkplatz biegen wir links ab (wer genau hinsieht, findet eine überwachsene Markierung *MN2*), und sind nun umgeben von den kräftigen Weinstöcken der Lage Ulsenheimer Huttenberg. Zu unseren Füßen ein herrliches Panorama mit Blick auf Ulsenheim und den Weg entlang der Gollach, den wir gerade zurückgelegt haben. Oberhalb der Rebstöcke dichter Wald, sodass der Reifeprozess der Trauben von kalten Nordwinden nicht beeinträchtigt werden kann. Ab und an kleine Weinberghäuschen, in die sich die Winzer bei Regen und zum Vespern zurückziehen. Tafeln am Weg entlang der Hang- und Steillagen laden zum Meditieren ein.

MN2 biegt nach links ab, wir aber gehen hinauf und nach einer Linkskurve immer geradeaus. Wir folgen später auch nicht der *Paradiesweg-Traube*, die rechts in den Wald führt, denn gerade an dieser Abzweigung beginnt der Kapellberg, der eines unserer Ziele ist. Nach kurzem Aufstieg ist die Spitze des 406 Meter hohen Hügels erreicht, wo wir mit einem grandiosen Ausblick auf das Gollachtal und auf die Weinlage Kapellberg mit den Rebhängen der Weinbauern in Weigenheim belohnt werden. Wir gehen am Rand des steil abfallenden Kapellbergs zu der aus Stein geschlagenen Sonnenuhr, auf der Weigenheim als »Tor zum Paradies« geadelt wird. Wir stehen jetzt gut 70 Meter über dem Weinort, gut erkennbar an dem hochragenden viereckigen Kirchturm. Gen Norden sind die Weinhänge am Rother Berg (Lage Hohenlandsberg), das Schloss Frankenberg (Lage Herrschaftsberg) und dahinter der Bullenheimer Berg (Lage Paradies) zu erkennen. Hier können wir innehalten, um die paradiesische Aussicht in vollen Zügen zu genießen.

Einkehr in Weigenheim

Auf schmalem Pfad über Wiesen geht es anschließend in nördlicher Richtung beschwingt den Kapellberg hinunter – hier stoßen wir wieder auf die *Weinparadiesweg-Traube* – und erreichen auf

Drei Gasthöfe entlang des Wegs heißen *Schwarzer Adler* (hier Weigenheim).

asphaltiertem Weg den Weinort Weigenheim. Die Kapellbergstraße bringt uns zur Hauptstraße, wo wir in der *Weinidylle Hopfner* Gelegenheit haben, den Weigenheimer Wein zu testen, begleitet von einer typisch fränkischen Vesper. Vor oder nach der Einkehr ist vielleicht noch Zeit, sich im Ort mit seinen pittoresken Innenhöfen, lauschigen Vorgärten und altehrwürdigen Bauernhöfen ein wenig umzusehen. Manchen Besucher wird Weigenheim, ähnlich wie viele andere der kleinen mittelfränkischen Weinorte, wie ein wiedergefundenes Paradies anmuten.

Wer zu Fuß zum Ausgangspunkt am Bahnhof Uffenheim zurückkehren möchte, folgt dem Uffenheimer Weg mit der Markierung *Jakobsmuschel.* Einmal heißt es aufpassen: Etwa 200 Meter vor einem Mobilfunkmast zweigt der Weg ohne Markierung nach rechts ab. Für die drei Kilometer auf schnurgeraden Wegen durch Felder und zuletzt durch ein Gewerbegebiet hindurch wird knapp eine Stunde benötigt.

An Wochenenden und Feiertagen zwischen 1. Mai und 1. November bietet sich eine möglicherweise attraktivere, auf jeden Fall aber bequemere Variante an: Zur Rückfahrt nach Uffenheim kann der Bocksbeutel-Express (Linie 109) genutzt werden. Die Haltestelle befindet sich in der Hauptstraße auf Höhe der Zehntgasse.

Weinempfehlung

Seit 2016 bauen Markus Meier und sein Team die Weine in Ulsenheim nach Bioland-Richtlinien aus. Ein Großteil der Trauben dafür wächst in berühmten Lagen am Main, etwa Escherndorfer Lump oder Pfülben in Randersacker. Sie erhalten regelmäßig Auszeichnungen, stehen aber nicht im Mittelpunkt unseres Interesses. Wir möchten Weine aus Lagen »vor der Haustür« probieren. Diesem Kriterium entspricht der **Zweigelt, Jahrgang 2019,** aus der Großlage **Frankenberger Schlossstück,** die Ulsenheim und Weigenheim einschließt. Der rote Mittelfranke spricht uns mit seinen fruchtigen Noten sehr an. Wir können ihn uneingeschränkt empfehlen!

Ausgewählte Adressen und Tipps

Uffenheim

- Fremdenverkehrsamt Uffenheim, Marktplatz 16, 97215 Uffenheim, Tel. 09842/20721, www.frankentourismus.de/orte/uffenheim.
- *Gasthof Schwarzer Adler*, Adelhoferstr. 1, 97215 Uffenheim, Tel. 09842/98800, www.gastsein.de. So–Do 11.30–14 und 17–22 Uhr, Sa 17–22 Uhr, Fr Ruhetag.

Ulsenheim

- Gemeinde Markt Nordheim, Ulsenheim 75, 91478 Markt Nordheim, www.markt-nordheim.de.
- *Weingut und Weinerlebnis-Vinothek Markus Meier*, Ulsenheim 114, 91478 Markt Nordheim, Tel. 09842/2479, www.markusmeierwein.de. Weinprobe und -verkauf Mo–Fr 13–18 Uhr, Sa 10–18 Uhr, So 13–18 Uhr (Mai bis Okt.) oder nach Vereinbarung.
- *Landgasthof Zum Schwarzen Adler*, Ulsenheim 97, 91478 Markt Nordheim, Tel. 09842/8206, www.frankenurlaub.de. Do–Sa 11.30–13.30 und 17–22 Uhr, So 11–14 und 17–20 Uhr. Gästezimmer.
- Weinfest in Ulsenheim am ersten Wochenende im Juli.

Weigenheim

- Gemeinde Weigenheim, Kirchplatz 2, 97215 Weigenheim, www.weigenheim.de.
- *Gasthaus Schwarzer Adler*, Hauptstr. 26, 97215 Weigenheim, Tel. 09842/601, www.weigenheim.de. Ab 16 Uhr geöffnet, Mo und Do Ruhetage.
- *Weinidylle und Heckenwirtschaft Hopfner*, Hauptstr. 17, 97215 Weigenheim, Tel. 09842/1787, www.hopfner-weinidylle.de. Aktuelle Öffnungszeiten siehe Webseite. Auch Ferienwohnungen.
- Weigenheimer Weinfest am dritten Wochenende im August.

26 Nachtigall statt Vögelein

Rund ums mittelfränkische Markt Nordheim

Tour: Rundwanderung von Markt Nordheim über den Hohenkottenheim und das Naturschutzgebiet Gipshöhle Höllern und Gipshügel Sieben Buckel zurück nach Markt Nordheim.

Länge: knapp 10 km.

Dauer: 2,5–3 Std.

Höhenunterschied: rund 80 m.

Markierungen: bis zur Querung der Bocksbeutelstraße Markierung mit dem *Konterfei Martin Luthers auf rotem Grund;* danach Markierung *MN5*.

Familie: für jede Altersstufe geeignet, für Kinderwagen allerdings nicht; festes Schuhwerk empfohlen.

Saison: zu jeder Jahreszeit möglich.

Anfahrt: *ÖPNV:* vom Bahnhof Markt Bibart mit dem Bus 196 nach Hürfeld, von dort mit Bus 142 in die Ortsmitte von Markt Nordheim. *Kfz:* Anfahrt von Neustadt/Aisch bzw. von Uffenheim über die St 2256. Parkmöglichkeiten an der Hauptstraße (NEA 31).

Markt Nordheim – »Perle des südlichen Steigerwaldes«

Die Gemeinde Markt Nordheim an den südlichen Ausläufern des Steigerwaldes ist ein ganz besonderer Weinort. Sie liegt nicht im weinfränkischen »Kernland« – sprich Unterfranken – und darf keinesfalls mit ihrem berühmteren Namensvetter Nordheim am Main (Heimat des »Nordheimer Vögeleins«) verwechselt werden. Unser heutiges Ziel liegt vielmehr im eher bieraffinen Mittelfranken, und die dortige Gesamtanbaufläche für Wein nimmt sich – zusammen mit dem Ortsteil Ulsenheim sind es rund 17 Hektar – auch recht bescheiden aus. Aber diese Hektar, in der Weinlage Hohenkottenheim auf Gipskeuperboden gelegen, haben es in sich. Das ist vor allem dem *Weingut Probst* zu verdanken.

Der Betrieb in der jetzigen Form begann 1981 mit dem Anlegen eigener Rebflächen. Seit 1988 nimmt das Weingut erfolgreich an der Fränkischen Weinprämierung teil und in den 1990er-Jahren expandierte es zu seiner heutigen Größe. Zielsetzung war nicht zuletzt die Demonstration der Leistungsfähigkeit des mittelfränkischen Weinbaus. 1999 wurde das *Weingut Probst* erstmals mit lobenden Worten im *Eichelmann,* einem der etablierten Weinführer in Deutschland, bedacht, nationale und internationale Auszeichnungen folgten. Aber auch wenn die Versuchung groß ist und das Weingut nur einen Steinwurf von unserem Ausgangspunkt der Wanderung entfernt liegt, gilt auch diesmal die eherne Regel: »Erst die Wanderung, dann das Weinvergnügen!«

Rastmöglichkeit auf einem Naturerlebnisgelände

So beginnen wir unsere Tour im Zentrum von Markt Nordheim unterhalb der St. Georgskirche mit ihrem ungewöhnlichen

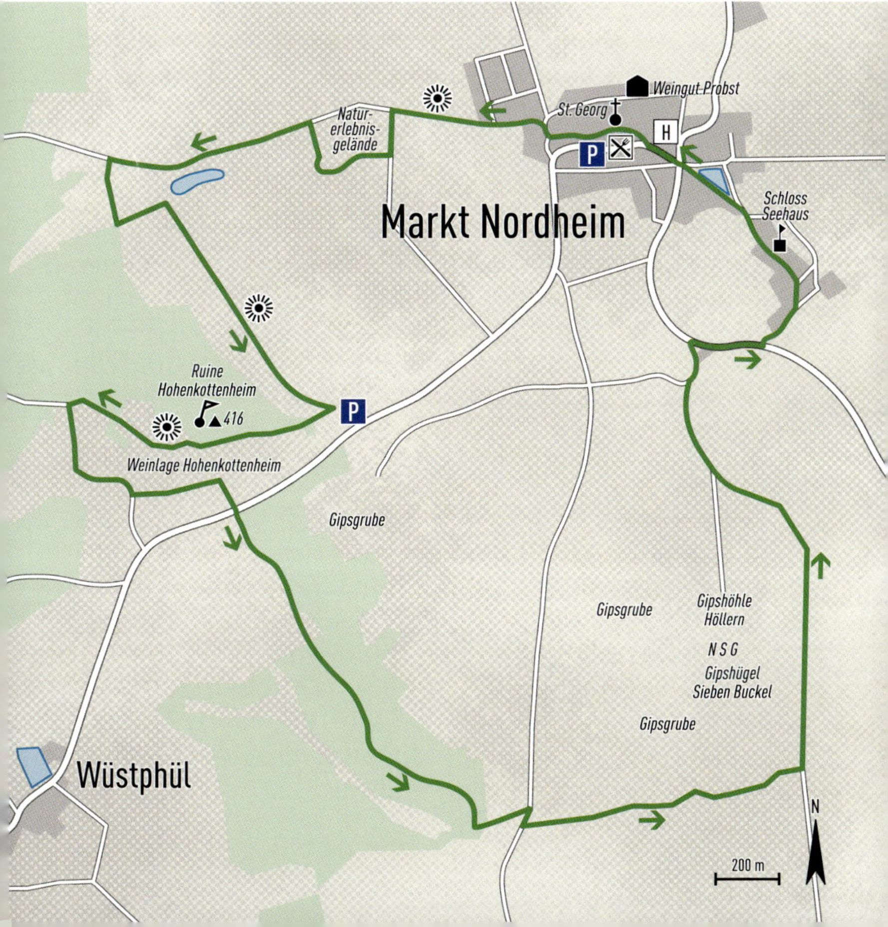

Treppenturm am Westgiebel. Wir lassen uns dabei am besten vom *Konterfei Martin Luthers* leiten, der Wegmarkierung eines Wanderwegs, den die evangelische Kirchengemeinde zusammen mit dem örtlichen Wein- und Gartenbauverein gestaltet hat. Die Tafeln mit dem *schwarz-weißen Kopf des Reformators auf rotem Grund* und den Lutherworten werden auf der ersten Hälfte des Rundgangs unsere ständigen Begleiter sein. Nach wenigen Minuten haben wir das westliche Ortsende erreicht und es steht einem unverstellten Blick in die Ferne auf Wald und Höhen im wahrsten Sinne nichts mehr im Wege. Auf befestigtem Wege wandern wir dann am Geroldsbach entlang, der nach etwa 500 Metern schon die erste Rastmöglichkeit bietet. Wir biegen nach links ab, überqueren mittels einer Furt das Bächlein und gelangen in ein idyllisches Naturerlebnisgelände, das wohl nicht nur Kinderherzen höherschlagen lässt und mit Picknickplätzen, natürlicher Kneipp-Stelle, Tümpeln und Sandbahn für Barfußläufer aufwartet. Wir durchqueren das Biotop auf schmalem Wiesenpfad und können mit etwas Glück dem exotisch anmutenden Gesang der Nachtigallen lauschen. Angetan von der herrlichen Aussicht auf die Natur, Obstbäume, Wiesen und Felder erreichen wir wieder den Asphaltweg und gehen auf ihm

Malerische Streuobstwiesen säumen den Weg durch die Weinlage Hohenkottenheim.

weiter nach Westen. Nach einigen Minuten biegen wir erneut links auf einen geschotterten Fahrweg ab und überqueren den Geroldsbach, um unserem nächsten Etappenziel, dem Hohenkottenheim, näherzukommen.

Idyllische Weinberge und eine Burgruine am Hohenkottenheim

Unser Wanderweg führt uns zunächst unterhalb des Berges (nicht dem *schwarzen Adler* folgen!) an Streuobstwiesen und Getreidefeldern entlang, dann stellenweise leicht ansteigend schließlich um die Hälfte des Berges. Dabei hat man stets einen wunderbaren Ausblick auf die nähere und weitere Umgebung Markt Nordheims, das wir an seinem Kirchturm noch gut erkennen können. Auch unser letztes Etappenziel Schloss Seehaus, das ganz in der Nähe davon liegt, ist mit seiner Kapellenspitze und dem roten Dach gut auszumachen. Kurz bevor wir einen Parkplatz und die Straße erreicht haben, biegt unser Weg scharf nach rechts ab, nun heißt es stramm bergauf durch den Wald den Hohenkottenheim erklimmen. Dicht an dicht stehen die Bäume und bilden über dem Kopf des Wanderers ein Blätterdach, sodass man sich unweigerlich an die »hohle Gasse« aus Schillers *Wilhelm Tell* erinnert, während man den steilen Weg emporsteigt. Nach einigen Minuten können wir auf der linken Seite durch das Waldesgrün dann auch schon die ersten Weinhänge erkennen, die sich längs des Berges ausbreiten. Aber der Hohenkottenheim hat – wie ein Hinweisschild verrät – noch mehr zu bieten, nämlich die Reste einer gleichnamigen Burg, die, 1148 erstmals urkundlich erwähnt, Stammsitz der Grafen von Seinsheim war. In den Wirren der Bauernaufstände und des Zweiten Markgräflerkriegs im 16. Jahrhundert wurde die Burg zweimal zerstört und diente danach der Bevölkerung als Steinbruch, sodass heute nur noch Wälle und ein Kellergewölbe erhalten sind. Aber echte Abenteurer werden dennoch ihren Spaß an der Ruine tief im Wald haben!

Sobald wir oben aus dem Wald treten, offenbart sich uns ein erhebender Anblick: Wir haben freie Sicht auf die Dörfer im Süden und die dahinterliegenden Hügel des Steigerwalds mit der gemeindefreien Hochfläche des Osing bis hin nach Uffenheim und zum Langen Berg im Westen. Zu unseren Füßen der Wein.

Wir sind an der Lage Hohenkottenheim angelangt und schreiten diese nun ab, wobei sich auch einige Picknickgelegenheiten finden. Nach etwa zehn Minuten führt uns der Weg wieder nach unten und wir wandern nach links unterhalb der Weinberge zurück, bis wir nach etwa einer Viertelstunde auf eine Landstraße stoßen, die es zu überqueren gilt. Kurz zuvor haben wir uns vom *Luther-Wanderweg* verabschiedet, der parallel zur Straße weiterführt.

Über die Bocksbeutelstraße hinein in den Wald

Dieses unscheinbare Sträßchen ist Teil der Mittelfränkischen Bocksbeutelstraße, die sich auf knapp 50 Kilometern Länge auf und ab durch die Mittelgebirgslandschaft der Naturparks Steigerwald und Frankenhöhe schlängelt. Die Namensgebung geht zurück auf eine Arbeitsgemeinschaft aus Winzern, Gastwirten, Weinbauvereinen sowie Städten und Gemeinden mit dem Ziel, die Region und ihre Spezialitäten damit touristisch zu bewerben.

Wir überqueren also die Bocksbeutelstraße und gehen – jetzt mit der Markierung *MN5* – auf einem Fahrweg geradeaus am Waldrand entlang. Dort begegnen wir Hinweisschildern, die vor Sprengungen warnen. Hiervon lassen wir uns aber nicht schrecken. In einer nahe gelegenen Grube wird Gips abgebaut, die Flächen werden anschließend wieder rekultiviert bzw. renaturiert.

Einige Minuten später haben wir die Weinberge hinter uns gelassen und durchqueren den Wald. Nach etwa einer Viertelstunde ist in einiger Entfernung schon Markt Nordheim mit Schloss Seehaus zu erkennen, aber bevor wir uns dorthin begeben, wollen wir dem Naturschutzgebiet Gipshöhle Höllern und Gipshügel Sieben Buckel einen Besuch abstatten. Dazu überqueren wir die Ortsverbindungsstraße zwischen Herbolzheim und unserem Ausgangsort, gehen einige Schritte nach rechts und biegen dann links ins Wiesengrün ab. Wir wandern entlang des malerischen, von Weiden und Pappeln gesäumten Irrbachs. Nach einiger Zeit stoßen wir wieder auf einen Fahrweg, dem wir, weiterhin am Irrbach, folgen.

Der Irrbach bei Markt Nordheim begrenzt das Naturschutzgebiet Sieben Buckel.

Am Naturschutzgebiet entlang zum Schloss Seehaus

Links von uns liegt das 1986 ausgewiesene, 10 Hektar große Naturschutzgebiet. Hier befindet sich unter der Erdoberfläche das größte Gipshöhlensystem Süddeutschlands, das allerdings nicht betreten werden darf. Umso mehr freuen sich die hier zahlreich ansässigen Fledermäuse darüber, für die die Höhlen ein sicheres Winterquartier darstellen. Wir wandern nun am Naturschutzgebiet entlang und erfreuen uns des schönen Blühens und Gedeihens allerlei seltener Blumen und Pflanzen, wobei uns vor allem die zahlreichen Adonisröschen ins Auge springen. Aber auch die Kraterlandschaft des Gipsabbaugebiets hat durchaus ihren Reiz. Auf Informationstafeln erfahren wir Wissenswertes über die Entstehung von Gips sowie über die europaweit bedeutende Flora und Fauna.

Schließlich biegen wir an einem Feld scharf nach links auf einen mit Betonplatten befestigten Weg ab. Langsam aber sicher rücken der Kirchturm von Markt Nordheim sowie die Kapellenspitze von Schloss Seehaus in den Blick, auf die wir zulaufen. An Wiesen und Feldern vorbei gelangen wir auf eine Straße, der

Schloss Seehaus erhielt Ende des 18. Jahrhunderts sein heutiges Aussehen.

wir einige Schritte nach rechts folgen, ehe wir linker Hand und an einigen Scheunen und Bauernhäusern vorbei Schloss Seehaus erreichen. Dieses weithin sichtbare Wahrzeichen Markt Nordheims wurde erstmals um 1300 erwähnt und gelangte früh in den Besitz derer von Seinsheim. Es stand ursprünglich auf einer Insel in der Mitte eines Sees, den es auch heute noch im Namen trägt, obwohl der See längst trockengelegt wurde. Mehrmals zerstört und wieder aufgebaut, ging das Schloss Mitte des 17. Jahrhunderts an die Grafen von Schwarzenberg, die ihm um 1780 sein heutiges Aussehen mit der typisch barocken dreiflügeligen Anlage angedeihen ließen. Heute befindet sich das Schloss in Privatbesitz und ist regelmäßig Veranstaltungsort der Konzertreihe *Fränkischer Sommer*. Der Verein Schloss Seehaus e. V. sorgt für den Erhalt der Gebäude und veranstaltet zahlreiche Konzerte und andere Kulturevents. Wir schreiten gemessenen Schrittes am Hauptgebäude mit dem imposanten Wappen vorbei und spitzen in den wunderhübschen Schlossgarten hinein, ehe wir die Anlage auf der anderen Seite wieder verlassen. Unser letztes Wegstück führt durch eine Allee und links am Dorfweiher entlang, bis wir über die Dorfstraße hinweg wieder an unserem Ausgangspunkt angelangt sind. Und jetzt haben wir es uns auch verdient, dem *Weingut Probst* mit seinen zahlreichen Genüssen einen Besuch abzustatten, ehe wir die Heimreise antreten.

Weinempfehlung

Das Angebot des Weinguts Probst ist reichhaltig und umfasst neben den gängigen Sorten auch Weine, die man in Franken nicht überall bekommt, etwa Chardonnay bei den Weißen und Merlot bei den Roten. Sie alle sind es wert, probiert zu werden. Letztendlich haben wir uns für die trockene **Rotwein-Cuvée »P« von 2019** entschieden, an der uns der leicht rauchige Geschmack und die weichen Tannine imponiert haben.

Ausgewählte Adressen und Tipps

- Gemeinde Markt Nordheim, Ulsenheim 75, 91478 Markt Nordheim, Tel. 09842/6949920, www.markt-nordheim.de.
- Informationen rund um die Freimarkung Osing und die »Osingverlosung«, einen mittelalterlichen Brauch, der 2016 in die UNESCO-Liste des Immateriellen Kulturerbes aufgenommen wurde, finden Geschichtsinteressierte unter www.osing.org.
- *Weingut Probst*, Markt Nordheim 95a, 91478 Markt Nordheim, Tel. 09165/995144, www.weingut-probst.de. Beratung und Verkauf nach Vereinbarung möglich.
- *Wirtshaus am Markt*, Markt Nordheim 111, 91748 Markt Nordheim, Tel. 09165/9958966, www.wirtshaus-nordheim.de. Mi–So 17–23 Uhr, Sa/So auch 11.30–14 Uhr, Mo/Di Ruhetag. Gästezimmer.
- *Gasthaus Grüner Baum*, Herbolzheim 33, 91478 Markt Nordheim, Tel. 09842/2189, www.gruenerbaum-herbolzheim.de. Fr–Mi 11–14 und 17–21 Uhr, Do Ruhetag. Gästezimmer, Ferienwohnung.
- *Landgasthof zum schwarzen Adler*, Ulsenheim 97, 91478 Markt Nordheim, Tel. 09842/8206, www.frankenurlaub.de. Do–Sa 11.30–13.30 und 17–22 Uhr, So 11–14 und 17–20 Uhr, Mo–Mi Ruhetage. Gästezimmer, Appartement.
- Schloss Seehaus, Seehaus 6, 91478 Markt Nordheim, Tel. 09165/541, www.schloss-seehaus.de.
- Am letzten Juliwochenende findet das jährliche Weinfest statt, das Besucher aus nah und fern anzieht.

Eine mittelfränkische Weinidylle

27

Durch die Weinberge bei Ipsheim

Tour: Rundwanderung durch die Weinlagen Hohenecker Rangen, Sonnenberg und Höll bei Ipsheim.
Länge: etwa 9 km.
Dauer: 2,5–3 Std.
Höhenunterschied: ca. 150 m.
Markierung: auf dem Rundweg *grüne Traube mit rotem Zeichen,* z. T. spärlich.
Familie: für jede Altersgruppe mit guter Kondition zu schaffen.
Saison: zu jeder Jahreszeit möglich.
Anfahrt: *ÖPNV:* von Neustadt/Aisch mit der Regionalbahn R 81 nach Ipsheim. *Kfz:* mit dem Auto auf der B 8 bis Neustadt/Aisch, dann B 470 zum Ipsheimer Bahnhof. Dort großer Parkplatz.

Weinbau um Ipsheim

Obwohl urkundliche Belege fehlen, ist davon auszugehen, dass bei Ipsheim bereits seit dem 9. Jahrhundert Rebstöcke angepflanzt werden. Die vorzügliche, nach Süden ausgerichtete Lage unterhalb der Burg Hoheneck sowie die nährstoff- und mineralhaltigen Gipskeuperböden erwiesen sich frühzeitig als idealer Standort für den Weinanbau. Mit der Einleitung einer intensiven Flurbereinigung im Herbst 1979 wurden die drei Lagen Hohenecker Rangen, Höll und Sonnenberg zur Großlage Ipsheimer Burg Hoheneck zusammengefasst und nach modernsten Gesichtspunkten neu gestaltet. Jetzt kann das Oberflächenwasser gefahrlos abgeleitet und in großen Mengen in drei Vorschaltbecken aufgefangen werden. Außerdem sind die Weinberge durch asphaltierte Wirtschaftswege auf einer Länge von über acht Kilometern erschlossen und die Rebstöcke durch Schutzpflanzungen vor Winderosion und Kaltluftabfluss geschützt. Die Rebsorten Müller-Thurgau, Silvaner, Bacchus, Kerner und Riesling, aber auch Spätburgunder, Regent und Domina gedeihen hier auf das Vorzüglichste, sodass den Besucher bei einer Wanderung durch die Burg Hohenecker Lagen neben einer grandiosen Landschaft auch die Verkostung fränkischer Spitzenweine erwartet.

Burg Hoheneck liegt malerisch über den Weinbergen von Ipsheim.

Zur großen Wanderroute

Wir verlassen die Ipsheimer Bahnhaltestation nach links (vom Parkplatz Richtung Bahnhof gehen), überqueren die Bahngleise und beginnen unsere Wanderung in Richtung Burg Hoheneck, vorbei an der Friedhofskapelle. Am Ortsende von Ipsheim führt rechts ein Fußweg neben der Straße weiter, bis nach etwa 15 Minuten, vom Bahnhaltepunkt gerechnet, eine Infotafel erreicht ist, die wir einer genaueren Betrachtung unterziehen.

Zwei Wanderrouten durch die Rebhänge werden angeboten, eine lange Wanderung von sechs Kilometern um alle Lagen und eine kurze und relativ leichte Strecke ohne größere Steigungen von vier Kilometern. Beide Routen sind mit einer *grünen Traube* markiert, die lange Strecke zusätzlich mit einem *roten Zeichen,* die kurze mit *grünen Symbolen.* Wer sich fit fühlt und das einmalig schöne Panorama aller drei Weinlagen kennenlernen möchte, wählt die lange Route, die im Folgenden auch beschrieben wird. Bei etwaigen Ermüdungserscheinungen während der langen Route bietet sich Gelegenheit, auf die kurze Route zu wechseln.

Von den Hohenecker Rangen zur Lage Sonnenberg

Jetzt also linker Hand bergauf bis zu der 2010 errichteten Weinbergkapelle. Oben lohnt sich eine kurze Verschnaufpause, um die schöne Aussicht wahrzunehmen. Dann links weiter, auch wenn die Markierung hier leider fehlt. Der Anstieg wird steiler und wir umrunden die Lage Hohenecker Rangen. Unmittelbar über uns liegt die Burg Hoheneck, ursprünglich im Besitz der Herren von Hohenlohe und später der Hohenzollern, seit 1953 Bildungsstätte des Nürnberger Kreisjugendrings. Eine Besichtigung oder gar eine Einkehr ist jedoch nicht möglich, die Burg ist nur für Seminare geöffnet. Der Blick schweift weit über Ipsheim hinaus nach Kaubenheim, Berolzheim und Rüdisbronn. Angebaut wird in den Hohenecker Lagen hauptsächlich Müller-Thurgau, heute wegen

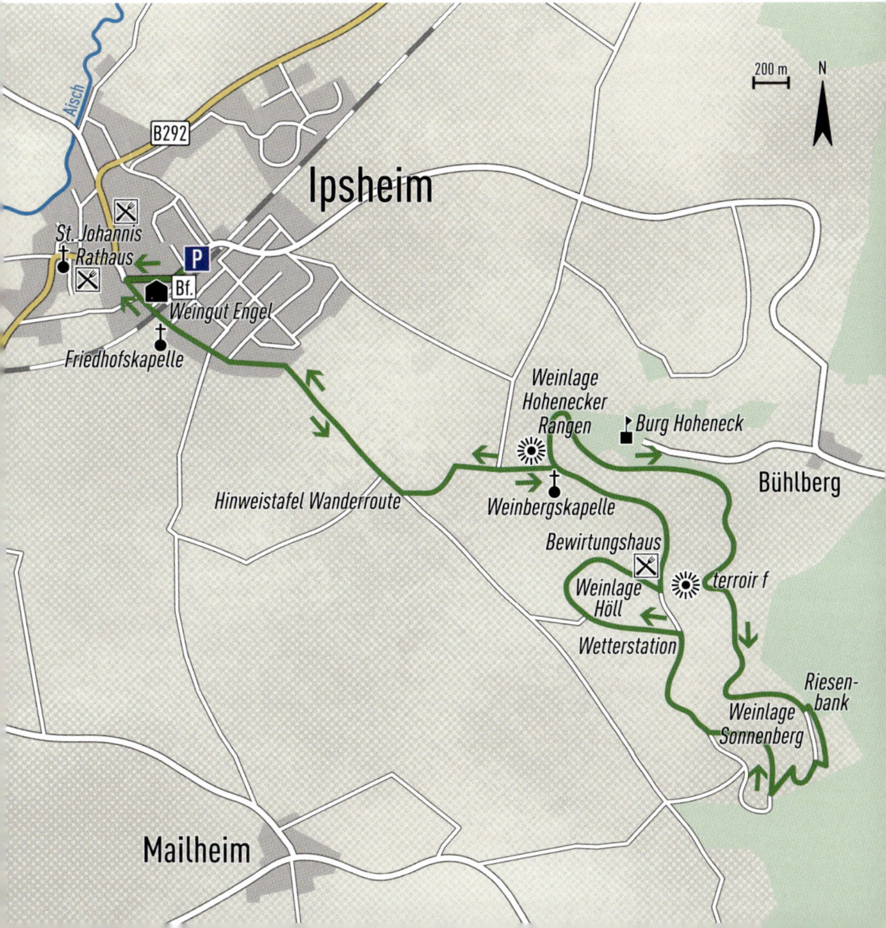

namensrechtlicher Probleme auch als Rivaner vermarktet. Ab und an laden Bänke und Sitzgruppen zum Verweilen und zum entspannten Genießen des wunderbaren Panoramas ein.

Am höchsten Punkt der Route, wohl an die 100 Höhenmeter liegen hinter uns, geht es leicht bergab und wir passieren zunächst einen etwa 20 Meter breiten Waldgürtel. Von Weitem ist bereits der terroir-f-Punkt Ipsheim, ein 2021 eröffneter Aussichts- und Informationspunkt und bislang der einzige in Mittelfranken, zu sehen. Der Begriff »terroir« wurde bereits im 16. Jahrhundert von den Mönchen in Frankreich geprägt und steht für landwirtschaftliche, kulinarische Produkte, »f« steht für Franken. 17 terroir-f-Punkte gibt es mittlerweile in Franken. Diese »magischen Orte des Frankenweins« sind solche mit atemberaubendem Ausblick oder sie strahlen die Vielschichtigkeit der Region aus. Zugleich informieren sie zu unterschiedlichen Aspekten des Weinbaus.

An der nächsten Abzweigung halten wir uns links, wenig später folgt ein weiterer Waldgürtel. Diese gezielt angelegten Biotopflächen dienen zur Verbesserung des Kleinklimas in den Weinbergen und zum Erhalt vieler Kleinlebewesen. Inzwischen haben wir die Lage Sonnenberg erreicht. Die Rebhänge schmiegen sich harmonisch an das Halbrund des Geländes. Unter uns findet man die Windsheimer Bucht, über uns dichte Hecken zum Abhalten kühler Nordwinde. Wir passieren eine überdimensional große Bank – wer mag, kann hier die Beine ein bisschen in der Luft baumeln lassen.

Mit der Markierung *Traube mit Rot* verlieren wir in weit ausholenden Schleifen schnell an Höhe. Es geht aber auch wieder ein Stück bergauf.

Der Weg führt uns an der Wetterstation links bergab. Zuvor informieren wir uns kurz, was es mit dieser Station auf sich hat. Mithilfe eines Thermohygrografen werden hier Temperatur, Blattnässe und Luftfeuchtigkeit gemessen und ein Computer berechnet, ob und wann aufgrund der Witterung mit Pilzerkrankungen zu rechnen ist. Der Winzer kann auf Basis der ermittelten Prognose seine Pflanzenschutzmittel optimal dosieren und leistet so einen wichtigen Beitrag zur Gewährleistung einer umweltfreundlichen Bewirtschaftung.

Die Weinbergkapelle von Ipsheim wurde erst 2010 errichtet.

Vom Bewirtungshaus zurück nach Ipsheim

Unmittelbar nach der Wetterstation halten wir uns links. Wir befinden uns in der Weinlage Höll, die wir umrunden. Leider verlieren wir erneut an Höhe und müssen dann auf einer längeren Strecke wieder Höhenmeter zulegen, was jedoch leichtfallen dürfte, da bald das *Bewirtungshaus Weinnest* erreicht ist. An warmen Sonn- und Feiertagen kann man hier gemütlich pausieren und die Vorzüge des Ipsheimer Weins zuzüglich einer zünftigen fränkischen Brotzeit probieren, gereicht von den Winzern des Ipsheimer Weinbauvereins. Anschließend trennen uns nur wenige Meter von der Weinbergkapelle, wo wir die Wanderroute begonnen haben, und von wo aus wir dann zurück nach Ipsheim finden.

Dort könnte man im *Goldenen Hirsch* gepflegt einkehren und so nebenbei zwei Prachtbauten in Augenschein nehmen. Das stattliche Rathaus, in den 1780er-Jahren erbaut, war ursprünglich für das Personal des Kastenamts bestimmt. Der trutzige Kastenbau mit Treppenturm und vier Geschossen schräg gegenüber ist gut 200 Jahre älter als das Rathaus. Dort wurden während der Markgrafenzeit die Abgaben der Untertanen, der Zehnte, aus insgesamt 35 Dörfern aufbewahrt und verwaltet. Sehenswert ist auch die Pfarrkirche St. Johannis, eine ehemalige Wehrkirche mit zwei Türmen. Der Altar stammt aus dem Jahr 1738, die Kanzel entstand im 17. Jahrhundert.

Bei einem Besuch im Frühjahr kann man das rege Treiben in den vielen Storchennestern beobachten. Die Störche finden ausreichend Nahrung im nahen Aischgrund.

Undenkbar, Ipsheim zu verlassen, ohne sich mit dem dort gewonnenen Wein näher vertraut zu machen. Eine gute Gelegenheit bietet sich in der *Häckerstube Engel.* Das Weingut besteht seit über 100 Jahren und der Chef Thomas Schönleben gibt gern Auskunft. In der Weinliste werden sechs Weißweine (Müller-Thurgau, Riesling, Silvaner, Grauburgunder, Bacchus, Kerner), zwei Rotweine (Regent, Dornfelder) und ein Rotling angeboten.

Weinempfehlung

In vollen Zügen genossen haben wir den **trockenen Grauburgunder, Lage Ipsheimer Burg Hoheneck**, vom *Weingut Engel,* einen milden, vollmundigen Spitzenwein, der u. a. wunderbar zu Flammkuchen schmeckt.

Ausgewählte Adressen und Tipps

- Gemeinde Markt Ipsheim, Marktplatz 2, 91472 Ipsheim, Tel. 09846/97970, www.ipsheim.de.
- *Weingut Engel*, Bahnhofstr. 4, 91472 Ipsheim, Tel. 09846/257, www.winzerhof-engel.de. Weinverkauf Mo–So 8–18 Uhr, Weinstube Sa/So 14–22 Uhr.
- *Weinbau & Gasthof Zum Goldenen Hirsch*, Kirchplatz 4, 91472 Ipsheim, Tel. 09846/317, www.goldener-hirsch-ipsheim.de. Mi–Sa 11–20.30 Uhr, So 11–20 Uhr. Gemütliche helle Zimmer laden zu einer Übernachtung ein.
- *Backstube Merkel*, Hauptstr. 8, Tel. 09846/96897, www.backstube-merkel.de. Mo–Fr 6–18 Uhr, Sa 6–13 Uhr, So 7.30–11.30 Uhr.
- *Bewirtungshaus Weinnest*, Bewirtungstermine für das Bewirtungshaus in den Weinbergen sind auf der Internetseite der Gemeinde zu finden, www.ipsheim.de (Tourismus und Wein).

28 Wie Perlen auf der Schnur

Radrunde ab Ochsenfurt

Tour: Radrundfahrt von Ochsenfurt über Sommerhausen, Sulzfeld und Frickenhausen.
Länge: knapp 30 km.
Dauer: ohne Besichtigungen 2,5–3 Std.
Höhenunterschied: etwa 180 m.
Markierung: Ochsenfurt–Sommerhausen *MainRadweg*, Sommerhausen–Erlach–Sulzfeld markierter und ausgeschilderter Radweg *(grünes Fahrrad auf weißem Grund)*, Sulzfeld–Ochsenfurt *MainRadweg.*
Familie: für Kinder ab 12 Jahren geeignet.
Saison: ganzjährig möglich, ideal Mai bis Oktober.
Anfahrt: *ÖPNV:* mit dem Zug auf der Strecke Ansbach–Würzburg bis Bahnhof Ochsenfurt. *Kfz:* auf der B 13 Würzburg–Ansbach bis Ochsenfurt, dort über die neue Brücke zum Bahnhof. Hier Parkmöglichkeiten. Falls keine Parkplätze frei, zum Großparkplatz an der alten Mainbrücke fahren.

Zum Weinparadies der südlichen Mainschleife

Die südliche Mainschleife ist ein einzigartiges Weinparadies. Hier liegen, wie Perlen auf einer Schnur, die herrlichen Winzerstädtchen Sulzfeld, Marktbreit, Segnitz, Frickenhausen, Ochsenfurt und Sommerhausen. Ihnen gilt diese Radrundfahrt.

Wir starten am Ochsenfurter Bahnhof, radeln nach links zum Oberen Tor und in die Altstadt. Auf der Hauptstraße biegen wir rechts in die Brückenstraße ein und fahren über die alte Mainbrücke. Am Ende der Brücke wenden wir uns nach links. Bereits in Ochsenfurt stoßen wir auf den ausgeschilderten *MainRadweg,* dem wir in Richtung Würzburg bis Sommerhausen folgen.

Es wäre naheliegend, zuvor die Altstadt abzufahren, doch sollte man sich dieses Vergnügen angesichts der vielen bevorstehenden Höhepunkte zunächst lieber verkneifen. Unermüdliche können Ochsenfurt besser am Ende der Tour einen Besuch abstatten.

Von der Mainbrücke bis Sommerhausen sind die sechs Kilometer in knapp 30 Minuten geschafft. Linker Hand der träge dahinfließende Main, rechts, sobald Kleinochsenfurt durchradelt ist, Weinberg an Weinberg. Die Strecke ist eben und bereitet keinerlei Schwierigkeiten.

Kultur- und Theaterstadt Sommerhausen

Sobald die ersten Dächer von Sommerhausen erreicht sind, biegen wir rechts ab durch die Unterführung und fahren auf der Herrengasse bis zum Stadttor und in die Sommerhäuser Hauptstraße. Das Rad stellen wir jetzt ab und erkunden das Städtchen zu Fuß. Es gibt eine Menge zu sehen: stattliche alte Wirtshäuser und Weingüter, blumengeschmückte Hausfassaden, romantische enge Gässchen und schmucke Innenhöfe. In der Hauptstraße

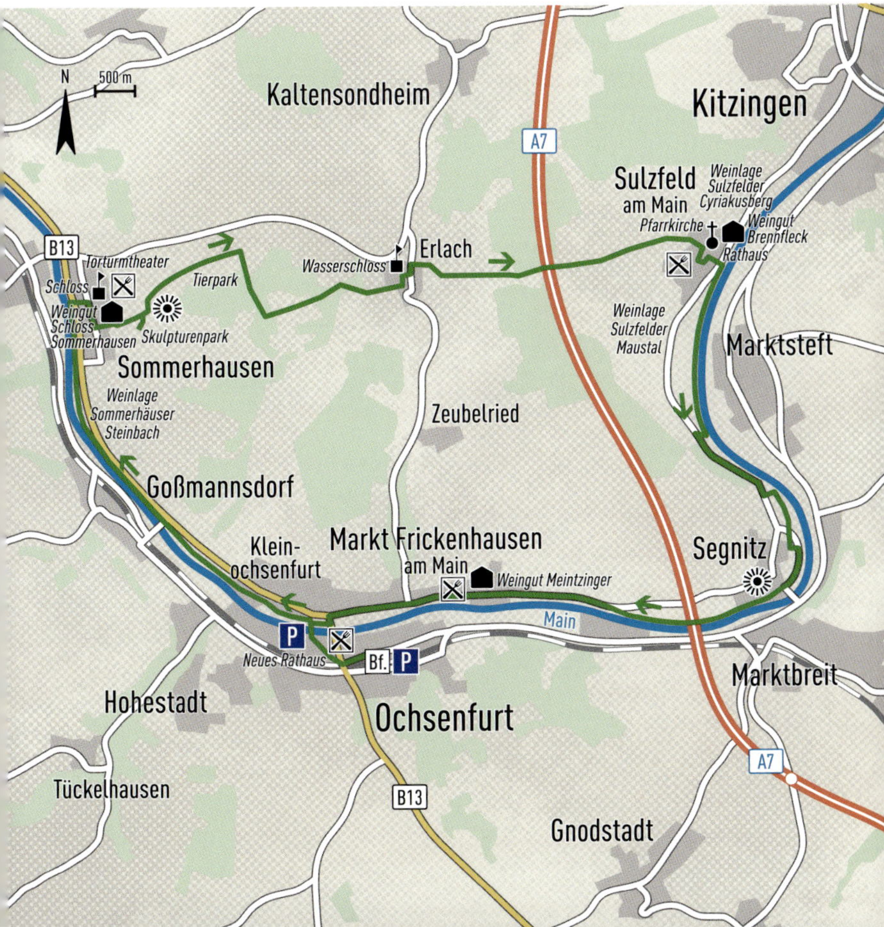

sind das Rathaus von 1588 und das Schloss aus dem 15./16. Jahrhundert besonders sehenswert. Sehr schön gestaltet sich auch ein Rundgang entlang der alten Stadtmauer und zur evangelischen Pfarrkirche. Die Sanduhren an der Kanzel zeigten dem Pastor einst die Länge der Predigt an.

Aus Sommerhausen stammt Franz David Praetorius, der Gründer des Stadtteils Germantown in Philadelphia, und in Sommerhausen hat auch das kleinste Theater Deutschlands, das Torturmtheater, gegründet 1950 von Luigi Malipiero, seinen Sitz. Gerade mal 50 Personen finden hier Platz und die Vorstellungen sind stets ausverkauft. Zahlreiche Künstler, vor allem Maler, die in Sommerhausen lebten, haben dem Ort den Titel »Fränkisches Worpswede« eingebracht. Das Schloss von Sommerhausen erwarb 1968 nach dem Tod der letzten Gräfin die Familie Steinmann, die das imposante Gebäude jetzt als Weingut führt. Bei schönem Wetter kann man im Garten eine Kleinigkeit essen und den Wein probieren. Im Sommer finden Open Air Events im Schlosshof statt.

Hauptanziehungspunkt von Sommerhausen ist neben den kulturellen Angeboten natürlich der Wein. Die von den Lagen Ölspiel, Reifenstein und Steinbach gewonnenen Sorten erzie-

In den kleinen Gässchen von Sommerhausen verweilt man gerne länger.

len laufend Auszeichnungen. Vor der Weiterfahrt käme deshalb durchaus eine kurze Einkehr beim *Ritter Jörg* oder im *Weinhotel Oechsle & Brix* in Betracht, um einen der bekömmlichen und leichten Sommerweine zu probieren.

Weiterfahrt bergauf

Zur Weiterfahrt geht es in der Ochsenfurter Straße bis zum Fahrradwegweiser nach Erlach. Zuerst biegen wir in die Bergstraße ein, später radeln wir An der Tränk steil bergauf. Mit einem E-Bike ist man hier klar im Vorteil, die anderen müssen ihren Drahtesel vielleicht auch mal ein Stück schieben. Am oberen Ende der Weinberge angekommen, lohnt ein kurzer Abstecher nach rechts zu einem Skulpturenpark. Von hier hat man einen überwältigenden Ausblick auf das Maintal bis nach Würzburg. Nach einer kleinen Pause geht es gut erholt fast nur noch eben dahin, vorbei am Tierpark Sommerhausen, über Felder und durch ein Wäldchen. Die Strecke ist durchgehend markiert und asphaltiert.

Erlach, ein Dorf mit Charakter, liegt auf einer Hochebene. Schon von Weitem sind der Turm der einstigen Wasserburg und der Zwiebelturm der Kirche deutlich erkennbar. Die Zeit scheint hier stehen geblieben zu sein. In seiner Ruhe und Beschaulichkeit wirkt der Ort äußerst wohltuend.

Die vier Kilometer bis Sulzfeld sind weiterhin als Fahrradweg ausgewiesen. Nun lässt es sich angenehm radeln, die vom Schieben noch müden Beine erholen sich schnell. Die letzten paar Hundert Meter geht's dann steil bergab, also aufpassen und rechtzeitig bremsen!

Einer der romantischsten fränkischen Winzerorte

In Sulzfeld angekommen, lautet unsere Devise ausruhen, schauen und die Anmut des Ortes auf sich wirken lassen. Für viele Besucher ist Sulzfeld eine der schönsten, wenn nicht gar die schönste Perle fränkischer Weinkultur.

Mancher schwärmt von der meterlangen Bratwurst, die hier in etlichen Gasthäusern serviert wird. Der eigentliche Reiz Sulzfelds liegt freilich mehr in dem einmaligen mittelalterlichen

Die Stadtmauer von Sulzfeld prägt das Bild der Stadt.

Stadtbild. Rings um den Ort verläuft eine wehrhafte Mauer mit Türmen und Toren. Ein Schmuckstück bildet das dreigeschossige Rathaus mit Staffelgiebel und Renaissance-Portal, erbaut auf Anordnung von Fürstbischof Julius Echter, der dem Ort besonders gewogen war, wohl wegen des ausgezeichneten Weins. Der Jahrgang 1644 war so vortrefflich, dass seine Ausfuhr verboten wurde. Julius Echter ließ auch die spätgotische Pfarrkirche auf dem höchsten Punkt des Ortes ausbauen.

Die auf den Sulzfelder Lagen Maustal und Cyriakusberg gewonnenen Reben ließen etliche Sulzfelder Bürger zu beachtlichem Wohlstand kommen, was die vielen stattlichen Renaissance- und Barockhäuser, die in der warmen Jahreszeit mit Blumenarrangements und Kletterpflanzen kunstvoll dekoriert sind, bezeugen.

Nach einem ausgiebigen Rundgang und einer kleinen Verschnaufpause in einer der gemütlichen Weinstuben geht es weiter Richtung Segnitz. Wir fahren jetzt auf dem *MainRadweg,* zunächst unmittelbar am Wasser, später ein Stück auf der relativ ruhigen Autostraße. Von der Mainpromenade in Segnitz hat man einen herrlichen Blick auf das gegenüberliegende Marktbreit. Falls

Zeit zu einem Abstecher in dieses schöne Städtchen mit seinen prächtigen Renaissance-Bauten ist, radelt man einfach über die Mainbrücke bei Segnitz – der Umweg hin und zurück beträgt nur zwei bis drei Kilometer. Ansonsten geht es weiter Richtung Frickenhausen. Wir fahren immer in Mainnähe auf Radwegen.

1100 Jahre Frickenhausen

Frickenhausen gilt als eine der ältesten fränkischen Siedlungen. Der Ort besteht seit 903 und seit 1000 Jahren wird hier Wein angebaut. Neben dem stattlichen spätgotischen Rathaus, den alten Gräben, Tortürmen und Bollwerken sind es vor allem die behäbigen Weinstuben und romantischen Innenhöfe, die einen längeren Aufenthalt unumgänglich machen. Auch eine Weinverkostung bietet sich an, z. B. im *Weingut Meintzinger.*

Nach Ochsenfurt sind es dann nur noch zwei Kilometer. Kurz hinter Frickenhausen fahren wir bis zu der uns bekannten alten Mainbrücke und gelangen durch die Ochsenfurter Innenstadt zum Bahnhof.

Zum Abschluss noch Ochsenfurt

Wer noch nicht erschöpft ist und Lust auf Ochsenfurt hat, stellt das Fahrrad ab und besichtigt die Sehenswürdigkeiten. Es lohnt sich – auch Ochsenfurt zählt zu den Perlen Weinfrankens. Als Wahrzeichen gibt es das Neue Rathaus aus dem 15. Jahrhundert zu bestaunen, in der historischen und neu restaurierten Fachwerkhauszeile laden Cafés, Eisdielen und Restaurants zum Verweilen ein.

Weinempfehlung

Für heiße Tagen empfehlen wir vom *Weingut Schloss Sommerhausen* den **grünen Silvaner Ohne viel Worte!,** einen trockenen, süffigen Spitzenwein. Von der Lage **Sulzfelder Cyriakusberg** bevorzugen wir den halbtrockenen **Bacchus,** einen kräftigen und aromatischen Wein, zu probieren und zu kaufen im *Weingut Brennfleck.*

Ausgewählte Adressen und Tipps

Ochsenfurt

Tourist-Information Ochsenfurt, Hauptstr. 39, 97199 Ochsenfurt, Tel. 09331/5855, www.ochsenfurt.de.

Sommerhausen

Tourist-Information Sommerhausen, Hauptstr. 15, 97286 Sommerhausen, Tel. 09333/8256, www.sommerhausen.de.

Weingut Schloss Sommerhausen, Hauptstr. 25, 97286 Sommerhausen, Tel. 09333/260, www.sommerhausen.com. Weinverkauf Di–Fr 10–18 Uhr, Sa 10–16 Uhr, So und Fei 10–14 Uhr. Bei trockenem Wetter Hofausschank Do 11–18 Uhr, Fr/Sa 11–20 Uhr, So 11–18 Uhr.

Weinhotel Oechsle & Brix, Leni's Café und Weinstube, Maingasse 5, 97286 Sommerhausen, Tel. 09333/220, www.oechsle-brix.de. Sa–Mi 11.30–22 Uhr, Fr 17–22 Uhr, Do Ruhetag. Neu restauriertes Hotel mit modernen Zimmern.

Hotel & Restaurant Ritter Jörg, Maingasse 14, 97286 Sommerhausen, Tel. 09333/973010 (Hotel), -11 (Restaurant), www.ritter-joerg.de. Di/Mi und Fr–So 11.30–14 und 17–22 Uhr, Do 17–22 Uhr. Neu renovierte Zimmer.

Tierpark Sommerhausen, An der Tränk, 97286 Sommerhausen, Tel. 09333/1076, www.tierparksommerhausen.de. Während der Sommermonate tägl. 10–18 Uhr geöffnet.

Sulzfeld

Weingut Brennfleck, Papiusgasse 7, 97320 Sulzfeld a. M., Tel. 09321/4347, www.weingut-brennfleck.de. Weinverkauf Mo–Fr 8–17 Uhr, Sa 10–16 Uhr.

Gasthaus Zum Stern, Peuntgasse 5, 97320 Sulzfeld a. M., Tel. 09321/13350, www.stern-sulzfeld.de. Mo, Mi–Fr 16–23 Uhr, Sa ab 11 Uhr, So 11–17 Uhr, Di Ruhetag.

Frickenhausen

Weingut & Hotel Meintzinger, Babenbergplatz 4, 97252 Frickenhausen a. M., Tel. 09331/87110, www.weingut-meintzinger.de. Elegante Zimmer in einem Gebäude aus dem 15. Jahrhundert mit Spa.

Ehrbar Fränkische Weinstube, Hauptstr. 17, 97252 Frickenhausen a. M., Tel. 09331/651, www.ehrbar-weinstube.de. Do–Sa 17.30–23 Uhr, So 11.30–14.30 und 17.30–23 Uhr, Mo–Mi geschlossen.

Lieblingssitz des Weingottes Bacchus 29

Mit dem Rad von Winterhausen nach Randersacker

Tour: Radrundfahrt von Winterhausen über Eibelstadt und Lindelbach nach Randersacker.

Länge: etwa 25 km.

Dauer: ohne Pausen und Besichtigungen 2–2,5 Std.

Höhenunterschied: rund 200 m.

Markierung: Winterhausen–Eibelstadt und Randersacker–Winterhausen *MainRadweg.*

Familie: Die Tour hat einige steile Passagen, die erst für Kinder ab 12 Jahren geeignet sind.

Saison: das ganze Jahr über möglich, besonders empfehlenswert April bis Oktober.

Anfahrt: *ÖPNV:* mit dem Zug auf der Strecke Ansbach–Würzburg zum Bahnhof Winterhausen. *Kfz:* auf der B 13 (Würzburg–Ochsenfurt) bis zur Abzweigung nach Winterhausen. Hier zu den Parkplätzen am Bahnhof, weitere Parkplätze am Mainufer.

Variante: Wer das etwas beschwerliche Teilstück von Eibelstadt über Lindelbach vermeiden will, bleibt während der Hinfahrt hinter Eibelstadt auf dem *MainRadweg.*

Kirchenpatron als Namensgeber

Unsere Radtour beginnt am Bahnhof von Winterhausen. Der Ort und das benachbarte Sommerhausen auf dem gegenüberliegenden Mainufer hatten vor langer Zeit den gemeinsamen Namen »Ahausen«, bis sich die Bewohner entschlossen, die Orte mit Hilfe ihrer Kirchenpatrone namentlich zu unterscheiden. Die Bezeichnungen Sommer- und Winterhausen sollen entstanden sein, weil Bartholomäus sein Patroziniumsfest im Sommer und Nikolaus das Seine im Winter hat.

Vom Bahnhof aus fahren wir den Bahnberg hinunter und über die Mainbrücke. Am Brückenende halten wir uns links und biegen auf dem schmalen Fußweg rechts in den *MainRadweg* Richtung Eibelstadt ein.

Linker Hand fließt der Main, rechter Hand befinden sich viele steile Weinberge. Die befestigte Fahrspur ist breit und

Durch das Maintor radeln wir nach Eibelstadt hinein.

eben, schon nach gut 15 Minuten ist der Turm der Eibelstadter St.-Nikolaus-Kirche zu sehen. Nun biegen wir rechts durch das Maintor in den Ort ein und besichtigen dieses bemerkenswerte Mainstädtchen.

Mittelalterliches Eibelstadt

Zunächst umfahren wir die vollkommen erhaltene, anderthalb Kilometer lange Ringmauer auf dem Oberen und Unteren Graben. Etliche der ursprünglich 14 Türme sind verpachtet. Entlang der Stadtmauer wurden schmucke kleine Gärten angelegt, überhaupt ist Eibelstadt reichlich mit Blumen geschmückt. An Toren und Türmen sowie an allen wichtigen Sehenswürdigkeiten sind Tafeln angebracht, die über die interessante Geschichte der einzelnen Gebäude informieren.

Später fahren wir in die Hauptstraße und stellen das Rad auf dem Marktplatz ab. Und nun bummeln wir einfach durch die Straßen und Gässchen, vorbei am Rathaus, an der Mariensäule und der Kirche, am Mesnerhaus, am Präsenzhof und am ehemaligen

Badhaus. Dank vieler weiterer Sehenswürdigkeiten wird die Zeit wie im Flug vergehen.

Wer jetzt bequem und schnell nach Randersacker kommen möchte, kehrt auf den *MainRadweg* zurück.

Ansonsten radeln wir durch die Falltorstraße zur Wilhelm-Doles-Straße, lassen die Kreuzkirche links liegen und biegen etwas später in die Lindelbacher Straße ein. Die Strecke bis Randersacker ist ab hier nicht mehr markiert, also aufpassen!

Bis Lindelbach geht es ziemlich steil bergauf, immerhin sind mehr als 100 Meter Höhenunterschied zu überwinden. Rechts liegen Weinhänge, der Blick auf das breite Maintal wird immer faszinierender.

Ist die Anhöhe geschafft, fahren wir links die Straße nach Lindelbach hinunter, durchqueren den alten Weinort, biegen rechts

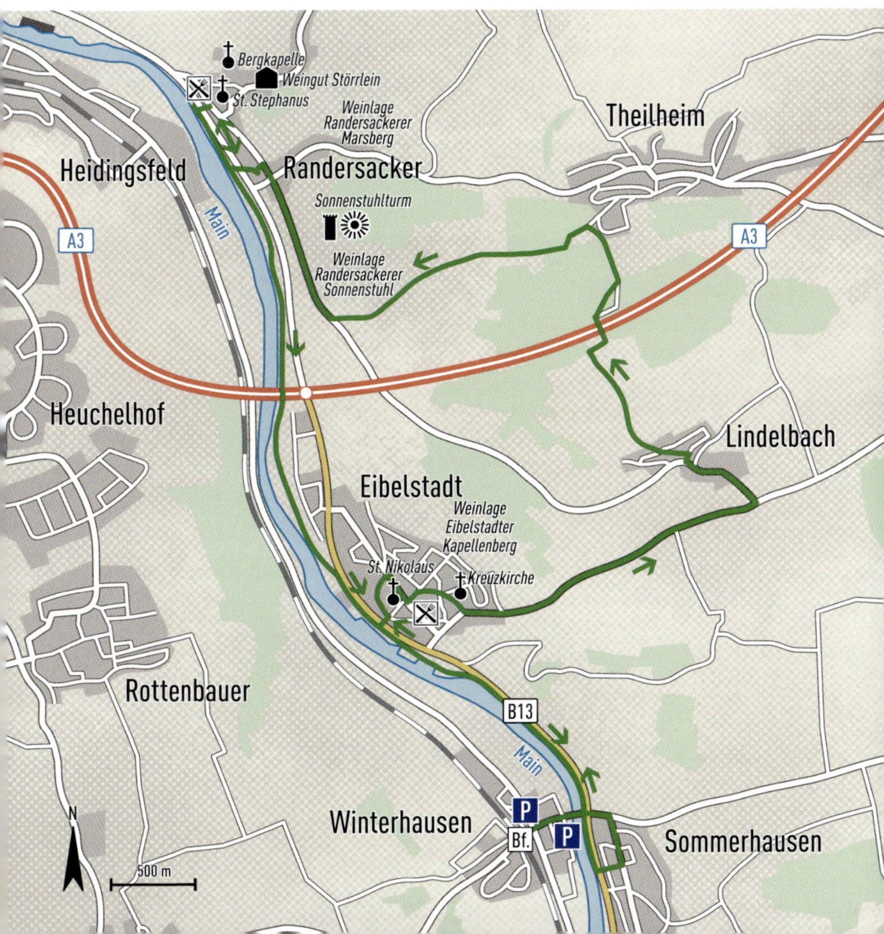

in die Untere Buxstraße ab und anschließend gleich wieder links in den Steinweg.

Wir befinden uns nun auf einem Höhenrücken mit Feldern und kleineren Waldstreifen. Der befestigte Weg schwenkt bald nach rechts, bald nach links. Nach dem Unterfahren der Autobahn tauchen etwas später rechter Hand Wohnhäuser auf, die bereits zum drei Kilometer entfernten Theilheim gehören. Hier radeln wir auf dem Querweg links weiter und bleiben stets auf dem befestigten Weg.

Bald darauf stehen wir oberhalb der Weinlage Sonnenstuhl. Rebstöcke, so weit das Auge reicht. Wir fahren die asphaltierte Weinstraße hinunter. Nach Randersacker ist es nicht mehr weit. Links befinden sich die Gebäude der Winzergenossenschaft, rechts liegt die ehemalige *Gaststätte Sonnenstuhl.* Doch vor der Abfahrt ins Tal – es sind nur einige Hundert Meter – lohnt sich ein kleiner Umweg zum Sonnenstuhlturm. Wir radeln einfach oberhalb der Rebhänge nach rechts weiter und genießen von hier aus den wunderschönen Blick auf Randersacker und die Weinlagen Marsberg und Phülben.

Dann radeln wir zurück und fahren den Weinbergweg bis zur Straße Am Sonnenstuhl bequem hinab. In kaum zehn Minuten ist der alte Ortskern von Markt Randersacker erreicht.

Die Winzergaststätten laden zum Verweilen ein.

Randersacker – ein Weinparadies

Markt Randersacker mit den herrlichen Weinlagen Sonnenstuhl, Pfülben, Teufelskeller, Lämmerberg, Ewig Leben, Dabug und Marsberg, dem früheren Spielberg, zählt zu den größten und besten Weinanbaugebieten in Franken. Wie aus der Ortschronik hervorgeht, war der Wein hier bereits im Jahr 779 heimisch und hat entscheidend zum Wohlstand seiner Einwohner beigetragen. Randersacker liegt im Scheitelpunkt von drei Tälern, die allesamt von Weinhängen umsäumt sind. Ein Ausflug in dieses Weinparadies ist für jeden Liebhaber edler Tropfen eigentlich ein absolutes Muss.

»Hineingebaut in Stein und Wein«

So hat der Chronist Bruno Rottenbach 1979 anlässlich der Feier zum 1200-jährigen Weinanbau in Randersacker den Ort charakterisiert. Und in der Tat, Wein und Randersacker gehören untrennbar zusammen. Begünstigt durch die nach Süden ausgerichteten Steilhänge, kann der Wein auf den hier befindlichen Muschelkalkböden optimal gedeihen. Kein Wunder, dass von Anfang an nicht nur Bischöfe und Klöster rund um Randersacker Grundbesitz und Rechte erwarben, sondern auch das Haus Hohenlohe sowie die Grafen von Castell und Seinsheim. Man wusste die Qualität des bei »Randersachere« erzeugten Weins zu schätzen, wie auch die oft zitierten Verse verraten:

Trink aus Randersackerer Lagen
Der Trauben unverfälschten Saft.
Vor Krankheit wird er dich bewahren
Und stählen deine Lebenskraft.

Die Sehenswürdigkeiten – der Balthasar-Neumann-Pavillon, der alte Rathausbogen, die Pfarrkirche St. Stephanus, der Zehnthof oder der Mönchshof – sind leicht zu finden, da alle Highlights mit Hinweisschildern versehen sind. Am wichtigsten ist es, die wunderbare Atmosphäre dieses so geschichtsträchtigen Winzerortes aufzunehmen: die von Reben umrankten Häuser, die winkligen Gässchen mit Nischen und Torbögen, alte Hausinschriften und Heiligenfiguren, Winzerhöfe, Weinstuben und Heckenwirtschaften.

Vor der knapp einstündigen Rückfahrt nach Winterhausen auf dem *MainRadweg* könnte zweierlei auf dem Programm stehen. Zunächst wäre da ein Abstecher zur Bergkapelle hoch über Randersacker. Hier beginnt auch der neu eingerichtete Weinlehrpfad auf dem Pfülben, dem »König« unter den Randersackerer Weinlagen. Besonders sehenswert auf dieser Route ist der »altfränkische Wengert«, ein Museumsweingarten, auf dem zehn alte Rebsorten wie in früheren Zeiten gezogen werden. Jeder Weinstock ist an einem Pfahl befestigt, bearbeitet wird die Parzelle nur mit einfachsten Arbeitsgeräten und ökologischen Schädlingsbekämpfungsmitteln.

Vor Beginn der Rückfahrt am Main entlang könnte man natürlich auch in ein historisches Weinlokal einkehren, um die ausgezeichnete Randersackerer Gastronomie und einen der edlen Weine zu genießen.

Wer Sommerhausen noch nicht besucht hat, wird es sich nicht nehmen lassen, ganz zum Abschluss auch diesem Städtchen einen Besuch abzustatten (siehe Tour 30).

Weinempfehlung

Es ist der in Franken typische Weißwein **Silvaner**, der auf den Weinhängen von Randersacker gut gedeiht: ein trockener Qualitätswein der Lage **Sonnenstuhl**, erzeugt vom *Weingut Störrlein* und dort jederzeit käuflich zu erwerben, ausgeschenkt im *Gasthof Bären*, einem herrlichen alten Wirtshaus mit bezauberndem Innenhof.

Ausgewählte Adressen und Tipps

Eibelstadt

Stadtverwaltung Eibelstadt, Marktplatz 2, 97246 Eibelstadt, Tel. 09303/90610, www.eibelstadt.de.

Weinglöcklein, Marktplatz 1, 97246 Eibelstadt, Tel. 09303/7459154, www.weingloecklein.de. Mo–Sa 11–13.30 und 17–22 Uhr, So und Fei 11–13.30 Uhr.

Randersacker

Tourist-Information Randersacker, Maingasse 9, 97236 Randersacker, Tel. 0931/705317, www.randersacker.de.

Weingut J. Störrlein und Krenig, Schulstr. 14, 97236 Randersacker, Tel. 0931/708281, www.stoerrlein.de. Weinverkauf Mo–Fr 9–18 Uhr, Sa 9–17 Uhr, So und Fei nach Vereinbarung.

Gasthof Bären, Würzburger Str. 6, 97236 Randersacker, Tel. 0931/70510, www.baeren-randersacker.de. Mo–Sa 11.30–23 Uhr, So geschlossen. Moderne Zimmer in historischen Mauern.

Zu Sommerhausen siehe Tour 30.

30 Aushängeschild der Romantik

Auf dem Wein-Kultur-Weg bei Sommerhausen

Tour: auf dem *Wein-Kultur-Weg* durch die Lage Steinbach.
Länge: gut 3 km.
Dauer: reine Gehzeit etwa 1,5 Std.
Höhenunterschied: rund 70 m.
Markierung: *Schnecke auf grünem Grund.*
Familie: Die Strecke ist trotz des anfangs steilen Aufstiegs auch für Kinder kein Problem.
Saison: ganzjährig möglich, besonders reizvoll während der Weinlese.
Anfahrt: *ÖPNV:* mit dem Zug nach Würzburg, von dort mit der Buslinie 554/555 (Richtung Ochsenfurt) zur Haltestelle Kirchplatz in Sommerhausen. *Kfz:* auf der A 3 bis Ausfahrt 71 (Würzburg/Randersacker), anschließend weiter auf der B 13 über Eibelstadt nach Sommerhausen. Parken ist nur außerhalb der Altstadt auf den gekennzeichneten Plätzen erlaubt.

Zur Geschichte von Sommerhausen

Sommerhausen liegt 13 Kilometer südlich von Würzburg, harmonisch eingebettet ins Tal des Mains, umgeben von berühmten Weinlagen. Bereits im Mittelalter bestand hier eine bedeutende Gemeinde, nach 1540 nahmen deren Einwohner den lutherischen Glauben an. So ist Sommerhausen bis heute so etwas wie eine evangelische Enklave im vorwiegend katholischen Mainfranken. Ursprünglich hieß der Ort allerdings Ahausen und war mit Winterhausen auf der anderen Mainseite vereint. Als es zur Trennung kam, wurden die Gedenktage der jeweiligen Kirchenpatrone zum Namensgeber: Des Sommerhäuser Patrons Bartholomäus wird im Sommer (24. August), des Winterhäuser Patrons Nikolaus dagegen im Winter (6. Dezember) gedacht.

Das Faszinierende an Sommerhausen ist, dass sich das Städtchen während der letzten Jahrhunderte kaum verändert zu haben scheint. Die Stadtmauer mit Türmen und Toren ist nahezu komplett erhalten, in den engen und verwinkelten Gassen ist fast kein Durchkommen, aber gerade das macht den Charme dieser Stadt aus, deren Einwohner es zudem verstanden haben, nicht nur Spitzenweine zu kreieren, sondern auch ein vielfältiges Kulturleben zu entwickeln, wie wir gleich auf unserem Rundkurs feststellen werden.

Der Wein-Kultur-Weg

Wir starten am Rathaus und orientieren uns fortan ausschließlich an der *grün unterlegten Schnecke.* Wir gehen die Rathausgasse entlang, vorbei am Roten Turm und kurz darauf rechts durch die Mauerlücke am Flurersturm den Berg hinauf. Es ist ein steiler Anstieg auf vielen Treppen, der uns einiges abverlangt. Immerhin rund 70 Höhenmeter müssen überwunden werden, aber zum Ausgleich geht es danach nur noch abwärts. Oben an-

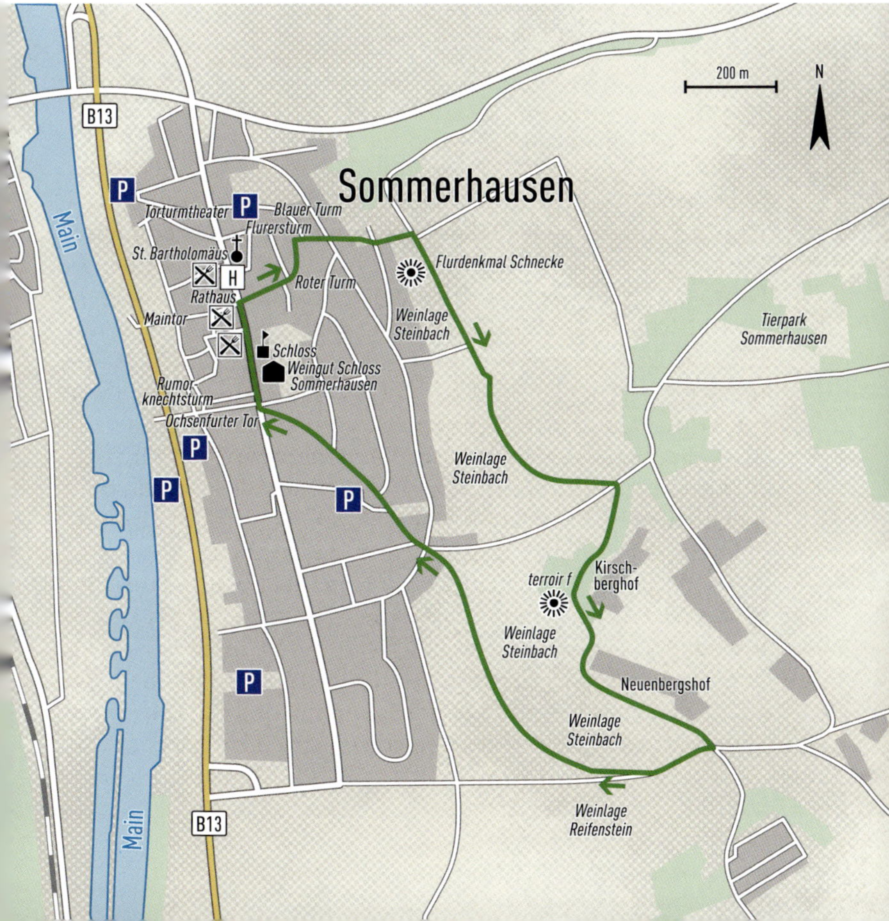

Vom Skulpturenpark schweift der Blick über Sommerhausen bis nach Würzburg.

gekommen, erwartet uns das meterhohe Flurdenkmal Schnecke aus Muschelkalk, einem Material, das zum Bau vieler Häuser und Mauern in Sommerhausen verwendet, aber auch über den Main verschifft wurde.

Wir stehen jetzt oberhalb der Weinlage Steinbach, neben Ölspiel und Reifenstein die wichtigste Lage der hier ansässigen Winzer. Der Blick reicht weit in das Maintal mit Sommerhausen und Winterhausen, in der Ferne ist auch Eibelstadt auszumachen. Wir ruhen uns auf den Bänken neben dem Flurdenkmal aus und genießen das schöne Panorama.

Anschließend geht es weiter auf dem *Wein-Kultur-Weg*, begleitet von insgesamt 14 Schautafeln, die nicht nur über den Weinbau, sondern auch über Sommerhausen und die zahlreichen Künstler und verdienten Persönlichkeiten informieren, die hier gelebt haben: Dazu zählen Luigi Malipiero (1901–1975), der Begründer und erste Leiter des Torturmtheaters, sein Nachfolger, Maler und Theatermacher Veit Relin (1926–2013), und der Pfarrer Karl Heinrich Caspari (1815–1861), Verfasser des ergreifenden Romans *Der Schulmeister und sein Sohn*. In Sommerhausen geboren wurde der Pietist Franz Daniel Pastorius (1651–1720), der als einer der ersten Deutschen nach Amerika auswanderte, wo durch seine Initiative 1683 Germantown (heute Stadtteil von Philadelphia) entstand. Vor seiner Emigration hatte Pastorius unter anderem an der Universität Altdorf bei Nürnberg Rechtswissenschaften studiert und später als Jurist in Windsheim und Frankfurt am Main gearbeitet. 1688 war er einer der Initiatoren des ersten Protests gegen die Sklaverei in Amerika. Durch den Besuch und die Anwesenheit zahlreicher Künstler, Musiker und Schauspieler ist Sommerhausen zu einem kulturellen Eldorado mit Galerien, Ateliers, Antiquariaten und Geschäften geworden – und das bei nur 2000 Einwohnern.

Die Rebhänge ziehen sich dahin, so weit das Auge reicht. Bald nachdem wir eine Straße überquert haben, stoßen wir auf einen Rebsortenpfad. Hier ist von den wichtigsten Weinsorten je ein Rebstock angelegt worden, und zur Zeit der Weinlese kann man die Trauben probieren und so feststellen, wie unterschiedlich die einzelnen Sorten schmecken. Auf einer der Schautafeln ist zu lesen, dass es weltweit 8000 Rebsorten gibt, von denen allerdings nur 500 wirtschaftlich bedeutend sind. In Deutschland werden 100 verschiedene Sorten angebaut.

Auf halber Strecke, kurz bevor die Markierung uns in einer großen Schleife wieder zurück in den Ort bringt, kommen wir an den Sommerhäuser terroir-f-Punkt mit seinem Skulpturenpark. Sieben Künstler haben hier (über-)lebensgroße Objekte rund um das Thema »Winzer« geschaffen. Auch für diesen »magischen Ort des Frankenweins« haben die Erbauer einen wahrhaft phänomenalen Platz gewählt. Die Aussicht von hier ist grandios und wer neben der lebensecht gestalteten »Weinprinzessin« Platz nimmt, kann mainabwärts sogar die Würzburger Festung Marienberg erspähen.

»Aushängeschild der fränkischen Romantik«

Nachdem wir Kirschberghof und Neuenbergshof passiert haben, folgen wir der nächsten Straße nach rechts bergab. Links von uns beginnt die Lage Reifenstein. Der *Wein-Kultur-Weg* führt über den Schleifweg zum Ochsenfurter Tor, wodurch sich die Gelegenheit bietet, die Altstadt etwas genauer anzuschauen. Lohnend ist da zunächst ein Bummel vom Ochsenfurter Tor auf der Hauptstraße zum Schloss aus dem 15./16. Jahrhundert, zeitweise Residenz der Reichserbschenken von Limpurg. Heute beherbergt es das *Weingut Schloss Sommerhausen,* das auf eine Tradition über 15 Generationen verweisen kann. In der *Vinothek* probieren wir die Bioweine von Winzer Martin Steinmann, im schattigen Innenhof stärken wir uns mit einer fränkischen Brotzeit.

Nach unserer Rast gehen wir die Hauptstraße weiter über Rathaus und Bartholomäuskirche zum Würzburger Tor mit dem dort seit 1950 untergebrachten Torturmtheater. Der aus Triest stammende Luigi Malipiero war 1944 nach Sommerhausen gekommen und hatte seine Wohnung im Würzburger Tor zu einem Theaterraum mit 50 Plätzen umgebaut. Gespielt wird seitdem fast das ganze Jahr über mit anhaltend großem Erfolg.

Reizvoll wäre außerdem ein Gang entlang der Stadtmauer vom Würzburger Tor zum Blauen, zum Roten und zum Rumorknechtsturm. Danach könnte es weiter zum Maintor gehen, an dem zahlreiche Markierungen die Hochwasserstände der Vergangenheit anzeigen, und zur ehemaligen Frauenkirche. Am Marktplatz, dem Plan, stehen das historische Eichamt und das Geburtshaus des schon erwähnten Franz Daniel Pastorius, heute

Herrliche Flusslandschaft: Auf der anderen Seite des Mains liegt Winterhausen.

ein Weingut. Kunstbeflissene werden sich wohl keinesfalls einen Besuch der Schlossgalerie und der Kunstschmiede im Roten Turm entgehen lassen. Auf große und kleine Kunstwerke, Ornamente und Figuren an Hausfassaden, an Mauern und in Gärten stößt man in Sommerhausen auf Schritt und Tritt. Nicht ohne Grund heißt es von der Stadt, sie sei das »Aushängeschild der fränkischen Romantik«.

Für weitere Weinproben oder Weinverkostungen stehen zahlreiche Winzerhöfe und Gaststätten zur Verfügung.

Weinempfehlung

Eine Spezialität besonderer Art ist der **Blaue Silvaner**, von dem 1964 ein einziger Stock in einem Weinberg am Sommerhäuser Steinbach inmitten von grünen Silvanerreben entdeckt und vermehrt wurde. 1984 wurde die Weißweinrebe, deren Schale grau bis violett erscheint, unter der Bezeichnung Blauer Silvaner ST25 als Ertragsrebsorte eingetragen. Aus ihr keltert man im Schloss Sommerhausen einen trockenen Ortswein, dessen **Jahrgang 2021** mit seinem leicht rotgoldenen Schimmer und dem kräftigen Geschmack zu gefallen weiß. Man sollte ihn probiert haben.

Ausgewählte Adressen und Tipps

Markt Sommerhausen, Tourist-Information, Hauptstr. 15, 97286 Sommerhausen, Tel. 09333/8256, www.sommerhausen.de. Mai bis Okt. Mo–Do 9–12.30 Uhr, Fr 9–16.30 Uhr, Sa 9–15 Uhr; Nov. bis Apr. Mo–Fr 9–12 Uhr.

Weingut Schloss Sommerhausen, Hauptstr. 25, 97286 Sommerhausen, Tel. 09333/260, www.sommerhausen.com. Weinverkauf Di–Fr 10–18 Uhr, Sa 10–16 Uhr, So 10–14 Uhr; Hofausschank Do, So und Fei 11–18 Uhr, Fr/Sa 11–20 Uhr.

Hotel & Restaurant Ritter Jörg, Maingasse 14, 97286 Sommerhausen, Tel. 09333/973011, www.ritter-joerg.de. Mi–So 11.30–14 und 17–22 Uhr.

Gasthof & Hotel Zum goldenen Ochsen, Hauptstr. 24, 97286 Sommerhausen, Tel. 09333/203, www.goldenen-ochsen.de. Mo und Do–So ab 11.30 Uhr, Di/Mi Ruhetage. 13 Gästezimmer.

Hotel & Restaurant Philipp, Hauptstr. 12, 97286 Sommerhausen, Tel. 09333/1406, www.restaurant-philipp.de. Fr–So ab 18.30 Uhr, Sa/So auch mittags ab 12 Uhr. Ausgezeichnet mit einem Michelin-Stern, Reservierung erforderlich.

Torturmtheater Sommerhausen, Hauptstr. 1, 97286 Sommerhausen. Vorstellungen Di–Fr 20 Uhr, Sa 16.30 und 19 Uhr. Tickets Di–Sa ab 16 Uhr unter Tel. 09333/268 oder unter kartenbestellung@torturmtheater.de; Spielplan und weitere Informationen unter www.torturmtheater.de.

Ortsführungen Mai bis Okt. Sa 10 Uhr, Treffpunkt vor dem Rathaus.

Stimmungsvolle Weinfeste am 1. Mai sowie im Juni und Ende Juli.

Sommerhäuser Kirchweih Anfang Oktober.

Weihnachtsmarkt an allen Adventswochenenden in Galerien, Kellern und Höfen.

Führungen mit dem »Rumorknecht« jeden Sa um 10 Uhr von Mai bis Sep. oder per Anmeldung über das Verkehrsbüro.

Tierpark Sommerhausen, An der Tränk, 97286 Sommerhausen, Tel. 09333/1076, www.tierparksommerhausen.de. 14 Hektar große natürliche Anlage mit 350 Tieren, darunter Alpakas und Riesenesel, während der Sommermonate täglich 10–18 Uhr geöffnet.

Maulaffen und Bocksbeutel 31

Durch die Würzburger Innenstadt

Tour: Rundgang durch die Würzburger Innenstadt.
Länge: ca. 6 km.
Dauer: reine Gehzeit etwa 2 Std.
Markierung: keine Hinweisschilder, Wegbeschreibung im Text bzw. in der Karte.
Familie: möglich für Kinder ab 6 Jahren.
Saison: das ganze Jahr über möglich.
Anfahrt: *ÖPNV:* mit dem Zug zum Hauptbahnhof Würzburg, von dort nach rechts auf dem Röntgenring und über die Friedensbrücke oder per Straßenbahnlinie 2 (Richtung Zellerau) bis Haltestelle Talavera. Von dort hinunter zum Main. *Kfz:* auf der A 3 bis Ausfahrt 70 (Würzburg/Heidingsfeld), dann auf die B 19. Abfahren auf die Mergentheimer Straße und dem Straßenverlauf folgen bis zum Parkplatz Friedensbrücke.

Fränkische Wein- und Bischofsstadt

Die um 1000 v. Chr. errichtete keltische Fliehburg auf dem Marienberg wurde gegen 600 n. Chr. fränkischer Herrschersitz und 704 erstmals urkundlich erwähnt. Bald darauf wurde das Bistum Würzburg begründet und der erste Dom gebaut. 1030 schließlich erhielt der Bischof Münz-, Zoll- und Marktrecht – aus der Königs- wurde eine Bischofsstadt. In dieser Zeit begann wohl auch die Geschichte des städtischen Weinbaus, wenngleich die erste urkundliche Bestätigung des Hofkellers erst aus dem Jahre 1128 stammt. Heute besitzt Würzburg einige der renommiertesten Weingüter Deutschlands, die vom günstigen Klima und der vorteilhaften Lage der Stadt mit ihren Hang- und Steillagen und den Wärme speichernden Muschelkalkböden profitieren.

Hinein ins barocke Vergnügen

Wir gehen vom Parkplatz Friedensbrücke auf der linken Flussseite zunächst direkt zum Mainufer und unter den Platanen

Auch an der Festung Marienberg wird in der Lage Schlossberg Wein angebaut.

auf der Leonhard-Frank-Promenade zur Alten Mainbrücke, die im 16. Jahrhundert anstelle einer romanischen Brücke errichtet wurde. Hier sind wir mit zwei der berühmtesten Wahrzeichen Würzburgs konfrontiert: Im Norden erhebt sich eindrucksvoll die berühmte Weinlage Würzburger Stein, die schon Goethe zu schätzen wusste (siehe Tour 32), im Westen prangt über uns die Festung Marienberg, viele Jahrhunderte Sitz der Fürstbischöfe.

Unter den Blicken zahlreicher Heiligenfiguren gelangen wir auf die andere Uferseite und biegen gleich nach dem Rathaus mit seinem romanischen Turm, dem Grafeneckart, nach links ab in Richtung Marktplatz. Nachdem wir an der spätgotischen Marienkapelle mit zahlreichen Kunstschätzen vorbeigeschlendert sind, bleibt unser Blick bald am weiß-gelben Rokoko-Stuckwerk des Falkenhauses hängen, das – ein ehemaliges Gasthaus – heute u. a. als Tourist-Information dient.

Nachdem wir uns dort mit einem Stadtplan versorgt haben, folgen wir der Straße Kürschnerhof in Richtung der imposanten Würzburger Sakralbauten: Zunächst kommt das Neumünster, ursprünglich eine romanische Basilika aus dem 11. Jahrhundert, die über der Grabstätte des 689 ermordeten irischen Franken-

Missionars Kilian und seiner Gefährten errichtet und zwischen 1710 und 1716 mit Kuppel und Barockfassade versehen wurde. Neben der Neumünsterkirche befindet sich das sogenannte Lusamgärtlein (Zugang über die Martinstraße), in dem ein Grabdenkmal für den Minnesänger Walther von der Vogelweide steht, der Ende des 12./Anfang des 13. Jahrhunderts neben schönen Frauen auch den deutschen Wein besang.

Der Dom St. Kilian gleich neben dem Neumünster stellt ein Hauptwerk der deutschen Baukunst des 11. und 12. Jahrhunderts dar. Er ist die viertgrößte romanische Kirche Deutschlands und Grabstätte der Fürstbischöfe aus dem Hause Schönborn, die sich um den Weinbau verdient gemacht haben.

Über Paradeplatz und Hofstraße führt uns der Weg sodann schnurstracks zum weltberühmten Wahrzeichen Würzburgs,

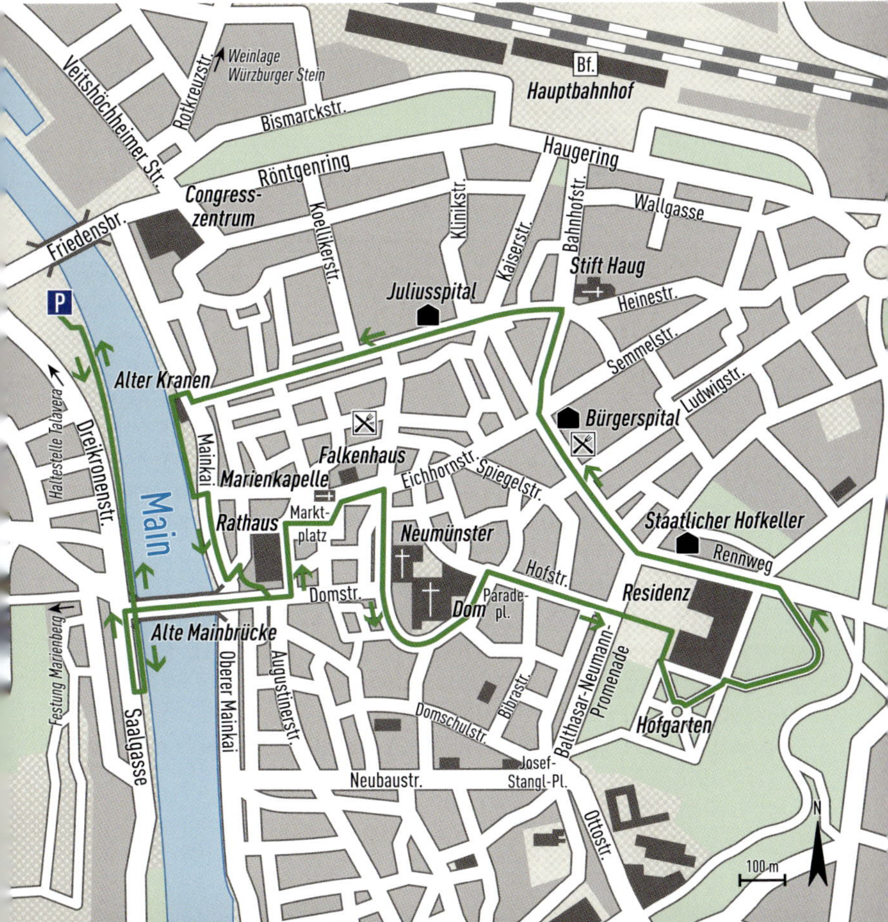

der von Balthasar Neumann konzipierten Residenz. Sie gilt mit ihrem Treppenhaus und dem Tiepolo-Deckengemälde sowie den zahlreichen Prunksälen als eines der bedeutendsten Schlösser Europas. Am rechten Seitenflügel befindet sich der Zugang zum prächtigen barocken Hofgarten, der zu jeder Jahreszeit einen Besuch wert ist. Auch wir gehen durch den Garten und umrunden so das Schloss.

Der Staatliche Hofkeller

Über den Rennweg auf der anderen Seite gelangen wir zum *Staatlichen Hofkeller* direkt neben der Residenz. Urkundlich zum ersten Mal erwähnt im Jahre 1128 und lange im fürstbischöflichen Besitz, gehört das heutige Staatsweingut mit seinen 120 Hektar Rebfläche in Qualitäts- und Spitzenlagen zu Deutschlands Traditionsweingütern. Es bietet öffentliche Weinproben und Kellerführungen an, die unter der Residenz im historischen Hofkeller stattfinden. Dieser wurde wie die Residenz von Balthasar Neumann geschaffen, der von Fürstbischof Johann Philipp Franz von Schönborn den Auftrag erhalten hatte, in die ab 1720 neu zu errichtende Bischofsresidenz einen »vorzüglichen Weinkeller« einzuplanen. Mit seiner Grundfläche von über 4500 Quadratmetern gilt das Gewölbe heute als einer der schönsten Weinkeller der Welt, in dem auch zahlreichen königlichen Häuptern, wie dem Märchenkönig Ludwig II. oder Kaiser Wilhelm I., edle Tropfen kredenzt wurden.

Das Bürgerspital – seit 1728 im Bocksbeutel

Nach dem Besuch in der schick eingerichteten Vinothek des *Staatlichen Hofkellers* im Rosenbachpalais wenden wir uns nach rechts und laufen die Theaterstraße hinauf, vorbei am Mainfranken-Theater, bis wir nach ca. 300 Metern auf unser nächstes Ziel treffen, das *Bürgerspital zum Heiligen Geist,* das ebenfalls untrennbar mit der fränkischen Weingeschichte verbunden ist. Aus der ursprünglichen Stiftung als Heim für arme und kranke Menschen (1316) wurde im Lauf der Zeit durch weitere Zustiftungen und -käufe mit 120 Hektar eines der größten Weingüter

Vom Garten der Residenz ist es nur ein Katzensprung zum *Staatlichen Hofkeller.*

Deutschlands, dessen Hauptrebsorten der Silvaner und – fast gleichauf – der Riesling sind. 2022 wurde es von mehreren Weinführern mit 4 Sternen als Spitzenweingut ausgezeichnet. Um gegen dreiste Weinfälscher gerüstet zu sein, beschloss der Würzburger Stadtrat 1728, die Weine des *Bürgerspitals* im Bocksbeutel abzufüllen. Seither ist der Bocksbeutel Markenzeichen für hochwertige Weine aus Franken. Die Flaschenform ist allerdings älter und die Bedeutung des Namens nicht gesichert. Während einige Quellen die wegen der Form naheliegende Herkunft vom Hodensack eines Ziegenbocks als Erklärung ansehen, berufen sich andere auf den Bugsbeutel, eine Flasche, die mit einem Gurt am »Bug« befestigt wurde, oder auf den Bookesbeutel, einen niederdeutschen Gebetsbeutel.

Auch im *Bürgerspital* besteht die Möglichkeit zu Betriebs- und Kellerführungen mit anschließender Weinprobe in den romantischen Gewölben. Die *Weinstuben des Bürgerspitals* gleich nebenan bieten dem hungrig gewordenen Besucher zahlreiche Köstlichkeiten aus der fränkischen und internationalen Küche.

Das Rathaus mit seinem romanischen Turm befindet sich am Eingang zur Altstadt.

Bischöfliche Stiftung Juliusspital

Eine weitere Möglichkeit zur kulinarischen Einkehr bietet die letzte große Station auf unserer Runde, das nicht minder berühmte *Juliusspital*. Wir gehen weiter über die Theatergasse und die Textorstraße, an deren Ende wir einen Blick auf das Stift Haug werfen, den ersten großen Kirchenbau der Barockzeit in Franken, bis zum Barbarossaplatz, von dort nach links auf die Juliuspromenade. Diese ist, wie das dortige Weingut, nach dem Gründer Julius Echter von Mespelbrunn benannt, der 1576 die gleichnamige gemeinnützige Stiftung ins Leben rief. Von Beginn an sollten neben Erlösen aus land- und forstwirtschaftlichen Besitzungen auch die Erträge des dazugehörigen Weingutes den Bedürftigen zugutekommen. Heute gehört das Juliusspital zu den renommiertesten Weingütern in Deutschland und ist mit 182 Hektar Gesamtfläche das zweitgrößte. Als einziges Weingut der Stadt besitzt es Rebflächen in allen fünf fränkischen Spitzenlagen: Würzburger Stein, Randersackerer Pfülben, Iphöfer Julius-Echter-Berg, Rödelseer Küchenmeister und Escherndorfer Lump. Der Schwerpunkt wird hier vor allem auf den klassischen Silvaner und den Riesling gelegt. Genießen kann man die große Palette der Weine zu erlesenen Speisen in den angeschlossenen Weinstuben, bei Weinproben oder bei Führungen durch das Weingut und das historische Kellergewölbe.

Eigene Brotzeit beim *Maulaffenbäck*

Wer es einfacher und rustikaler liebt, dem sei ein Abstecher die Schönbornstraße hinunter und rechts in die Maulhardgasse zur *Weinstube Maulaffenbäck* empfohlen. Der etwas befremdlich klingende Name geht auf den Besitzer zu Beginn des 20. Jahrhunderts zurück. Ein »Bäck« ist eine Würzburger Besonderheit: Als nach den Napoleonischen Kriegen Anfang des 19. Jahrhunderts viele ansässige Weinbauern aufgrund von hohen Steuern und Misswuchs ihren Besitz aufgaben, kauften einige Bäcker Weinberge auf und erwarben gleichzeitig eine Konzession für den Weinausschank. So konnten sie in ihren Weinstuben gleichzeitig ihr frisches Brot anbieten. Weil das neue Metier weit ertragreicher war, konzentrierten sie sich bald ganz auf den Wein und erlaubten fortan den Gästen, sich zum gereichten Schoppen eine eigene Brotzeit mitzubringen – eine Tradition, die sich im Maulaffenbäck bis heute gehalten hat (in der Zeit von 11 bis 12 Uhr, allerdings nicht während der Corona-Pandemie).

St. Kilian – vermeintlicher Schutzherr der Winzer

Höchstwahrscheinlich satt und zufrieden streben wir schließlich über die Juliuspromenade geradewegs auf das Mainufer zu. Beim Alten Kranen, einem 1772/73 von Balthasar Neumanns Sohn Franz Ignaz Michael erbauten Wahrzeichen der Stadt, das den Güterumschlag zwischen Schiffen und Fuhrwerken stark vereinfachte, biegen wir nach links ab und laufen entlang des vor allem in den Abendstunden idyllischen Mainkais bis zur Alten Mainbrücke. Dort passieren wir unter anderem die Statue des Heiligen Kilian, den Joseph Victor von Scheffel in seinem Frankenlied fälschlicherweise als »der Winzer Schutzherr« tituliert hat – in Wirklichkeit hat der Heilige Urban diese Aufgabe inne. Doch wir halten uns nicht mit diesen Spitzfindigkeiten auf, werfen lieber noch einen abschließenden Blick auf den Würzburger Stein und freuen uns schon darauf, die Bischofs- und Weinstadt bald wieder zu besuchen.

Weinempfehlung

Da Würzburg eine Sonderrolle unter Frankens Weinstädten innehat, empfehlen wir diesmal drei exquisite Weine – je einen von jedem der im Text erwähnten Weingüter: vom *Staatlichen Hofkeller* den **2020er Würzburger Innere Leiste** (südlich der Festung Marienberg), ein trockener Riesling, der durch seine aromatische Vielschichtigkeit begeistert; vom *Bürgerspital* den trockenen **Weißburgunder vom Würzburger Stein Erste Lage, Jahrgang 2020,** mit seinem Bukett von gelben Früchten; vom *Juliusspital*, dem größten Silvanerweingut der Welt, natürlich einen ebensolchen, den **2021er von der Würzburger Abtsleite** vor den Toren von Randersacker, der sich durch eine angenehme Mineralität auszeichnet. Alle drei Weine wurden bei der Fränkischen Weinprämierung mit »Gold« ausgezeichnet.

Ausgewählte Adressen und Tipps

- Tourist-Information Würzburg im Falkenhaus, Marktplatz 9, 97070 Würzburg, Tel. 0931/372398, www.wuerzburg.de. Mo–Fr 10–18 Uhr, Sa/So und Fei 10–14 Uhr. Altstadtrundgänge Mai bis Okt. täglich um 10.30 und 14 Uhr. Zu buchen über die Tourist-Information.
- Mit der Würzburg Welcome Card (Preis 3 Euro) erhalten Besucher Ermäßigungen bei Sehenswürdigkeiten und Museen, Schifffahrten, Stadtrundfahrten, Führungen, einigen Restaurants und Weinstuben. Erhältlich in der Tourist-Information.
- Würzburg-Reiseführer als kostenlose Smartphone-App in Deutsch und Englisch, Download unter www.wuerzburg.de/wuerzburg-app.
- *Staatlicher Hofkeller Würzburg,* im Rosenbachpalais, Residenzplatz 3, 97070 Würzburg, Tel. 0931/3050923, www.hofkeller.de. Vinothek Mo–Fr 10–18 Uhr, Sa 10–16 bzw. 10–14 Uhr (Jan. bis März).
- *Weinhaus des Bürgerspitals zum Heiligen Geist,* Ecke Theater-/Semmelstr., Tel. 0931/3503403, www.buergerspital.de. Mo 9–18 Uhr, Di–Do 9–22 Uhr, Fr/Sa 9–24 Uhr, So 11–18 Uhr.
- *Weingut Juliusspital,* Klinikstr. 1, 97070 Würzburg, Tel. 0931/3931400, www.juliusspital-weingut.de. Dazu gehört die *Vinothek Weineck Julius Echter,* Koellikerstr. 1a, 97070 Würzburg. Mo–Fr 10–18 Uhr, Sa 10–16 Uhr.
- *Restaurant Bürgerspital Weinstuben,* Theaterstr. 19, 97070 Würzburg, Tel. 0931/352880, www.buergerspital-weinstuben.de. Tägl. 11–24 Uhr.
- *Restaurant Weinstuben Juliusspital,* Juliuspromenade 19, 97070 Würzburg, Tel. 0931/54080, www.weinstuben-juliusspital.de. Tägl. 11–24 Uhr.
- *Weinstube Maulaffenbäck,* Maulhardgasse 9, 97070 Würzburg, Tel. 0931/46778700, www.maulaffenbaeck.info. Di–Sa 11–23 Uhr.
- Einen Überblick über das Angebot an Weinfesten, Verkostungsmöglichkeiten und Ereignissen rund um den Würzburger Wein bieten die Internetseite der Stadt Würzburg unter www.wuerzburg.de/weingenuss und der Fränkische Weinbauverband unter www.frankenwein-aktuell.de.

32 Goethes Liebling

Spaziergang durch den berühmten Würzburger Stein

Tour: Spaziergang auf dem Würzburger Stein-Wein-Pfad.
Länge: 4 km.
Dauer: reine Gehzeit 1,5 Std, für den Weg vom Bahnhof und zurück zusätzlich 30 Min.
Höhenunterschied: gut 50 m.
Markierung: *grüne* bzw. *blaue Bergsilhouette auf weißem Grund.*
Familie: für Kinder ab 6 Jahren kein Problem.
Saison: das ganze Jahr über, besonders reizvoll Ende Mai bis Ende Oktober.
Anfahrt: *ÖPNV:* mit dem Zug nach Würzburg, nach Verlassen des Hauptbahnhofs gleich rechts über den Busbahnhof und durch die Grünanlage entlang der Bismarckstraße, später nach rechts in die Rotkreuzstraße abbiegen und unter den Gleisen sowie der Nordtangente hindurch. Die sich anschließende Rotkreuzsteige führt über Stufen direkt zum *Weingut am Stein. Kfz:* auf der B 8 nach Würzburg hinein, dann bis zur Nordtangente und dort dem Hinweisschild »Weingut am Stein« folgen. Unterhalb des Weinguts parken.

Des Geheimrats liebster Trunk

Nach einer alten Volksweisheit wächst der beste Wein »zu Klingenberg am Main, zu Bacharach am Rhein, zu Würzburg auf dem Stein«. Das wusste auch Johann Wolfgang von Goethe, der im Februar 1801 an den Erfurter Weinhändler Ramann schrieb, er wünsche sich »ein paar Flaschen Würzburger, wie ich solchen bey Herrn Hofrath Loder getrunken und ein paar Flaschen vorzüglich guten Steinwein«. Möglicherweise hat ihn dieser sogar bei seiner Arbeit am *Faust* beflügelt, mit dem er sich, wie aus seinen Tagebüchern hervorgeht, in jener Zeit intensiv beschäftigte. Fünf Jahre später bat er seine Frau: »Sende mir noch einige Würzburger, denn kein andrer Wein will mir schmecken und ich bin verdrüßlich, wenn mir mein gewohnter Lieblingstranck abgeht.« Es war vor allem der 1783er Jahrgang, ein Jahrhundertwein, der dem Geheimrat mundete und den er immer wieder nachbestellte.

Die Lage Würzburger Stein ist mit 85 Hektar Anbaufläche eine der größten zusammenhängenden Einzellagen in Deutschland. Sie ist deshalb so vorzüglich, weil hier infolge des steil abfallenden Geländes die Sonneneinstrahlung sehr intensiv ist. Hinzu kommt, dass der Main Wärme speichert und dadurch Temperaturschwankungen verringert. Außerdem werden die Nordwinde abgehalten und die Westwinde durch die Innenkurve der Berghänge gemildert. In die Muschelkalkböden können die Rebwurzeln tief eindringen und die Trauben mit genügend Mineralstoffen und Wasser versorgen. Die hohe Qualität des Steinweins führte dazu, dass für lange Zeit der Wein aus Franken »Steinwein« hieß.

Im Weinkeller des *Bürgerspitals* lagert noch heute die letzte Flasche des 1540er Steinweins, der seine Stellung als »Jahrtau-

Die Lage Würzburger Stein ist eine der traditionsreichsten in Weinfranken.

sendwein« der extremen Dürre jenes Jahres verdankt. Der englische Weinkritiker Hugh Johnson konnte die vorletzte Flasche dieses Weißweins 1961 verkosten und erklärte, dass er »noch lebendig« sei und »sogar seinen deutschen Ursprung ahnen« lasse. Der Ebracher Abt Alberich Degen pflanzte in dieser Weinlage schon 1665 die Silvanerrebe an, die erst kurz zuvor nach Franken gebracht worden war. 1726 wurde Steinwein erstmals im seitdem für Franken typischen Bocksbeutel abgefüllt.

Würzburg zu Füßen

Start unserer Wanderung ist das Weingut am Stein. Wir halten uns bis zum Ende des Rundgangs an die Markierung der *Bergsilhouette auf weißem Grund,* hin und wieder ergänzt durch auf den Asphalt aufgepinselte weiße Fußspuren oder Pfeile. Da heißt es die Augen offen halten, wobei ein Verlaufen im Weinberg ja eigentlich kaum möglich ist. Unmittelbar beim Weingut, das mit seiner modernen Architektur aus Glas und Eichenholz ein weithin sichtbares Ausrufezeichen setzt, gehen wir eine der Weinbergstraßen (nicht die Treppe!) in einer Rechtskurve hinunter, kurze Zeit später auf einer Steintreppe wieder ein Stück hinauf (weiße Fußspuren beachten) und dann in westliche Richtung.

Bald bietet sich uns ein erstaunliches Panorama, das mit dem der Goethezeit nicht mehr viele Gemeinsamkeiten hat: Natürlich sehen wir den Main, die Kirchen, die Residenz, die alte Mainbrücke, die Festung Marienberg und den Wein zu unseren Füßen. Wir sehen aber gleichzeitig alle Errungenschaften der Moderne, die Infrastruktur einer Großstadt inklusive Heizkraftwerk und Sportanlagen sowie ineinander verschlungene Verkehrswege – die ICE-Strecke nach Hannover verschwindet direkt unter unseren Füßen im Berg. Wer Idylle sucht, ist hier falsch, aber dieser Ort übt eine Faszination aus, die er aus der unmittelbaren Nähe von Stadt und Weinbau zieht. Vielleicht hätte Goethe ja ein Gedicht darüber geschrieben?

Die Wege des Rundgangs sind ab und zu umsäumt von wuchtigem Mauerwerk, auf dem die Wappen der jeweiligen Weingüter prangen. Etliche Stelen mit aufschlussreichen Informationen – z. B. über Historie und Eigenart des Weinbergs, über die hier angebauten Rebsorten sowie über einige der großartigen Bauwerke Würzburgs – laden zum Verweilen ein und machen deutlich, auf welch geschichtsträchtigem Boden wir wandeln.

Spitzenlage bringt Spitzenweine

Angebaut werden auf dem Würzburger Stein vor allem Weißweinsorten. Es dominiert der klassische Silvaner, der fast 40 Prozent der Rebfläche einnimmt, gefolgt vom König der Weißweine, dem Riesling, der etwa ein Drittel ausmacht. Beide Sorten sind, was Boden und Klima angeht, äußerst anspruchsvoll und können hier wegen der günstigen Verhältnisse Spitzenqualitäten entwickeln. Klar, dass die drei großen Würzburger Weingüter, das *Bürgerspital zum Heiligen Geist,* das *Juliusspital* und der *Staatliche Hofkeller,* auf dem Würzburger Stein ansehnliche Rebflächen besitzen.

Nach ca. 15 Minuten führt eine Treppe bergauf, in Richtung Steinburg. Wir gehen aber geradeaus bei mäßiger Steigung nach Westen weiter und haben schließlich die Höhe erklommen. An einer Weggabelung bleiben wir auf der dem Main zugewandten

Seite des Bergrückens, den wir an seinem Ende umrunden. Jetzt blicken wir auch auf die nahen Hänge der Lage Pfaffenberg im Norden. Auf einer schmalen Steintreppe können wir hinauf zu einem Pavillon steigen und den Ausblick auf Würzburg und die jenseits des Mains liegenden Hügelketten genießen. Die Weinbergstraße führt uns wieder zurück zur erwähnten Gabelung, ein paar Hundert Meter auf dem bereits begangenen Abschnitt und wir nähern uns dem Schlosshotel Steinburg, 1897/98 im Tudorstil errichtet. Schon vor Jahrhunderten stand hier ein »Castrum in Lapide«, eine hohenlohische Adelsburg, die jedoch völlig zerstört wurde.

Tusculum – ein historischer Weinberg

Kurz hinter der Steinburg, unterhalb der um 1900 erbauten Villa Tusculum, befindet sich ein kleiner Weingarten, so angelegt wie vor Jahrhunderten üblich. Hier ist erkennbar, dass die Rebstöcke früher eng zusammenstanden und jeder an einem eigenen Pfahl befestigt war, während die Stämme heute an dünnen Drähten hochgezogen werden. Die Bearbeitung des Bodens erfolgte früher nicht mit einer Fräse, sondern mehrmals im Jahr mit der Hacke, daher auch die Bezeichnung »Häcker« für den Weinbauern. Da auf diese Weise das Erdreich nicht allzu tief aufgelockert wurde, konnten Zwiebelgewächse wie Wildtulpe und Traubenhyazinthe zwischen den Rebstöcken herrlich gedeihen. Auch standen einst auf dem parzellierten Garten – auf dem »Wengert«, wie der Unterfranke sagt – verschiedene Rebsorten nebeneinander und wurden vermischt gekeltert.

Nach dem Tusculum – der Hausname ist längst auf den kleinen Weinberg übergegangen – geht es wieder bergauf. Kleine Schilder an den Rebflächen verraten, welche Weinsorte angebaut wird. Unterhalb des Bismarck-Wäldchens, eines erst um 1900 angelegten Baumgürtels, lädt ein terroir-f-Punkt, einer jener »magischen Orte des Frankenweins«, wie es die Marketing-Strategen vollmundig, aber zutreffend formuliert haben, dazu ein, sich mit den Gedanken berühmter Literaten zum Wein im Allgemeinen und zur Weinlage Stein im Besonderen zu beschäftigen. Es ist nicht schwer zu erraten, wie einer von ihnen heißt.

Den Arbeitern im Weinberg bleibt kaum Zeit, die Aussicht auf die Stadt zu genießen.

Weinkultur im Weingut

Hier beginnt der Abstieg zum Weingut am Stein, das mit seinen 40 Hektar Anbaufläche zu den Spitzenerzeugern Frankens gehört. Eigentümer Ludwig Knoll und seine Frau Sandra setzen erfolgreich auf hohe Qualitätsstandards, der Betrieb arbeitet biodynamisch. Alle Register werden gezogen, um die Weine »zum Sprachrohr des Bodens, des Jahrgangs und des Winzers zu machen«, können wir im einschlägigen *Vinum-Weinführer* nachlesen, der den Betrieb zum Weingut des Jahres 2022 in Franken wählte. Dort einzukehren und sich im angeschlossenen Sternerestaurant *Reisers* mit Steinwein und köstlichen Gerichten verwöhnen zu lassen, ist natürlich reizvoll, hat aber seinen Preis. Das Weingut bietet seinen Besuchern außerdem kulturelle Höhepunkte. Das jährlich stattfindende Wein- und Musikfestival »Wein am Stein« hat in Würzburg inzwischen Kultstatus erreicht.

Wer nach dem Spaziergang im Weinberg und der Einkehr im Weingut noch etwas von Würzburg sehen möchte, findet Hinweise und Anregungen in der Tour 31.

Weinempfehlung

Nachdem wir die berühmte Lage **Würzburger Stein** durchwandert haben, wollen wir natürlich einen Wein probieren, dessen Trauben hier herangereift sind. Da der **Silvaner** am Stein dominiert, liegt es nahe, ihm die Ehre zu erweisen. Wir entscheiden uns für den **2020er** vom *Weingut am Stein*, der frisch und voller Duft, im Mund saftig und kraftvoll dem hohen Anspruch gerecht wird.

Ausgewählte Adressen und Tipps

Siehe auch Tour 31.

- Tourist-Information Würzburg im Falkenhaus, Marktplatz 9, 97070 Würzburg, Tel. 0931/372398, www.wuerzburg.de. Mo–Fr 10–18 Uhr, Sa/So und Fei 10–14 Uhr.
- *Weingut am Stein,* Mittlerer Steinbergweg 5, 97080 Würzburg, Tel. 0931/25808, www.weingut-am-stein.de. Weinverkostung und -verkauf Mo–Fr 14–18 Uhr, Sa 10–17 Uhr.
- *Schloss Steinburg,* Reußenweg 2/Mittlerer Steinbergweg 100, 97080 Würzburg, Tel. 0931/97020, www.steinburg.com. Hotel, Restaurant, Café und Tagungszentrum, kein Ruhetag.
- *Restaurant und Weinbar Reisers,* direkt im Weingut am Stein, Mittlerer Steinbergweg 5, 97080 Würzburg, Tel. 0931/286901, www.der-reiser.de. Ausgezeichnet mit einem Michelin-Stern. Mo–Sa ab 17 Uhr.
- Im *Weingut am Stein* findet in der zweiten Julihälfte das Festival »Wein am Stein« statt. 14 Tage Musikgenuss mit überregional bekannten Bands bei selbst erzeugtem Wein und kulinarischen Köstlichkeiten. Tickets auf www.weingut-am-stein.de.

33 Auf den Höhen des Maintals

Durch Bilderbuchlandschaft von Retzbach nach Thüngersheim

Tour: Wanderung von Retzbach nach Thüngersheim und zurück.
Länge: etwa 19 km.
Dauer: reine Gehzeit rund 4–5 Std.
Höhenunterschied: gut 350 m.
Markierung: Retzbach–Thüngersheim *blaues M*, dann *Blaupunkt;* Thüngersheim–Retzbach *weißes M auf grünem Bocksbeutel.*
Familie: Die Tour setzt eine gute Kondition voraus. Für Kinder ab 12 Jahren geeignet, wenn sie längere Wanderungen gewöhnt sind.
Saison: am schönsten im Frühjahr und Herbst, ansonsten das ganze Jahr über möglich.
Anfahrt: *ÖPNV:* mit dem Zug von Würzburg bzw. Karlstadt zum Bahnhof Retzbach. *Kfz:* auf der B 27 Würzburg–Karlstadt bis Retzbach. Parken am Bahnhof.

Retzbach, Stadt der zwei Gotteshäuser

Am rechten Mainufer zwischen Thüngersheim und Retzbach erheben sich ansehnliche Berge. Hier zu wandern, zählt mit zu den großartigen Erlebnissen in Mainfranken.

Start ist am Retzbacher Bahnhof. Auf der Bahnhofstraße begeben wir uns in den alten Stadtkern und machen zunächst einen kurzen Abstecher zur Laurentiuskirche, die, von Balthasar Neumann entworfen, in den Jahren 1736–38 errichtet wurde. Eindrucksvoll präsentiert sich die ausufernde barocke Einrichtung mit Marmorkanzel und -altären, Orgel und reich verzierten Kirchenbänken.

Das *blaue M* für *Mainwanderweg* zeigt fortan, wie es weiter geht. Die Route ist größtenteils gut ausgeschildert, man sollte dennoch immer aufpassen. Bevor wir zur Benediktushöhe einbiegen, lohnt sich ein winziger Umweg zur Wallfahrtskirche Maria im grünen Tal, der ältesten ihrer Art in Unterfranken. Die Anfänge der Kirche reichen bis ca. 1400 zurück und aus jener frühen Zeit stammt auch der Chorraum der inzwischen modernisierten Kirche. Die im Chor postierte Gnadenmadonna soll sogar noch 100 Jahre älter sein.

Eine Bilderbuchlandschaft

Zurück auf dem *Mainwanderweg* wandern wir ein gutes Stück bergauf, vorbei an der Benediktushöhe, später erreichen wir die Kolpingkapelle. Bis hierher war der Weg asphaltiert, nun folgt ein schmaler, aber wildromantischer Wald- und Wiesenweg. Wir steigen stetig bergauf. Das ist an heißen Tagen recht schweißtreibend, wird aber reichlich belohnt durch den grandiosen Ausblick zunächst auf Retzbach und Zellingen, danach auf das breite Maintal, ein wenig später auf die Rebhänge von Thüngersheim.

Die Strecke ist überaus abwechslungsreich, führt durch dichte Waldgürtel, dann über blühende Wiesen und entlang wogender Getreidefelder. Eine farbige Flora mit Mohn- und Glockenblumen, Margeriten, Storchschnabel und Frauenmantel säumt den

Blick von der Benediktushöhte auf Retzbach mit der Laurentiuskirche und auf den Main

Weg. Hecken, Baumgruppen und dichtes Gebüsch gewähren nicht nur der Tierwelt Unterschlupf, sondern machen die Landschaft auch überaus attraktiv. Dankbar nimmt es der Wanderer wahr und erfreut sich an den Naturschönheiten.

An einem Rastplatz mit Kreuz gehen wir weiterhin geradeaus und steigen hinauf Richtung Breitfeldhöhe. Wir erreichen einen Modellflugplatz, biegen hier rechts ab und gleich danach wieder links in Richtung Steinhöhe. Kurz vor der Steinhöhe biegen wir mit dem Mainwanderweg rechts ab und nach dem Passieren einer kleinen Senke auf der Anhöhe wieder rechts. Wir wandern jetzt in südliche Richtung. Vor einem kleinen Funkmast biegt der *Mainwanderweg* in den Wald ab, wir nehmen den mittleren der Wege und gehen leicht bergab in den Wald. Nach ca. 400 Metern stoßen wir auf einen mit *Blaupunkt* markierten Weg, der steiler den Hang hinabführt. Wir folgen dem *Blaupunkt* bis Thüngersheim.

Es geht jetzt durch ein längeres Waldstück, mal rechts, mal links, mitunter steil bergab, die Markierung ist jedoch zuverlässig. Sobald wir die Hütte Waldesruh erreicht haben, ist es nur noch ein Kilometer bis ins Zentrum von Thüngersheim.

Eines der ältesten und größten Weinanbaugebiete Frankens

Wir laufen durch das Neubaugebiet von Thüngersheim, am ersten Stadttor, dem Hirtentor, vorbei und dann durch das zweite, das Würzburger Tor, und auf der Unteren Hauptstraße in den alten Stadtkern.

Im Grunde ist Thüngersheim ein typisch unterfränkisches Winzerstädtchen: zwei parallele Hauptstraßen, gekreuzt von mehreren Querstraßen, das Ganze im Viereck von Mauern mit ursprünglich vier Toren umgeben. Lange Zeit lebte man vom Fischfang im Main und vom Weinanbau. Große Reichtümer waren damit nicht zu erzielen, entsprechend bescheiden und unspektakulär sind die meisten Häuser. Dennoch lohnt sich ein Rundgang.

Was den Weinanbau betrifft, der hier nachgewiesenermaßen bereits vor über 1000 Jahren betrieben worden sein soll, hat der Ort mächtig aufgeholt. Mit rund 250 Hektar Rebfläche zählt Thüngersheim derzeit neben Würzburg, Randersacker und

Nordheim zu den bedeutendsten Weinorten Frankens und die Lagen Johannisberg, Scharlachberg und Ravensburg nötigen jedem Weinkenner höchsten Respekt ab.

Hier im Ort können wir eine kleine Pause einlegen; wenn wir Glück haben, ist ein Biergarten oder der Bäcker geöffnet. Bei der Länge der Tour sollte man auf alle Fälle ausreichend Verpflegung dabei haben.

Nach einer erquickenden Pause wird es Zeit für die Rückkehr. Vom *Landgasthof Zum Bären* aus gehen wir in die Hintere Gasse, durchs Retzbacher Tor in die Höningsbergstraße, anschließend in die Steigstraße und weiter in Richtung Retzbach. Der Weg führt jetzt durch die Weinlage Johannisberg. Wer den Blick über die scheinbar endlosen Rebhänge gleiten lässt, begreift schnell, welch bedeutende Rolle Thüngersheim unter den fränkischen Weinbauern spielt.

Oberhalb des Weinbergs folgen wir dem Hinweisschild *Winzerhütte* und halten uns bei der Weggabelung rechts, bis schließlich die Markierung mit einem *weißen M auf grünem Bocksbeutel* den weiteren Verlauf bestimmt.

Der Main, ein glitzerndes Band im Tal

Am Ende des Waldgürtels erhebt sich ein neuer Weinberg, der zu Retzbach gehörende Benediktusberg. Wir erreichen die Winzerhütte. Unter uns schlängelt sich das glitzernde Band des Mains. Bei gutem Wetter reicht der Blick bis in die Spessarthöhen.

Kurz vor Retzbach stoßen wir wieder auf die Kolpingkapelle und gehen mit dem *blauen M* auf dem bereits bekannten Weg hinab nach Markt Retzbach und zum Ausgangspunkt der Wanderung am Bahnhof.

Weinempfehlung

Die Wahl fällt schwer, wie fast immer, denn es gibt in Thüngersheim so viele gute Tropfen. Entschieden haben wir uns schließlich für den **Scharlachberger Kerner**, einen halbtrockenen, feinen und gehaltvollen Kabinettwein, ausgeschenkt im *Landgasthof Winzerhof* und zu kaufen im Thüngersheimer *Weingut Hart.*

Ausgewählte Adressen und Tipps

- Tourist-Information Thüngersheim, im Rathaus, Untere Hauptstr. 14, 97291 Thüngersheim, Tel. 09364/813516, www.thuengersheim.de.
- *Weingut Hart*, Veitshöchheimer Str. 29, 97291 Thüngersheim, Tel. 09364/9637. Weinverkauf Mo–Sa 8–19 Uhr.
- *Landgasthof Zum Bären*, Kirchgasse 1, 97291 Thüngersheim, Tel. 09364/7267, www.landgasthof-zum-baeren-thuengersheim.de. Mi–So und Fei 11.30–14 und 17–22.30 Uhr.
- *Landgasthaus Winzerhof*, Veitshöchheimer Str. 29, 97291 Thüngersheim, Tel. 09364/68087188, www.landgasthaus-winzerhof.de. Mo–Sa ab 17 Uhr, So ab 11 Uhr. Es werden auch Zimmer vermietet.
- Diverse Häckerwirtschaften, ein besonderer Tipp: *Wein-Träume*, Schulstr. 25/27, 97291 Thüngersheim, Tel. 09364/4177, www.wein-traeume.de. Ein Gästehaus mit saisonal bewirtschafteter Häckerwirtschaft.

34 Das Christkind und der Wein

Spaziergang in und um Himmelstadt

Tour: Ausflug rund um die Weinlage Himmelstadter Kelter.
Länge: 4 km. Bei Anreise mit der Bahn sind für den Weg vom Bahnhof zum Startpunkt und zurück rund 1,5 km hinzuzurechnen (ohne Abstecher in den Ort).
Dauer: reiner Rundgang ohne Ortsbesichtigung etwa 1,5 Std.
Höhenunterschied: 60 m.
Markierung: *H 5.*
Familie: ein Ausflug für Groß und Klein.
Saison: das ganze Jahr über möglich.
Anfahrt: *ÖPNV:* Regionalbahnen aus Richtung Würzburg und Aschaffenburg halten am Himmelstadter Bahnhof. *Kfz:* auf der B 27 von Würzburg bzw. Karlstadt zum Parkplatz neben der Kapelle Maria an der Kelter. Zur Besichtigung des Ortes mit dem Auto auf die andere Mainseite fahren und in der Mainstraße parken.

Weinbau um Himmelstadt

Himmelstadt wurde bereits im Jahr 820 erstmals urkundlich erwähnt. Seit dem 13. Jahrhundert sind bei Himmelstadt Weinberge belegt. Einer alten Chronik ist zu entnehmen, dass 1233 dem ehemaligen Kloster Himmelspforten ein Weinberg auf dem gegenüberliegenden Giebelberg zugesprochen worden war. Damit gehört Himmelstadt zu den ältesten fränkischen Weinorten. Ende des 18. Jahrhunderts soll eine Anbaufläche von rund 140 Hektar bestanden haben. Später verlor der Weinbau an Bedeutung, sodass 1971 nur noch acht Hektar dafür genutzt wurden. Erst in der Folge der Flurbereinigung in den 1970er-Jahren wuchs der Weinanbau wieder auf derzeit 35 Hektar an. Seit dieser Zeit heißt die Lage Himmelstadter Kelter.

Bekannt geworden ist Himmelstadt aber nicht nur durch seinen Wein, sondern in jüngerer Zeit auch durch die Weihnachtspostfiliale, an die Kinder aus aller Welt alljährlich ihre Weihnachtswünsche schicken. Etwas Besonderes ist zudem der erste Deutsche Philatelisten-Lehrpfad an der Mainlände. Unmittelbar daneben verläuft ein ökologischer Weinlehrpfad.

Von der Weinbergskapelle zur Lage Himmelstadter Kelter

Wir verlassen den Himmelstadter Bahnhof in Richtung Osten über den kleinen Parkplatz. Wer mit dem Zug aus Richtung Aschaffenburg ankommt, benutzt zunächst die Unterführung, um zu dem Parkplatz zu gelangen. Anschließend geht es in gleicher Richtung weiter auf der Brückenstraße, bis wir nach 400 Metern die B 27 erreicht haben. Diese überqueren wir und folgen dem Hinweisschild »Maria an der Kelter« bergauf. Kurz darauf stehen wir vor der 1993/94 erbauten Weinbergskapelle Maria an der Kelter, in der eine anmutige Rokoko-Madonna zu sehen ist. Gegenüber der Kapelle befinden sich die Maschinenhalle des heimischen Winzer- und Weinbauvereins sowie eine mächtige Kelter. Rechts beginnt nun unser Rundweg um die Lage

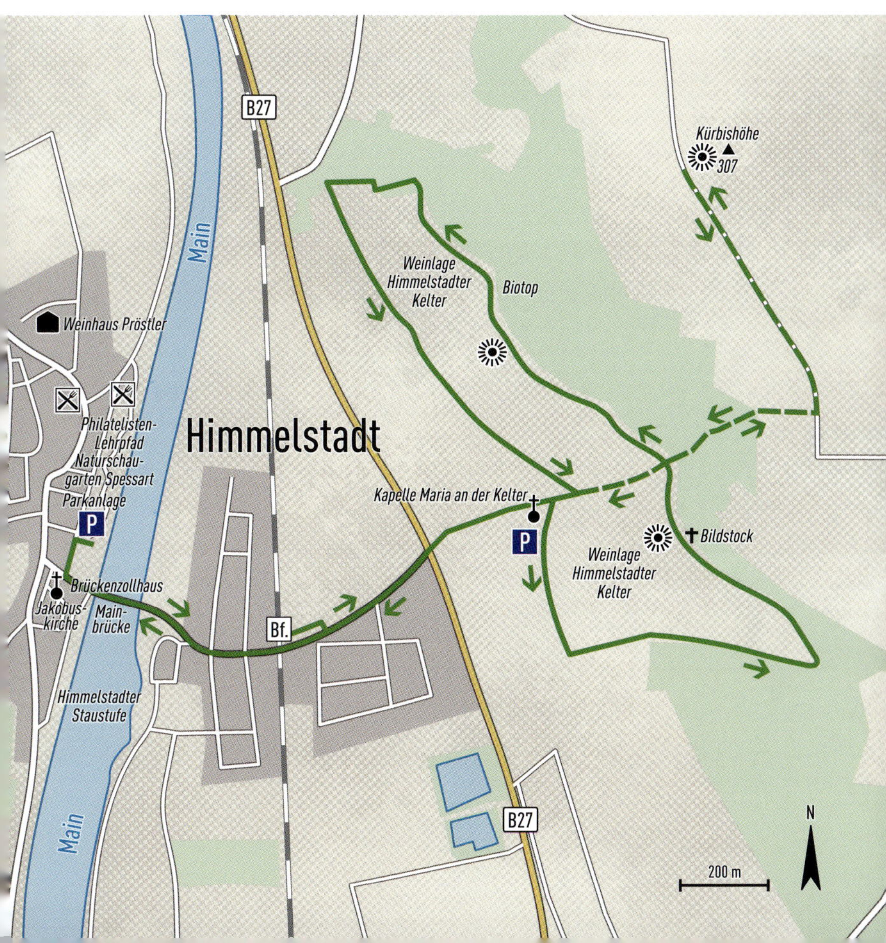

Himmelstadter Kelter, eine Tour von vier Kilometern, auf der an die 60 Höhenmeter zu überwinden sind. Seit 1291 ist an diesem Hang der Weinbau geschichtlich belegt.

Rebstöcke so weit das Auge reicht: Die Strecke ist mit dem Symbol *H 5* gut markiert und nach der ersten Linkskurve geht es zügig bergauf. Oben angekommen, schlendern wir gemütlich nach links auf dem Höhenweg weiter und genießen den grandiosen Weitblick auf Himmelstadt, das Maintal und die dahinterliegenden Höhenrücken. Klar zu erkennen sind der Turm der Jakobuskirche sowie die Himmelstadter Staustufe. Am besten wäre es, sich ein Plätzchen zu suchen und das herrliche Panorama in aller Ruhe zu genießen.

Außergewöhnliche Flora

Nach einer Weile erreichen wir das 1982 aus hartem Muschelkalk gefertigte Werk des Würzburger Künstlers Erwin Misch. Der Bildstock steht für die schwere Arbeit des Winzers am Berg. Die Hänge werden überwiegend von Nebenerwerbswinzern bewirtschaftet, doch auch das Würzburger *Bürgerspital* besitzt Reb-

Bei der Kelter des Winzer- und Weinbauvereins Himmelstadt beginnt der Rundweg.

stöcke und die Landesanstalt für Wein- und Gartenbau unterhält eine Versuchsfläche. Die Hangneigung liegt hier oben bei über 30 Prozent, was die besten Trauben wachsen lässt. Hauptsächlich angebaut wird der Müller-Thurgau. Bacchus, Silvaner, Kerner, Scheurebe und einige rote Sorten nehmen zusammen nur gut die Hälfte der Anbaufläche ein. Die hohe Qualität der Himmelstadter Weine ist der Tatsache zu verdanken, dass der Waldgürtel oberhalb der Rebhänge vor kalten Ostwinden schützt und der Muschelkalkboden eine Vielzahl von wichtigen Mineralien enthält.

Der Höhenweg führt sacht in eine Bodensenke. Wer hier abkürzen möchte, sei es wegen schlechten Wetters oder weil die Beine schwer geworden sind, biegt an dieser Stelle links ab und gelangt so schnell zurück zur Weinbergskapelle. Ganz Unermüdliche könnten mit der Markierung *H 7* nach rechts einen Abstecher zur 307 Meter hohen Kürbishöhe wagen. Von dort sind an klaren Tagen die Berge der Rhön, die Spessartwälder und das Werntal auszumachen.

Alle anderen setzen ihren Rundgang mit *H 5* fort. Es geht nun erneut leicht bergauf mit betörend schönem Ausblick auf das Maintal. Rechter Hand auf dem Kalkmagerrasen am Waldrand ist ein Biotop mit selten gewordenen Blumen zu entdecken, eine Flora aus verschiedenen Orchideen, Glockenblumen, Johanniskraut und Edel-Gamander – für Naturfreunde etwas Außergewöhnliches. Schließlich endet die Weinbergstraße und wir betreten ein Wäldchen. In einer Linkskurve wandern wir auf unbefestigtem Weg bergab, bis wir die übernächste Weinbergstraße (auf die Markierung *H 5* achten!) erreicht haben. Diese deutlich niedrigere Umlaufbahn um unser Zentralgestirn – den Frankenwein – führt uns zur Marienkapelle zurück. Gut möglich, dass zwischendurch ein hoppelnder Hase zu sehen ist oder Wildschweine den Weg kreuzen.

Im Park am Main wird's lehrreich

An die Heimfahrt ist jetzt noch nicht zu denken, denn schließlich hat Himmelstadt noch mehr zu bieten. Wir gehen also auf der Brückenstraße zurück zum Bahnhof und weiter zur Mainbrücke (wer das Auto an der Kapelle geparkt hat, fährt am besten dorthin), wo wir links die Himmelstadter Staustufe mit der Schleusenkammer betrachten. Wenn wir Glück haben, läuft vielleicht gerade ein Schiff ein. Gleich hinter der Brücke befindet sich die formschöne Jakobuskirche, 1614 vom Würzburger Fürstbischof Julius Echter eingeweiht.

Vor der Kirche steht das ehemalige Brückenzollhaus, in dem ganzjährig eine Ausstellung über die Himmelstadter Weihnachtspostfiliale und ein historischer Postschalter von 1873 zu sehen sind. Die eigentliche Weihnachtspostfiliale, eine von nur sieben in Deutschland und die einzige in Bayern, öffnet in der Adventszeit im Rathaus. Dort beantwortet ein Team aus rund 40 Helferinnen und Helfern jährlich mehr als 80.000 Briefe aus aller Welt, die »An das Christkind, Kirchplatz 3, 97627 Himmelstadt« adressiert sind. Der größte Ehrgeiz der Himmelstadter ist es, alle eingehenden Briefe zu beantworten.

Nach einem kurzen Blick in die Jakobuskirche ist unser nächstes Ziel die abwechslungsreich gestaltete Parkanlage direkt am Flussufer. Wir biegen von der Brückenstraße rechts in die Mainstraße ab und gehen anschließend rechts zum Mainufer weiter. Dort gibt es für Besucher einiges zu sehen: den Naturschaugarten Main-Spessart mit Beispielen für attraktive Gartengestaltung bei geringem Pflegeaufwand, den Philatelisten-Lehrpfad – auf Schautafeln werden hier Weihnachts- und Blumenbriefmarken sowie Sondermarken zur deutschen Geschichte gezeigt und interpretiert – und den ökologischen Weinlehrpfad mit einem knappen Dutzend eher unbekannter Tafeltrauben, die im Herbst auch probiert werden können. Klar, dass wir anschließend überlegen, wo wir uns den guten Himmelstadter Wein munden lassen.

Besuch im *Weinhaus Pröstler*

Deshalb schlendern wir ein Stück weiter am Mainufer entlang, hinter dem Biergarten *Down Town* nach links zur Hauptstraße, von dort rechts zur Straße Am Hirtengarten und danach gleich links in den Hirtengartenweg. Dort befindet sich das von Manuel Pröstler und seinem Vater Reinhold betriebene *Weinhaus Pröstler*. Zu verkosten gibt es bei den Pröstlers natürlich den Müller-Thurgau, aber auch Silvaner, Weißburgunder und ein Weißwein-Cuvée, allesamt von der Lage Himmelstadter Kelter.

Blick von der Parkanlage am Mainufer auf die Himmelstadter Jakobuskirche

Wer Rotwein bevorzugt, kann sich an Acolon, einer recht jungen Kreuzung aus Lemberger (Blaufränkisch) und Dornfelder, laben.

Nach der Weinverkostung geht es über die Hauptstraße zurück zum Parkplatz in der Mainstraße bzw. zum Bahnhof, wobei einige schöne Hausfassaden das Auge des Besuchers erfreuen.

Weinempfehlung

Die Palette der *Pröstler*-Weine ist übersichtlich, aber von hoher Qualität. Fünf Weiße, ein Roter und ein Secco können probiert und gekauft werden. Ab November bieten Vater und Sohn auch einen weihnachtlich duftenden Winzerglühwein an. Unser Favorit: der sowohl durch die Bezeichnung »Limited Edition« als auch durch seinen Preis gegenüber dem übrigen Sortiment hervorgehobene **2021er Weißburgunder Himmelstadter Kelter**. Der trockene Kabinettwein entfaltet ein Aroma, das an Apfel und Birne erinnert, und unterstreicht eindrucksvoll, warum sich diese Rebsorte in Franken immer größerer Beliebtheit erfreut.

Ausgewählte Adressen und Tipps

- Tourist-Information Zellingen (Rathaus, Zi. 1), Würzburger Str. 26, 97225 Zellingen, Tel. 09364/80720, www.markt-zellingen.de.
- In Himmelstadt wird eine Vielzahl von Gästeführungen zu Themen rund um Wein, Garten und Wasser angeboten. Nähere Informationen dazu unter www.himmelstadt.de/leben-erleben/freizeit-tourismus.
- *Weinhaus Pröstler,* Hirtengartenweg 9, 97267 Himmelstadt, Tel. 09364/89899, www.weinhausproestler.de. Weinverkauf und -verkostung täglich 17–19 Uhr, Weingarten mit fränkischen Schmankerln Juni/Juli immer Fr–So 15–22 Uhr. Weinbergführungen nach Vereinbarung.
- *Biergarten Down Town,* Mainstr., 97267 Himmelstadt, Tel. 0160/92107152, www.facebook.com/Biergartendowntown. Apr. bis Okt. Do–So 11.30–20.30 Uhr.
- *Weinscheune Himmelstadt,* Hauptstr. 111, 97267 Himmelstadt, Tel. 09364/8149900, www.weinscheune-himmelstadt.de. Mi–Sa 15–22 Uhr, So 12–22 Uhr. Weinseminare und Weinbergführungen, Ferienwohnung.
- *Pizzeria Puglia,* Paradiesstr. 1, 97225 Retzbach, Tel. 09364/815030, www.pizzeriapuglia.de. Di–Sa 17–22 Uhr, So/Fei 11–14 und 17–22 Uhr.
- Weihnachtspostfiliale Himmelstadt, Kirchplatz 3, 97267 Himmelstadt, www.post-ans-christkind.de. Ende Nov. bis 23.12. 10–12 und 15–18 Uhr geöffnet.
- Lohnenswert ist ein Besuch des nahen terroir-f-Ortes in der Weinlage Stettener Stein, erreichbar über die Ortsverbindungsstraße zwischen Himmelstadt und Stetten. Er wurde 2020 zur »schönsten Weinsicht Frankens« gekürt.
- Himmelstadter Weihnachtsmarkt an der Mainlände am 1. und 3. Adventswochenende.

Saupurzel und Dicker Turm

35

Radtour ab Karlstadt entlang dreier Täler

Tour: Radrundtour von Karlstadt über Gemünden nach Rieneck und zurück über Gemünden, Wernfeld und Eußenheim. Drei Täler werden hierbei berührt: Maintal, Sinntal und Werntal.

Länge: rund 55 km.

Dauer: reine Fahrzeit 4–5 Std.

Höhenunterschied: insgesamt ca. 180 m.

Markierung: Karlstadt–Gemünden *MainRadweg;* Gemünden–Rieneck *Sinn-Radweg;* Wernfeld–Karlstadt zunächst *Werntal-Radweg,* 2 km hinter Eußenheim dem Hinweisschild *Karlstadt* folgen.

Familie: für Kinder ab 12 Jahren gut zu schaffen.

Saison: das ganze Jahr über möglich, am schönsten von Mai bis Oktober.

Anfahrt: *ÖPNV:* mit dem Zug auf der Strecke Würzburg–Frankfurt zum Bahnhof Karlstadt. *Kfz:* von Würzburg auf der B 27 oder von Lohr auf der B 26 nach Karlstadt zum Bahnhof. Dort ausreichend Parkplätze vorhanden.

Varianten: Radler mit nicht so guter Kondition kehren in Gemünden um und verzichten auf die Strecke nach Rieneck. Wer müde oder mit kleinen Kindern unterwegs ist und die etwas anstrengende Rückfahrt von Gemünden nach Karlstadt über die Höhenrücken umgehen möchte, radelt auf dem *MainRadweg* zurück.

Hausberg der Karlstadter

Karlstadt, Ausgangspunkt dieser Radtour, soll nach Karl Martell, dem Vorbereiter des Fränkischen Reichs, benannt sein. Die Gründung der Stadt durch Bischof Konrad von Querfurt erfolgte in den Jahren 1198–1202. Gut 100 Jahre später waren die Befestigungsanlagen fertiggestellt. Die auf dem Reißbrett entworfene Altstadt hat ihre mittelalterliche Grundstruktur mit schönen alten Gebäuden, Wehrmauer und Türmen im Großen und Ganzen mittels aufwendiger Restaurierungen in den letzten Jahren erhalten können.

Die Stadt liegt zwischen Main und dem Saupurzel, Karlstadts Hausberg.

Auch die Altstadt von Karlstadt ist von Fachwerkhäusern geprägt.

Es wäre natürlich überaus verlockend, sich jetzt gleich die wunderschöne Altstadt anzuschauen. Doch spricht einiges dafür, sich einen ausgiebigen Stadtbummel in Karlstadt für später aufzuheben.

Radeln am Main

Die Radtour beginnt am Karlstadter Bahnhof. Wir fahren die Neue Bahnhofstraße bis zur Hauptstraße und stoßen hier auf den *MainRadweg*. Wir biegen rechts ab und dann geht es mit Elan auf dem *MainRadweg* Richtung Gemünden.

Der Weg führt überwiegend direkt am Fluss entlang. Rechter Hand erstrecken sich die lang gezogenen Rebhänge Lage Karlstadter Roßtal. Es muss äußerst mühevoll gewesen sein, die Parzellen den steil abfallenden felsigen Hängen abzutrotzen. Einige Rebflächen sind auch bereits aufgegeben worden, wohl weil sich die schwere Arbeit nicht mehr rentiert.

Die Gegend ist überaus eindrucksvoll. Es grünt und blüht, Bäume und Büsche spiegeln sich im Mainwasser. Wer es nicht eilig hat, sucht sich ein behagliches Plätzchen in der Nähe des Ufers und genießt die schöne und von Menschenhand bisher nicht verschandelte Flusslandschaft.

Nach rund einer Stunde ist Gemünden erreicht. Die Stadt ist im Zweiten Weltkrieg stark zerstört worden, sodass von der früheren Pracht nicht mehr viel zu sehen ist.

Wir fahren unter der Bahnlinie durch, queren an der Ampel die Hauptstraße und fahren in die Ortsmitte bis zum Marktplatz. Hier stellen wir das Rad ab und laufen zur Ruine Scherenberg hinauf. Die Aussicht auf das liebliche Maintal und die Dächer und Türme der Dreiflüssestadt hat noch jeden in Bann geschlagen. Beeindruckend ist der Blick auf den Ronkarzgarten, eine Terrassengartenanlage nach italienischem Vorbild.

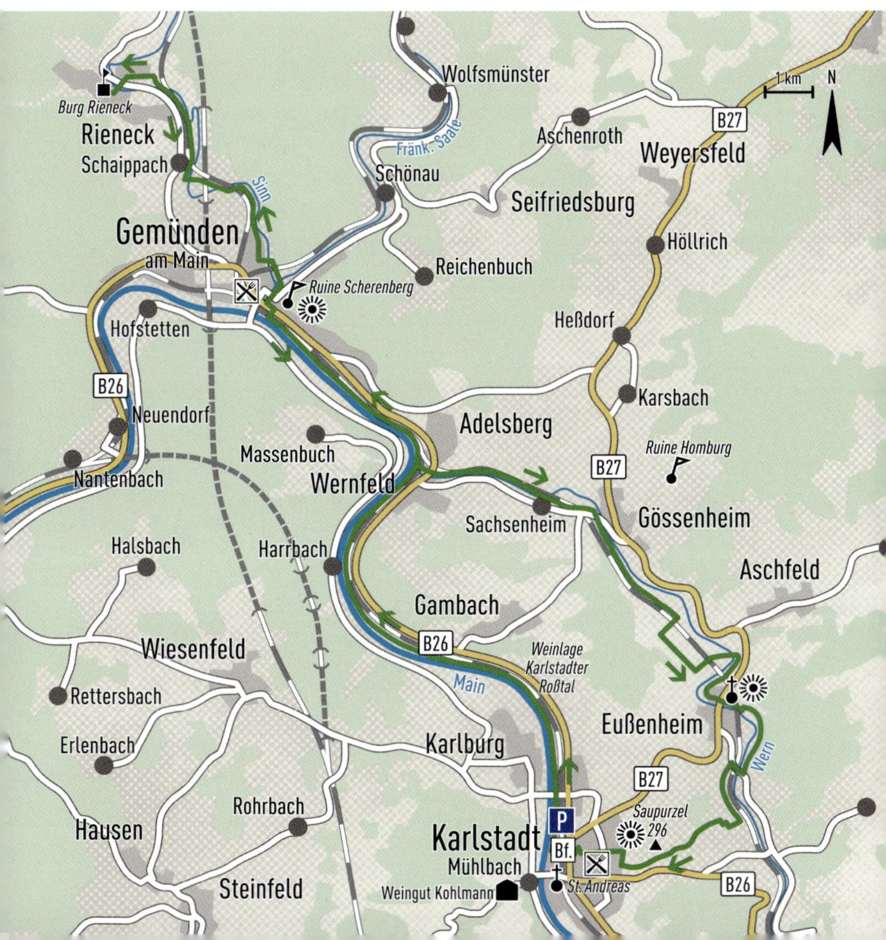

Burg Rieneck liegt malerisch über dem Sinntal, das Wasser rauscht im Werntal.

Zauberhaftes Sinntal

Weiter geht es erst entlang der Fränkischen Saale und dann entlang der Sinn nach Rieneck. Die Einmündung der beiden Flüsse in den Main ist landschaftlich besonders reizvoll. Der Weg nach Rieneck ist gut gekennzeichnet, die fünf Kilometer lange Strecke im romantischen Naturschutzgebiet Sinntal dauert ca. 30 Minuten. Wenn man die Radtour Ende April/Anfang Mai einplant, kann man auf den Wiesen zwischen Schappach und Rieneck die seltenen und stark gefährdeten Schachblumen entdecken. Bei Rieneck angekommen, gilt es den Berg zu bezwingen, denn die Besteigung des Dicken Turms auf der Burg lohnt sich. Die mittelalterliche Burg, von den Grafen Rieneck im Jahr 1170 auf einem nach drei Seiten steil abfallenden Felsen erbaut, wird heute vom Verband Christlicher Pfadfinderinnen und Pfadfinder als Bildungs- und Erholungswerk genutzt. Die romanische, kleeblattförmige Mauerkapelle im Dicken Turm der Burg gilt als kunsthistorisches Juwel.

Nun heißt es aber, wieder zurückzuradeln: Bis Wernfeld nehmen wir den bereits bekannten Radweg. Wer sich vor der Rückfahrt nach Karlstadt noch ein wenig stärken will, findet in Gemünden ausreichend Cafés und Eisdielen auf dem Marktplatz.

Vor Wernfeld zweigt der *Werntal-Radweg* ab, der unserer Beinmuskulatur einiges zumuten wird, da etliche Anhöhen zu überwinden sind. Wer diesen Herausforderungen entgehen möchte, bleibt auf dem *MainRadweg* und wird in knapp 45 Minuten Karlstadt erreichen.

Durch das hügelige Werntal

Die Wern ist ein kleines Flüsschen und uns erwartet eine abwechslungsreiche Hügellandschaft mit ständigem Auf und Ab. Der *Werntal-Radweg* ist sehr gut ausgeschildert. Wir durchfahren zunächst das Dorf Sachsenheim und streifen dann Gössenheim. In weiter Ferne sind die Umrisse der Burgruine Homburg aus dem 11. Jahrhundert zu erkennen, einst eine der größten Burganlagen in Franken.

Weiter geht's nach Eußenheim. Hoch über dem Winzerort thront die Dorfkirche. Wer Lust hat, stattet der Kirche einen Besuch ab, die Aussicht von hier ist sehr eindrucksvoll. Dann geht's weiter auf dem Radweg, bis rechter Hand die Abzweigung nach Karlstadt kommt. Wir fahren ein kurzes Stück auf einer Straße, bevor der Weg wieder links in die Felder abzweigt. Nach ca. einem Kilometer biegt der Radweg nach Karlstadt rechts ab. Jetzt heißt es, den letzten Anstieg zu meistern. Oben angekommen, haben wir eine gute Aussicht und müssen nur noch bergab bremsen, um nach Karlstadt zu gelangen. Der Radweg führt direkt zum Bahnhof.

Stadtbummel durch Karlstadt

Was sollte man sich in Karlstadt unbedingt anschauen? Am sehenswertesten ist zweifellos die Hauptstraße mit den grandiosen Fachwerkfassaden und den vielen einladenden Wirtshäusern. Die wichtigsten Sehenswürdigkeiten sind: das Rathaus in der Hauptstraße, der obere Torturm mit Torhaus, das Maintor, das Rote Tor sowie die zwischen Hauptstraße und Mainlände gelegenen Quergässchen, herrlich herausgeputzt und reich mit Blumen dekoriert. Für Kunstliebhaber obligatorisch ist der Gang in die gotische St.-Andreas-Pfarrkirche mit herausragenden Kunstwerken wie der Sandsteinkanzel aus dem Umfeld Tilman Riemenschneiders und den erst in jüngster Zeit freigelegten Wandmalereien aus verschiedenen Epochen.

Ganz zum Schluss das Einkehren nicht vergessen!

Weinempfehlung

Es ist der halbtrockene **Karlstadter Roßtal Rotling**, ein frischer und belebender Wein vom *Weingut Kohlmann-Scheinhof*, der im *Main Mäuerle* in Karlstadt ausgeschenkt wird und hier sowie im Weingut natürlich auch zu kaufen ist.

Ausgewählte Adressen und Tipps

Karlstadt

Tourist-Information Karlstadt, Hauptstr. 9, 97753 Karlstadt, Tel. 09353/906688, www.karlstadt.de. Apr. bis Okt. Mo–Fr 10–13 und 14–18 Uhr, Sa nur 10–13 Uhr, Nov. bis März jeweils bis 17 Uhr und Sa geschlossen.

Weingut Kohlmann-Scheinhof, Am Mühlbach 6, 97753 Karlstadt-Mühlbach, Tel. 09353/5086006, www.weingutk-s.de. Weinverkauf Mi 16–19 Uhr, Fr 15–18 Uhr, Sa 10–14 Uhr.

Main Mäuerle, Maingasse 8, 97753 Karlstadt a. M., Tel. 09353/5019860, www.main-maeuerle.de. Mi–Sa 9–22 Uhr, So 13–20 Uhr. Schöne Lage direkt am Main, hier werden auch Weine des *Weingutes Kohlmann-Scheinhof* ausgeschenkt.

Restaurant Alt Franken, Hauptstr. 34, 97753 Karlstadt, Tel. 09353/7060. Di–Sa 17–23 Uhr, So 11.30–22 Uhr, Mo geschlossen.

Zum Fehmelbauer, Hauptstr. 22, 97753 Karlstadt, Tel. 09353/3320, www.fehmelbauer.de. Mo 17–22.30 Uhr, Di–Sa 10.30–22.30 Uhr, So 10–22.30 Uhr. Sehr schöne Zimmer, Fahrradfahrer sind willkommen.

Am ersten Septemberwochenende verwandelt sich der Karlstadter Marktplatz in eine einzige große Weinstube.

Gemünden am Main

Tourist-Information Gemünden am Main, Scherenbergstr. 4, 97737 Gemünden a. M., Tel. 09351/80011300, www.stadt-gemuenden.de. Mo–Fr 9–12.30 und 13.30–17.30 Uhr, Mai bis Okt. auch Sa.

Mitte Juli bis Mitte August finden im Burghof der Ruine Scherenberg die Gemündener Scherenburgfestpiele statt. www.scherenburgfestspiele.de.

36 Der kahle Berg ruft

Wunderbare Ausblicke rund um Homburg

Tour: Rundwanderung auf dem Homburger Weinwanderweg zu den Lagen Kallmuth und Edelfrau.
Länge: 8 km.
Dauer: reine Gehzeit ohne Pausen 2,5–3 Std.
Höhenunterschied: gut 150 m.
Markierung: das auf einem Stuhl sitzende *Winzermännle.*
Familie: Der Aufstieg zum Kallmuth ist kurz, aber steil, insgesamt ist gute Kondition gefragt.
Saison: am besten zwischen April und Oktober.
Anfahrt: *ÖPNV:* von Wertheim mit Bus 632 bis zur Station Gasthaus Krone, Sa/So Rufbus (Anmeldung spätestens 90 Min. vor Fahrtbeginn unter 0931/36886886). *Kfz:* auf der A 3 bis Ausfahrt 66 (Wertheim/Lengfurt), von dort noch 7 km auf der St 2299. Parkmöglichkeiten entlang der Maintalstraße oder oben am Julius-Echter-Platz.

Spitzenwein vom Main-Himmelreich

Wein vom Kallmuth – und die Augen des wahren Weinkenners beginnen zu leuchten. Nachweislich seit 1102 wird bei Homburg Wein angebaut. Vor allem die auf den steilen denkmalgeschützten Terrassen zwischen Homburg und Lengfurt wachsenden Trauben ergeben einen Wein, der zu Frankens besten zählt. Auch in kühleren Jahren werden hier Temperaturen von über 50 Grad gemessen – die insgesamt zwölf Kilometer langen und bis zu fünf Meter hohen Natursteintrockenmauern erweisen sich als idealer Wärmespeicher. Unterstützt durch den in unmittelbarer Nähe vorbeifließenden Main kann sich so ein submediterranes Klima entwickeln. Die außerordentliche Qualität des Weins beruht aber ebenso auf der besonderen Beschaffenheit des Bodens, Buntsandstein trifft hier auf Muschelkalk.

1978 wurden die bis dahin selbstständigen Gemeinden Homburg, Lengfurt, Rettersheim und Trennfeld zum Markt Triefenstein zusammengelegt. In Homburg werden rund 55 Hektar Reben in den Weinlagen Kallmuth und Edelfrau bewirtschaftet. Die Flurnamen Lerchenberg und Wolpenberg sind in der Lage Kallmuth aufgegangen und auch die bereits erwähnten Weinterrassen zwischen Lengfurt und Homburg sind ein Teil der Lage Kallmuth. Homburg hat seine Besonderheiten erhalten können und ist nicht nur wegen seiner berühmten Weine ein attraktiver Ausflugsort. Es bezaubert auch mit seiner idyllischen Lage im traumhaft schönen Maintal. Den Besucher erwartet also ein wahres Paradies.

Auf den Kallmuth

Unser Ehrgeiz ist es heute, zunächst den acht Kilometer langen *Homburger Weinwanderweg* mit kleinen und größeren Steigungen zu schaffen. Deshalb heben wir uns eine Besichtigung der

Gleich neben Homburg erhebt sich der Kallmuth mit seinen Weinbergterrassen.

örtlichen Sehenswürdigkeiten für später auf. Start des Rundgangs ist der Julius-Echter-Platz vor dem Schloss. Die Wegmarkierung *Winzermännle* ist schnell gefunden, und nachdem wir über die Würzburger Straße die Erlenbacher Straße erreicht haben, liegt der 278 Meter hohe Kallmuth – von lateinisch »calvus mons«, »kahler Berg« – bereits zum Greifen nahe vor uns. Wir biegen links in die zweite Weinbergstraße ein, nach kurzer Zeit steigen wir einen steilen Pfad durch lichten Wald hinauf zum Aussichtspunkt »Drei Tannen«, wo wir im Schatten von vier prächtigen Kiefern (!) das grandiose Panorama mit Blick auf Homburg und das Maintal ausgiebig genießen. Entlang des Wegs erfahren wir auf Infotafeln, dass hier im Naturschutzgebiet verschiedene Orchideenarten wachsen, auch der Frauenschuh, außerdem Graslilie, Knabenkraut, Seidelbast und Zypressenwolfsmilch. Auch seltene Schmetterlinge gibt es, wie z. B. Schwalbenschwanz, spanische Flagge oder Akazienzipfelfalter. Links der Wegstrecke, die wir gerade zurückgelegt haben, befinden sich senkrecht abfallende Buntsandsteinfelsen, darunter die legendären Weinterrassen, die wir von oben allerdings nicht sehen können.

Vom Lerchenberg über Edelfrau zum Wolpenberg

Es folgt eine Strecke oberhalb der Rebhänge, teilweise durch Wald, über Trockenrasen und mit gelegentlichem Ausblick auf Homburg und seine Weinberge. Zwischendurch warnt ein Hinweisschild, dass im Steinbruch des nahen Zementwerks Sprengungen erfolgen können. Ein mehrere Hundert Meter langer Zaun soll verhindern, dass Ortsunkundige an die Abbruchkante des Steinbruchs geraten. Nach Durchlaufen einer kleinen Senke biegen wir rechts ab und spazieren bald wieder oberhalb von Weinbergen. Wir überqueren eine Autostraße und erreichen wenig später die Schutzhütte »Lerchennest«. Wiederum ein herrlicher Weitblick!

Der nächste Rastplatz liegt oberhalb der Weinlage Edelfrau, so benannt, weil der von dort stammende Wein einst für die edlen Frauen des Homburger Schlosses bestimmt war. Die Rebhänge haben ein Gefälle von bis zu 50 Prozent. Lässt man den Blick schweifen, so wird man erkennen, dass die Weinberge halbkreisförmig wie in einem großen Becken liegen, das nur zum Main hinunter offen ist. Dies ist der Grund dafür, warum hier ein optimales Kleinklima für Wein entsteht.

In der nächsten Senke biegen wir links ab und steigen auf der Straße ca. 50 Meter hinauf, dann im spitzen Winkel nach rechts auf einen Feldweg. An seinem Ende schwenken wir rechts in die Asphaltstraße ein. Wir durchschreiten ein Wäldchen, stoßen auf eine kleine Kapelle und stehen dann oberhalb der historischen Weinlage Wolpenberg. Bevor der Weg zurück nach Homburg führt, liegt links etwas oberhalb der Rastplatz Zecherruh mit schönem Talblick. Erleichtert werden wir dann – es geht ja nur noch bergab – mit hungrigem Magen und durstiger Kehle bestrebt sein, so schnell wie möglich den Ausgangspunkt des Rundgangs zu erreichen, um einzukehren.

Weingut Blank

Das traditionsreiche Weingut der Familie Blank liegt in der Maintalstraße. Bewirtschaftet wird eine Rebfläche von 3,5 Hektar, Lage Kallmuth und Edelfrau, mit Neigungen von 25 bis 55 Prozent. In Zusammenarbeit mit dem Musiker Michael Günther, der im Schloss Homburg eine Sammlung mit Tasteninstrumenten aus dem 17. und 18. Jahrhundert pflegt, wurde 2010 ein Weingarten angelegt. Dort pflanzten die Blanks Reben verschiedener Sorten, wie es beim gemischten fränkischen Satz früher üblich war. Neben grünem und blauem Silvaner, Muskateller und Traminer für zusätzliches Aroma, Riesling und Elbling für die notwendige Säure, wachsen auf den Terrassen nun Raritäten wie Vogelfränkisch, Adelfränkisch, Geißdutte oder Heunisch. Der daraus gekelterte Wein verströmt den Geist vergangener Zeiten und schlägt so eine Brücke zu den historischen Instrumenten in unmittelbarer Nachbarschaft.

Homburgs Sehenswürdigkeiten

Vor oder nach der Einkehr bzw. einer Weinverkostung bietet sich ein Gang durch den Ort an. Mittelpunkt und Wahrzeichen Homburgs ist das auf einem Tuffsteinfelsen ruhende Schloss, ein bauhistorisches Schmuckkästchen aus dem 16. Jahrhundert, in dem jetzt Kammerkonzerte und Ausstellungen stattfinden und das Künstlern als Werkstatt dient. Der Innenhof des Schlosses mit dem komplett erhaltenen Bergfried ist frei zugänglich. Im Inneren des Schlossbergs befinden sich mehrere Höhlen, die größte davon, die sogenannte Burkardusgrotte (auch Burkhardusgruft), kann besichtigt werden – der Legende nach ist hier 753 der Heilige Burkard, der erste Bischof von Würzburg, verstorben.

Ein weiterer Höhepunkt Homburgs ist das Museum Papiermühle. Das Mühlengebäude aus dem 17. Jahrhundert mit seinem charakteristischen dreistöckigen Dach wurde 1807 an seinem ursprünglichen Standort in Windheim am Rande des Spessarts Balken für Balken abgebaut. Das Material wurde auf dem Main nach Homburg gebracht, wo der Müller das Gebäude wieder errichtete. Die Papierproduktion wurde 1975 eingestellt, danach blieb jedoch alles unverändert, sodass Besuchern ein authentisches Bild von den Arbeits- und Lebensbedingungen der ehemaligen Mühlenbewohner vermittelt wird.

Lohnend sind auch ein Besuch der neuromanischen Pfarrkirche St. Burkard, ein solider Buntsandsteinbau gegenüber dem Schloss, und ein Abstecher in Richtung Lengfurt zu den denkmalgeschützten Weinbergterrassen, allesamt im Besitz des *Fürstlich*

In der Papiermühle wurde bis 1975 produziert, heute beherbergt sie ein Museum.

Löwenstein-Wertheim Rosenberg'schen Weinguts. 270 Sandsteinstufen führen vom Main hinauf bis zum Ende der Rebzeilen. Kaum vorstellbar, wie jemand von diesen Anlagen nicht beeindruckt sein könnte.

Weinempfehlung

Schon mehrmals haben wir Wein probiert, der aus dem sogenannten »gemischten Satz« stammt. Überzeugt hat er uns nie. Auch das *Weingut Blank* bietet einen Wein an, der aus verschiedenen, teils heute kaum mehr zu findenden Trauben gewonnen wird. Wir geben dieser Art der Weinherstellung noch einmal eine Chance. Und siehe da, der mit 11 Volumenprozent Alkohol leichte, trockene **2021er Terrassen Schloss Homburg Alter Satz** kann uns mit seiner Komplexität überzeugen. Weingenuss wie in alten Zeiten.

Ausgewählte Adressen und Tipps

- Tourist-Information Markt Triefenstein, Rathausstr. 2, 97855 Triefenstein-Lengfurt, Tel. 09395/970112, www.markt-triefenstein.de.
- *Weingut Blank*, Maintalstr. 33, 97855 Triefenstein-Homburg, Tel. 09395/99319, www.weingut-blank.de. Weinverkauf Mi, Fr/Sa oder nach Vereinbarung. Heckenwirtschaft geöffnet März/Apr. und Mitte Aug./Anfang Sep. Sehr schöne Zimmer und eine Ferienwohnung werden vermietet.
- *Restaurant Wolzenkeller*, Julius-Echter-Platz 2, 97855 Triefenstein-Homburg, Tel. 09395/8786086. Mo–Mi Ruhetag.
- *Weinstube Weinkrug,* Maintalstr. 19, 97855 Triefenstein-Homburg, Tel. 09395/8009, www.weinkrug-homburg.de. Geöffnet ab 18 Uhr, Di Ruhetag.
- Museum Papiermühle Homburg, Gartenstr. 11 (Parkplatz Remlinger Str.), 97855 Triefenstein-Homburg, Tel. 09395/99222, www.papiermuehle-homburg.de. Geöffnet Mai bis Okt. Di–Fr 10–12 und 14–16 Uhr, Sa/So und Fei 10–12 und 14–17 Uhr.
- Bei Konzerten im Festsaal des Homburger Schlosses erklingen Instrumente aus dem 17., 18. und frühen 19. Jahrhundert, die dort museal gepflegt werden. Tel. 09395/997811, www.clavier-am-main.de.
- Homburger Weinfest im Schlosshof am letzten Juli- und ersten Augustwochenende. www.homburger-weinfest.de.
- Homburger Weinwandertag des Winzervereins am letzten So im Juni.

Fürstlicher Spätburgunder 37

Von Miltenberg nach Bürgstadt zum Centgrafenberg

Tour: Rundwanderung von Miltenberg über Bürgstadt zum Centgrafenberg.
Länge: rund 14 km.
Dauer: reine Gehzeit 3–4 Std.
Höhenunterschied: ca. 60 m.
Markierung: über die gesamte Strecke das Zeichen mit dem *Rotweinglas.*
Familie: für Kinder ab 12 Jahren machbar.
Saison: das ganze Jahr über möglich, besonders reizvoll Mai bis Oktober.
Anfahrt: *ÖPNV:* mit dem Zug zum Miltenberger Bahnhof. *Kfz:* Miltenberg am Main ist von Osten über Wertheim, von Norden über Klingenberg und von Westen über Amorbach erreichbar. Parken auf dem Großparkplatz am Main.

Der *Fränkische Rotweinwanderweg*

Der *Fränkische Rotweinwanderweg* erstreckt sich auf einer Länge von 50 Kilometern in unmittelbarer Nähe des Untermains von Großwallstadt bis Bürgstadt. Bedingt durch die sonnendurchfluteten Terrassen auf den Buntsandsteinhängen wächst hier einer der besten Rotweine Deutschlands. Besonders die Lage Centgrafenberg bei Bürgstadt gilt Kennern als Dorado des Spätburgunders. Das knapp zehn Kilometer lange Teilstück Centgrafenweg ist Mittelpunkt des heutigen Ausflugs.

Zum Centgrafenberg

Wir starten am Bahnhof von Miltenberg, gehen auf der Brückenstraße bis zum Brückenturm (hier kann man auch vom Parkplatz am Main in die Tour einsteigen, immer entgegen der Fließrichtung des Mains) und orientieren uns von nun an ausschließlich an der Markierung *Rotweinglas.* Wir biegen links in die Main- und Jahnstraße ein, passieren das Hallenfreibad und erreichen nach 20 bis 30 Minuten Bürgstadt.

Das Brückentor in Miltenberg steht auf der Bogenbrücke mit ihren sechs Bögen.

Im Zentrum des Städtchens stoßen wir auf das historische Rathaus von 1590, geschmückt mit Volutengiebeln und betürmten Dachgauben. Gegenüber finden wir im Fremdenverkehrsbüro ausführliche Informationen zum *Centgrafenweg*. Eine ausgiebigere Besichtigung des Ortes heben wir uns für den Rückweg auf. Wir schwenken nach rechts in die Hauptstraße, vorbei am *Weinhaus Stern*. Nach ein paar Minuten, immer der Markierung folgend, erreichen wir die Bushaltestelle Tabakshalle, und hier, in der St.-Urban-Straße, beginnt die gut zweistündige Rundwanderung.

Der Weg ist ausreichend markiert und mit Tafeln bestückt, die über die nach wie vor schwere Arbeit der Winzer, den geologischen Aufbau des Centgrafenbergs und die hier angebauten Rebsorten informieren. Die nach Süden ausgerichteten Rebhänge sind mit einem Gefälle von bis zu 50 Prozent sehr steil. Die mineralhaltigen Verwitterungsböden und das milde Mikroklima sind ideale Bedingungen für den Anbau von Rotweintrauben. Die ummauerten Terrassen verhindern ein schnelles Abfließen des Regenwassers. Da der Einsatz von Maschinen auf den Steilhängen kaum möglich ist, wird fast ausschließlich per Hand gearbeitet – beim Pflanzen und Schneiden der Weinstöcke sowie bei der Bodenpflege und während der Weinernte. Einige Rebflächen sind aufgelassen, denn nur auf den besseren Lagen lohnt sich heute der hohe Arbeitsaufwand.

Eine Bilderbuchlandschaft

Unsere Route verläuft zunächst im unteren Teil des Centgrafenbergs – der stufenförmige Aufbau der Weinberge ist von hier aus gut zu erkennen. Die kleinen Weinberghäuschen inmitten der Rebflächen nutzen die Winzer für die Aufbewahrung ihrer Arbeitsgeräte, hier suchen sie Schutz vor überraschenden Regenfällen, hierhin ziehen sie sich für eine gelegentliche Vesperpause zurück.

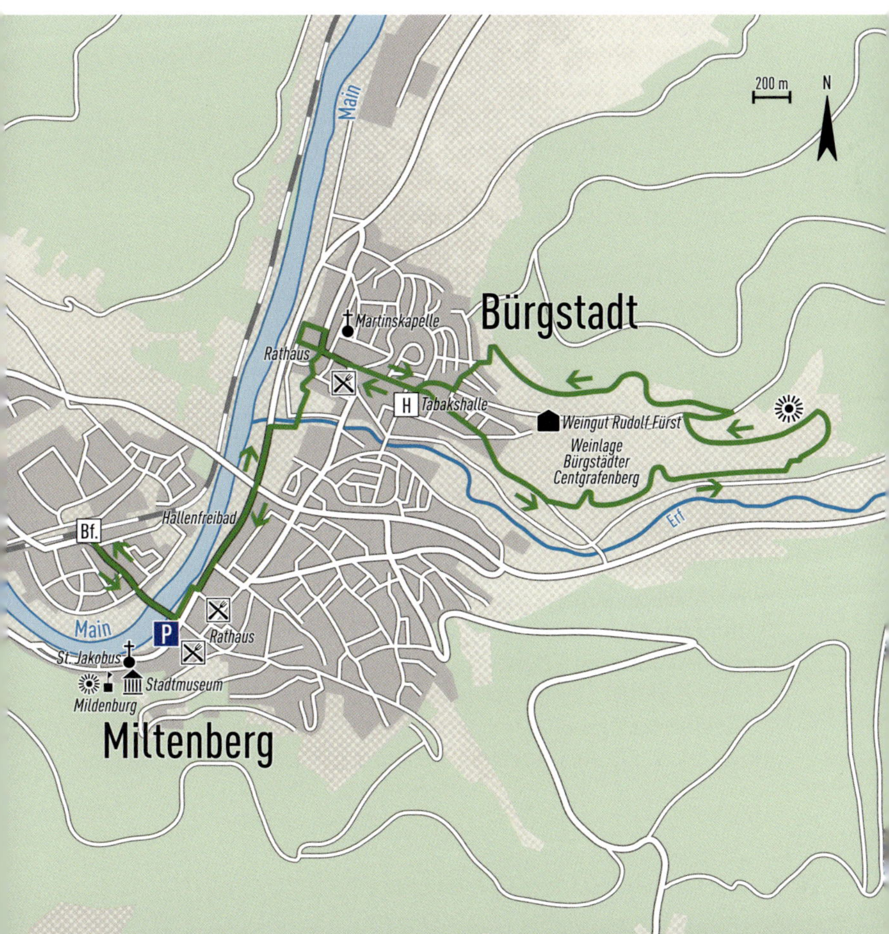

Der Weg führt uns allmählich in einer großen Schleife hoch hinauf. Der Ausblick weitet sich über Miltenberg bis zu den Ausläufern des Odenwalds, später bis zur Lage Mainhölle oberhalb des rechten Mainufers. Das kräftige Grün der Rebblätter hebt sich farblich von dem rötlich-braunen Untergrund kontrastreich ab. Hier sollte man unbedingt eine Rast einplanen und die herrliche Aussicht genießen!

Sehenswertes Bürgstadt

Wenn nach gut zwei Stunden der Ausgangspunkt des *Centgrafenwegs* an der Tabakshalle erreicht ist, eilen wir nicht gleich nach Miltenberg zurück, sondern bleiben noch ein wenig in Bürgstadt. Hier empfiehlt sich die Besichtigung der romanischen Martinskapelle, der weit und breit ältesten und hinsichtlich der Ausstattung schönsten Kirche in der ganzen Region. Wenn die Eingangstür verschlossen ist, kann man den Schlüssel in der Gärtnerei nebenan holen.

Auch ein Besuch der *Vinothek* beim Rathaus lohnt sich. Es gibt mehr als 390 verschiedene Weine der Region zu kaufen, ausgewählte Weine können auch probiert werden. Für den kleinen Hunger gibt es diverse Kleinigkeiten.

Miltenberg, Perle am Main

Zum Abschluss darf ein Abstecher in die Miltenberger Altstadt nicht fehlen. Wir gehen den bereits bekannten Weg Richtung Miltenberg. Im Ort begeben wir uns am besten gleich zum Fremdenverkehrsamt im Rathaus und holen uns das Faltblatt mit den Sehenswürdigkeiten. Alles kann man in der verbleibenden Zeit natürlich nicht anschauen. Zunächst reicht es, in aller Ruhe durch die Hauptstraße vom Würzburger Tor bis zum Marktplatz zu schlendern. Allein schon die vielen schmucken Fachwerkhäuser mit ihren stattlichen hohen Giebeln werden zu einem besonderen Erlebnis.

Am Marktplatz angekommen, dem Prunkstück Miltenbergs, lohnt sich ein Besuch der St.-Jakobus-Kirche, und wer noch nicht zu müde ist, sollte den kurzen Aufstieg zur Mildenburg nicht scheu-

Malerische Fachwerkhäuser auf dem Marktplatz in Miltenberg

en. Die um 1200 von Mainzer Erzbischöfen errichtete Anlage ist im Laufe der Geschichte wiederholt erweitert, zerstört und wiederaufgebaut worden und man hat von der Burgterrasse aus einen imposanten Ausblick auf die Stadt und das Maintal. Auch das Stadtmuseum am Schnatterloch, in einem der schönsten Fachwerkhäuser untergebracht, lohnt mit seiner reichen Sammlung zur Kulturgeschichte der Stadt und des Umlands einen Besuch.

Liebhaber alter Wirtshäuser werden wahrscheinlich nicht versäumen, im *Gasthaus zum Riesen* in der Hauptstraße einzukehren. Das Haus war über die Jahrhunderte Trinkstube von Königen und Kurfürsten und gilt als das älteste Gasthaus Deutschlands. Wer eine besonders preiswerte und weniger frequentierte Gaststätte bevorzugt, sucht den *Weinhof Zipf* auf.

Weinempfehlung

Wir empfehlen einen trockenen **Spätburgunder vom Centgrafenberg** bei Bürgstadt aus dem *Weingut Rudolf Fürst.* Dieser Klassiker des Rotweins, in Holzfässern gelagert, ist zwar etwas teurer als andere Kabinettweine, aber eben mit seinem vollen, samtigen Geschmack ein absolutes Spitzenprodukt.

Miltenberg

Tourist-Information DREI AM MAIN, Miltenberg-Bürgstadt-Kleinheubach, im Rathaus, Engelplatz 69, 63897 Miltenberg, Tel. 09371/404119, www.miltenberg.info. Apr. bis Okt. Mo–Fr 10–17 Uhr, Sa, Fei bis 15 Uhr.

Alle Termine für offene Heckenwirtschaften und Weingüter unter www.churfranken.de im Häckerkalender.

St. Kilian Kellerei, Hauptstr. 241, 63897 Miltenberg, Tel. 09371/2120, www.st-kilian-kellerei.de. Vinothek Mo und Mi–Sa 15–18 Uhr. Kellerbesichtigung während der Öffnungszeiten eventuell möglich.

Gasthaus Zum Riesen, Hauptstr. 99, 63897 Miltenberg, Tel. 09371/989948, www.riesen-miltenberg.de. Mo, Do und So 11–22 Uhr, Fr/Sa 11–23 Uhr. Hotel (www.hotel-riesen-miltenberg.de) und Gaststätte werden getrennt geführt.

Wein- und Gasthof Zipf, Hauptstr. 42, 63897 Miltenberg, Tel. 09371/7286, www.weinhof-zipf.de. Mo–So 11.30–22.Uhr.

Museum der Stadt Miltenberg, Hauptstr. 171–175, 63897 Miltenberg, Tel. 09371/668504, www.museum-miltenberg.de. Di–So 10–17.30 Uhr geöffnet, im Winter verkürzt, siehe Webseite. Eintritt: Erwachsene 4 €, Kinder bis 14 Jahre frei.

Schiffsrundfahrten ab Miltenberg mit Reederei Henneberger, Mainanlage, 63897 Miltenberg, Tel. 09371/3330, www.reederei-henneberger.info.

Bürgstadt

Weingut Rudolf Fürst, Hohenlindenweg 46, 63927 Bürgstadt a. M., Tel. 09371/8642, www.weingut-rudolf-fuerst.de. Verkauf im Weingut nach Anmeldung, Mo–Fr 9–12 und 14–17 Uhr, Sa 10–15 Uhr.

Churfrankenvinothek Bürgstadt, Hauptstr. 2, 63927 Bürgstadt, Tel. 09371/9488679, www.churfrankenvinothek.de. Di–Sa 12–22 Uhr, So und Fei 12–21 Uhr.

Hotel Weinhaus Stern, Hauptstr. 23/25, 63927 Bürgstadt, Tel. 09371/40350, www.hotel-weinhaus-stern.de. Restaurant Do–Mo ab 17 Uhr. Hotel und Restaurant mit langer Tradition.

Vergangenheit auf Schritt und Tritt 38

Mit dem Rad durch das Maintal ab Miltenberg

Tour: Tagesausflug mit dem Rad von Miltenberg nach Wertheim und zurück.
Länge: einfache Strecke rund 35 km.
Dauer: ca. 5–6 Std.
Markierung: *MainRadweg.*
Familie: je nach Fitnesszustand für Kinder ab 12 Jahren machbar.
Saison: Anfang Mai bis Anfang Oktober.
Anfahrt: *ÖPNV:* mit dem Zug zum Miltenberger Bahnhof. Von hier auf der Brückenstraße zur Mainbrücke, hier ist schon der *MainRadweg. Kfz:* Miltenberg ist von Osten über Wertheim, von Norden über Klingenberg und von Westen über Amorbach erreichbar. Parkmöglichkeiten auf dem Großparkplatz am Main.
Variante: Jederzeit ist die Benutzung der Bahn möglich, auf der Strecke Miltenberg–Freudenberg verkehrt auch eine Schiffslinie.

Wunderbares Maintal

Das rund 35 Kilometer lange Tal von Miltenberg nach Wertheim ist als »deutsche Ideallandschaft« beschrieben worden. Der Main hat sich hier zwischen Spessart und den Ausläufern des Odenwalds ein kurvenreiches Bett geschaffen, umgeben von blühenden Wiesen und bewaldeten Berghängen. Am Wasser sind Flugenten und Reiher zu beobachten, hoch am Himmel schweben Bussard und Falke, die in den Höhlen der blutroten Sandsteinbrüche optimale Nistmöglichkeiten finden. Mitunter ähneln die Partien rechts und links des Mains einem Landschaftspark.

Städte, Burgen und Ruinen

Wir orientieren uns am *MainRadweg.* Unser erstes Ziel ist Bürgstadt, berühmt durch den Centgrafenberg (siehe Tour 37). Auf der anderen Uferseite befindet sich die Weinlage Mainhölle, daneben ein Buntsandsteinbruch, der sich mit seinem leuchtenden Rot markant vom Grün der bewaldeten Berghänge abhebt.

Die gewaltige Burgruine Henneburg liegt oberhalb von Stadtprozelten.

Bald darauf radeln wir in das sehenswerte Freudenberg. Nur eine Straße mit Häuserreihen auf beiden Seiten hat Platz, so eingeengt liegt der Ort zwischen Fluss und Berg. Hoch über der Stadt thront die Ruine Freudenburg. Unmittelbar hinter dem Doppeldorf Reistenhausen-Fechenbach befindet sich eine weitere Ruine. Es handelt sich dabei um die Trümmer der Collenburg, der ehemaligen Stammburg der Odenwaldritter. 1525 niedergebrannt, soll die Burg zum Fanal der aufständischen Bauern geworden sein.

In Freudenberg wechseln wir die Mainseite und bleiben auf dieser Seite bis Kreuzwertheim.

Die größte Burgruine Deutschlands

Den stärksten Eindruck hinterlässt fraglos die Henneburg oberhalb von Stadtprozelten, eine Anlage von außerordentlichen Ausmaßen und nach Ansicht mancher Historiker die gewaltigste Ruine in Deutschland. Die Burg gehörte im 13. Jahrhundert den Wertheimer Grafen, wechselte dann in den Besitz des Deutschen Ordens und fiel später an die Stadt Mainz. 1525, im Bauernkrieg, wurde die Burg niedergebrannt. Noch heute zeugen die verbliebenen Quader, Türme und Mauern von den beachtlichen technischen Fähigkeiten der mittelalterlichen Baumeister.

Doch nicht nur Burgen und Städte begeistern den Besucher, auch die kleinen Dörfer mit ihren hochragenden Kirchtürmen sind eine Augenweide. Liebliche Nebentäler, grüne Wälder und über 100 Meter hohe Bergketten machen die Aussage verständlich, dass der Main hier am schönsten ist.

Romantik pur in Wertheim

In Kreuzwertheim lohnt es sich, zum Main hinabzufahren. Von hier hat man einen tollen Blick auf Wertheim. Jetzt müssen wir nur

noch die Mainseite wechseln, fahren über die Brücke und können das Fahrrad nahe dem Schiffsanleger abstellen.

Von der Anlegestelle in die Altstadt sind es nur ein paar Meter. Am besten folgen wir einfach dem Strom der Besucher und gehen vom Marktplatz über den Engelsplatz zum Kirchplatz, um anschließend den kurzen Aufstieg zur Burg zu unternehmen. Von der Burgmauer geht der Blick über die Dächer und Türme der Stadt, über Main und Kreuzwertheim bis weit in den Spessart hinein.

Angesichts der mächtigen Mauern und Türme der einst gewaltigen Burg, in der feierlichen Pfarrkirche mit den imposanten Gräbern der Wertheimer Grafen, in den zwei reich bestückten Stadtmuseen und entlang der herrlichen Renaissance- und Barockhäuser begegnet man hier der Vergangenheit auf Schritt und Tritt.

Wer wollte leugnen, dass sich trotz so viel städtebaulicher Schönheit und kultureller Genüsse irgendwann die Frage des leiblichen Wohlbefindens stellt. Natürlich gibt es in Wertheim eine Vielzahl gemütlicher und gediegener Wirtshäuser, die Speis und Trank vom Feinsten anbieten.

Retour mit dem Fahrrad oder der Bahn

Wer nicht mehr radeln möchte, nimmt die Bahn zurück. Die anderen entscheiden sich entweder für die identische Strecke oder radeln auf der anderen Mainseite zurück. Lediglich zwischen Mondfeld und Freudenberg gibt es den Radweg nur auf der einen Seite. Dafür kann man in Mondfeld die Mainfähre nehmen und hat noch einmal einen besonders schönen Blick auf die Henneburg. In Dorfprozelten wartet ein Biergarten auf durstige Radler. Wer nach dieser Radtour noch nicht geschafft ist, kann sich Miltenberg anschauen und sich dafür an den Touren 37 und 39 orientieren.

Weinempfehlung

Homburg am Main liegt nur wenige Kilometer nördlich von Wertheim. Der hier erzeugte Kallmuth-Wein gilt unter Kennern als etwas Besonderes. Entsprechend empfehlen wir den **Homburger Kallmuth Riesling**, einen kräftigen Kabinettwein. Er wird ausgeschenkt im *Hotel Schwan* direkt an der Wertheimer Schiffsanlegestelle.

Der Maingarten in Freudenberg lädt zum Entspannen ein, auch der Blick auf Wertheim.

Ausgewählte Adressen und Tipps

Wertheim

Tourismus Wertheim GmbH, Gerbergasse 16, 97877 Wertheim, Tel. 09342/935090, www.tourismus-wertheim.de. Apr. bis Okt. Mo–Fr 9–18 Uhr, Sa 10–16 Uhr, So und Fei 13–16 Uhr; Nov. bis März Mo–Fr 10–16 Uhr.

Die Bahnfahrt zwischen Wertheim und Miltenberg dauert ca. 30 Minuten, wird von der Maintalbahn Aschaffenburg-Wertheim betrieben; Abfahrt stündlich nach Fahrplan.

Hotel-Restaurant Schwan, Mainplatz 8, 97877 Wertheim, Tel. 09342/92330, www.hotel-schwan-wertheim.de. Mi–So 12–21 Uhr.

Dorfprozelten

Gasthaus Stern, Maingasse 5, 97904 Dorfprozelten, Tel. 09392/7295, www.stern-dorfprozelten.de. Di–So 10–1 Uhr. Schöner Biergarten direkt am Main.

Freudenberg

Am Maingarten beim Schorsch, Biergarten, Mainstr. 1, 97896 Freudenberg, Tel. 0170/9901492, www.am-maingarten.de. Von Apr. bis Okt. tägl. 11–22 Uhr, wetterbedingte Änderungen möglich.

Malerisches Churfranken

39

Rundwanderung ab Miltenberg über das Kloster Engelberg

Tour: Rundwanderung von Miltenberg über Kloster Engelberg nach Großheubach und zurück. Start ist am Bahnhof Miltenberg.
Länge: ca. 11 km.
Dauer: knapp 3 Std.
Höhenunterschied: rund 230 m.
Markierung: bis Großheubach *blaues M*, zurück nach Miltenberg auf dem *Rotweinwanderweg*, zum Schluss ohne Markierung.
Familien: für alle Altersgruppen geeignet, Treppen ohne Geländer.
Saison: das ganz Jahr über möglich.
Anfahrt: *ÖPNV:* mit der Bahn von Aschaffenburg oder Wertheim nach Miltenberg. *Kfz:* auf der A 3 (Nürnberg–Aschaffenburg) bis Ausfahrt 66 (Wertheim/Lengfurth). Anschließend über Wertheim und Freudenberg zum Großparkplatz am Mainufer, zu Fuß über die Mainbrücke und Brückenstraße zum Start am Bahnhof.

Malerisches Churfranken

Die Landschaft von Aschaffenburg bis Miltenberg, eingebettet in das liebliche Tal des Untermains zwischen den Ausläufern von Odenwald und Spessart, wird als Churfranken bezeichnet – benannt nach den Kurmainzer Fürstbischöfen, die einstmals Herren dieser Region waren.

Hier wächst, auf unzähligen Buntsandsteinterrassen, ein sonnenverwöhnter Wein, dessen Beschreibung in keinem Weinführer fehlen darf und dessen Verkostung deshalb auch das Ziel dieser Wanderung sein soll.

Über die Maria-Hilf-Kapelle zum Kloster Engelberg

Wir starten am Miltenberger Bahnhof und orientieren uns sogleich an der Markierung *blaues M*. Unterhalb der Bahngleise wechseln wir auf die andere Seite der Station (der Stadt abgewandt) und gehen anschließend rechts auf der Nikolaus-Fasel-Straße bis zur Maria-Hilf-Straße, in die wir nach links einbiegen. Nun gesellt

Aufstieg zur Maria-Hilf-Kapelle

sich auch der *Fränkische Rotweinwanderweg* dazu, der uns bis kurz vor die Maria-Hilf-Kapelle begleiten wird.

Sobald die letzten Häuser hinter uns liegen und die Straßenbrücke passiert ist, führen uns die Markierungen in einer Rechtskehre zu den ersten Rebstöcken. In weiter Ferne thront links auf dem Bischofsberg Kloster Engelberg. Es folgt ein schmaler Waldgürtel und kurz danach sind linker Hand bereits Rebhänge der Weinlage Großheubacher Bischofsberg zu sehen. Dann trennen sich die Markierungen – der *Rotweinweg* zweigt nach links ab, rechts führen uns mit der Markierung *M* steile Buntsandsteinstufen zur Maria-Hilf-Kapelle hinauf. Der Aufstieg ist etwas beschwerlich, schließlich sind es Hunderte von teils hohen Stufen, die bezwungen werden müssen. Es empfiehlt sich, zwischendurch kurze Pausen einzulegen und die Kreuzwegstationen zu betrachten.

Das Kapellchen entstand vermutlich Ende des 17. Jahrhunderts und wurde wahrscheinlich von adeligen Damen gegründet, die in Großheubach einen Freihof besaßen. Unzählige Gläubige sind seitdem zum Beten hierhergekommen und haben an den Wänden Andenken hinterlassen. Verwaltet und unterhalten wird die Kapelle vom Kloster Engelberg.

Bis zum Kloster ist es noch etwas mehr als ein Kilometer, zum Glück ohne weitere Steigungen. Die Aussicht von den Klostermauern ist grandios, man blickt auf den Main, Groß- und Kleinheubach, auf Miltenberg und sogar bis zum Odenwald. Die Gründung des Klosters soll um 1300 in der Nähe einer heidnischen Kultstätte erfolgt sein. Anfangs stand dort lediglich eine einfache Holzkapelle, die dem Erzengel Michael, dem Kämpfer gegen heidnische Götter, gewidmet war. Als später eine Marienstatue dazukam, wurde die Kapelle zum Wallfahrtsort, was 1630 schließlich den Mainzer Erzbischof und Kurfürst Anselm von Wambold veranlasste, für die Kapuziner auf dem Engelberg ein Kloster zu gründen. 1828 übernahmen auf Anordnung von König Ludwig I. die Franziskaner das Kloster und sind bis heute geblieben.

Vor dem Abstieg nach Großheubach lohnt ein Blick in die Klosterkirche mit ihren schönen Altären. Neben der Antoniuskapelle befindet sich die Gruft der Löwenstein'schen Familie, deren von Johann Dientzenhofer gebautes Schloss in Kleinheubach einen Abstecher wert ist. Erschöpfte Besucher können sich in der *Klosterschänke* erholen und im Klosterladen Andachtsgegenstände einkaufen. Gartenliebhabern wird der idyllisch angelegte Franziskaner-Garten gefallen.

Weinort Großheubach

Nun aber, und zwar langsam und behutsam, denn Geländer fehlen, die über 612 steilen Buntsandsteinstufen, Engelsstaffeln genannt, hinunter. Im Anschluss führt der Engelbergweg ins Zentrum von Großheuberg. Das historische Rathaus in der Hauptstraße, 1611/12 als altfränkisches Fachwerkhaus errichtet, gilt als eines der schönsten Bauwerke der Region. Faszinierend sind auch das Abendanz'sche Haus in der Kirchgasse und die Pfarrkirche St. Peter, die ursprünglich als Wehrkirche mit Wehrmauer angelegt wurde. Um zu überprüfen, ob die Weine von den Rebhängen der Lage Großheubacher Bischofsberg wirklich so gut sind, wie oft behauptet wird, sollten wir jetzt eine der offenen Heckerstuben oder Weinlokale ansteuern, z. B. die *Lorenzkellerei* des *Weinguts Straub.*

Weinanbau seit 220 Jahren

Das Weingut, 1795 durch den Küfer und Winzer Jakob Lorenz Straub aus der Taufe gehoben, besteht inzwischen seit über zwei Jahrhunderten. Lothar Straub, Diplom-Ingenieur in Sachen Weinbau und Önologie, übernahm nach dem Studium und der Ausbildung zum Weinküfer 1997 den elterlichen Betrieb in der siebten Generation. Bewirtschaftet werden zurzeit 6,5 Hektar auf den Großheubacher Weinlagen. Die Arbeiten auf den steilen Terrassen verlangen großen körperlichen Einsatz. Maschinen werden so gut wie nicht verwendet – Rebschnitt, Anbinden der Reben und Weinlese erfolgen per Hand. Gedüngt wird vorwiegend mit Trester, Stallmist und Komposterde. Der Kampf gegen

Pilzbefall ist ohne Einsatz von Fungiziden nicht möglich, doch wird nur gespritzt, wenn es unbedingt nötig ist.

Burgundertrauben lieben Buntsandsteinböden und finden hier beste Voraussetzungen für perfekte Trauben und exquisite Weine. Entsprechend stammen von den Großheubacher Weinbergen in erster Linie Rotweine. Die Trockenmauern an den Steilhängen verhindern nicht nur das schnelle Abfließen des Regenwassers, sondern speichern an Sonnentagen die Wärme bis weit in die Nacht. Das so entstehende Kleinklima liegt bis zu 1,5 Grad über den lokalen Durchschnittstemperaturen. Für die Weinverkostung steht die *Küferstube* bereit, in der *Vinothek* des Hauses kann man aus der vollen Palette an Weinen, Sekt und Likören auswählen.

Zurück auf dem Rotweinwanderweg

War die Route von Miltenberg nach Großheubach mit einigen Strapazen verbunden, so kann der Rückweg auf dem *Fränkischen Rotweinwanderweg* zum reinen Vergnügen werden, denn hier sind keinerlei Steigungen mehr zu erwarten. Wir gehen vom

Vom Kloster Engelberg öffnet sich der Blick auf Großheubach.

Ortszentrum mit dem *Rotweinzeichen* Richtung Kloster Engelberg und biegen vor dem Beginn der 612 Stufen mit der *Markierung* rechts ab. Was nun folgt, ist sicherlich der schönste Teil der Wanderung.

Linker Hand der Bischofsberg und unzählige Terrassen, geschützt durch trutzige Trockenmauern aus Buntsandstein, rechts die sanft ins Maintal abfallenden Rebhänge. Hin und wieder kleine Weinberghäuschen, ein Bildstock, eine Ruhebank und etwas später Informationen über die Funktion der Trockenmauern, über die Arbeiten des Winzers, über das besondere Klima auf den hiesigen Weinbergen und die Vielfalt der Tier- und Pflanzenarten. Man muss nicht alles bis ins kleinste Detail studieren, dennoch lohnt es sich gelegentlich, einen Blick auf die Erläuterungen zu werfen, um die Einmaligkeit der Weinlage in all ihren Facetten schätzen zu können.

Nach etwa 30 Minuten zweigt der *Rotweinwanderweg* nach links ab und verbindet sich unterhalb der Maria-Hilf-Kapelle mit der Markierung *blaues M*.

Auf der anderen Mainseite liegt Miltenberg mit der Mildenburg.

Entlang des einzigen Weinberges von Miltenberg

Kurz vor Ende des Weinberges, bevor der uns bekannte Weg wieder in das Wäldchen abbiegt, verlassen wir die Markierung und gehen geradeaus weiter, an einer Kreuzung rechts, umlaufen das Gelände des umzäunten Wassum-Steinbruchs und steigen gemächlich ab. Am Main angekommen, sehen wir die neue Mainbrücke, gehen hier rechts davon Holzstufen hinab und kommen auf die Steingässerstraße. Diese gehen wir Richtung Ortsmitte und passieren nach wenigen Minuten den einzigen Weinberg von Miltenberg. Nach kurzer Zeit erreichen wir die Brückenstraße und können uns hier entscheiden: zum Bahnhof nach rechts oder nach Miltenberg und zu den Parkplätzen nach links.

Abschluss in Miltenberg

Wer noch über Kraftreserven verfügt, wird sicher gerne einen Bummel durch eines der schönsten mainfränkischen Städtchen machen wollen. Am eindrucksvollsten ist es wohl, die Hauptstraße vom Würzburger Tor bis zum Marktplatz entlangzuschlendern. Allein schon die prächtigen Fachwerkhäuser mit ihren hohen Giebeln sind ein Erlebnis. Höhepunkt ist dann der Marktplatz mit dem Marktbrunnen und der ehemaligen Stadtgrenze, dem Regenwassergraben Schnatterloch, der eine der meistfotografierten Sehenswürdigkeiten Frankens ist. Der Aufstieg durch den Renaissance-Torbogen zur Mildenburg wäre vielleicht zu viel verlangt, würde aber mit einem herrlichen Ausblick über die Dächer der historischen Altstadt ins Maintal reichlich belohnt werden.

Weinempfehlung

Der Spätburgunder, vor allem der auf den Buntsandsteinböden in Churfranken gewonnene Wein, gilt als einer der besten fränkischen Rotweine. So fiel denn unsere Wahl im *Weingut Straub* wie von selbst auf die trockene **Spätburgunder-Spätlese,** einen zwölf Monate im Barrique gereiften, dichten Rotwein mit samtigem Geschmack, der, einmal genossen, auf baldige Wiederholung drängt – Freude pur für Zunge und Gaumen!

Ausgewählte Adressen und Tipps

Miltenberg
Zu Miltenberg siehe Tour 37, S. 282.

Großheubach

- Heimat- und Verkehrsverein Großheubach, Hauptstr. 26, 63920 Großheubach, Tel. 09371/6500470, www.info-grossheubach.de
- *Lorenzkellerei,* Lothar Straub, Röllfelder Str. 20, 63920 Großheubach, Tel. 09371/3204, www.lorenzkellerei.de. Weinverkauf Di–Fr 10–18 Uhr, Sa 10–14 Uhr, Mo Ruhetag. Die *Küferstube* als Häckerwirtschaft ist saisonal geöffnet, siehe Webseite.
- *Klosterschänke* im Kloster Engelberg, Kloster Engelberg 1, 63920 Großheubach, Tel. 09371/9143914, www.kloster-engelberg.com. Geöffnet Di–Sa 11–19 Uhr, So und Fei 10–18 Uhr, Mo Ruhetag.
- Information zu offenen Häckerwirtschaften im Häckerkalender unter www.churfranken.de.
- *Gasthaus Zur Krone,* Miltenberger Str. 1, 63920 Großheubach, Tel. 09371/2663, www.gasthauskrone.de. Mi–So 11.30–14 und 17–21 Uhr. Hochqualitative Speisen aus regionalen Produkten zu moderaten Preisen, gemütliche Zimmer.
- *Weingut-Gasthaus Zur Bretzel*, Kirchstr. 1, 63920 Großheubach, Tel. 09371/2824, www.weingut-bretzel.de. Fr/Sa 17–22 Uhr, So 11–22 Uhr. Öffnungszeiten für die Häckerwirtschaft auf der Webseite. Pensionszimmer und Wohnmobilstellplatz.

Ins bayerische Nizza 40

Schlösser und Parks in Aschaffenburg

Tour: Stadtrundgang in Aschaffenburg.
Dauer: 3–4 Std. ohne Pausen und Besichtigungen.
Anfahrt: *ÖPNV:* mit dem Zug zum Aschaffenburger Hauptbahnhof. *Kfz:* auf der A 3 bis Ausfahrt Aschaffenburg Ost, dann in das Stadtzentrum. Parken am Bahnhof oder in der Innenstadt.
Saison: das ganze Jahr über möglich, wirklich lohnend aber nur April bis September, wenn Museen und Schlösser geöffnet sind.
Familie: für jede Altersstufe geeignet.

»Aschaffenburg ist reich«

So lautet jedenfalls das Urteil berühmter Kunstliebhaber und Historiker, denn in Schloss Johannisburg befindet sich die nach München bedeutendste bayerische Staatsgemäldesammlung. Reich an Kunstschätzen sind auch die Stiftsbasilika St. Peter und Alexander sowie das Stiftsmuseum im Kapitelhaus. Zudem ist Aschaffenburg herrlich gelegen und durchzogen von schönen Gärten und Parkanlagen. Die Untermainstadt bietet eine hohe Lebensqualität.

Wunderbares Pompejanum

Wir starten unseren Stadtrundgang am Hauptbahnhof. Von hier gehen wir die Ludwigstraße nach rechts, biegen dann in die Kolpingstraße nach links und kurz darauf in die Hanauer Straße nach rechts ein. Anschließend laufen wir auf der Pompejanumstraße, die wiederum links abzweigt, bis zum Mainufer und schon stehen wir vor dem ersten Höhepunkt des Tages, dem Pompejanum.

Mitte des 19. Jahrhunderts hatte Ludwig I. seinen Hofarchitekten Friedrich von Gärtner beauftragt, hier ein römisches Wohnhaus im Stil einer in Pompeji untergegangenen Villa zu bauen. Der bayerische König wollte keine neue Residenz, sondern ein Anschauungsobjekt entstehen lassen, um kunstbeflissenen Bürgern die Schönheiten der antiken Welt näherzubringen.

Schloss Johannisburg, errichtet aus rotem Buntsandstein, dominiert das Stadtbild.

Der Plan gelang und noch heute, 170 Jahre später, hat das Pompejanum nichts von seiner Faszination verloren. Die schweren Beschädigungen aus den Bombennächten des Zweiten Weltkriegs sind komplett beseitigt. Das lichtdurchflutete Atrium und das Viridarium, der begrünte Hausgarten, ebenso Küche, Speise- und Gästezimmer mit kunstvollen Wanddekorationen, Mosaikfußböden und Skulpturen vermitteln eindrucksvoll, auf welch hohem Niveau die wohlhabenden Römer lebten und wie sinnenfroh und genussfreudig sie waren. Deshalb unbedingt eine Besichtigung mitmachen und alles in Ruhe anschauen.

»Weinstadt« Aschaffenburg?

Unterhalb des Pompejanums, am steil abfallenden Mainufer, liegt ein kleiner Weinberg, einer der letzten in Aschaffenburg. Das ganze Stadtgebiet war einst von Rebgärten durchzogen, die Winzer bildeten lange die mächtigste Zunft der Stadt. Im Keller des Johannisburger Schlosses konnten über eine Million Liter Wein gelagert werden.

Diese Zeiten sind längst vorbei. Statt des Rebensaftes trinkt man jetzt gern Apfelwein. Immerhin bringen es der Pompejaner Weinhang – der Steilhang wurde nach dem Zweiten Weltkrieg von der Bayerischen Schlösserverwaltung mit neuen Rebstöcken bepflanzt – sowie die beiden Mini-Lagen Badberg und Godelsberg aber jährlich noch auf eine bescheidene Anzahl Flaschen.

Einer der bedeutendsten Renaissancebauten in Deutschland

Vom Pompejanum ist es nur ein Katzensprung zum Schloss Johannisburg. Der Weg führt durch den anmutigen Schlosspark mit zahlreichen wertvollen Gehölzen und Blumenrabatten. Den Besuch des Schlosses heben wir uns für später auf und gehen jetzt auf

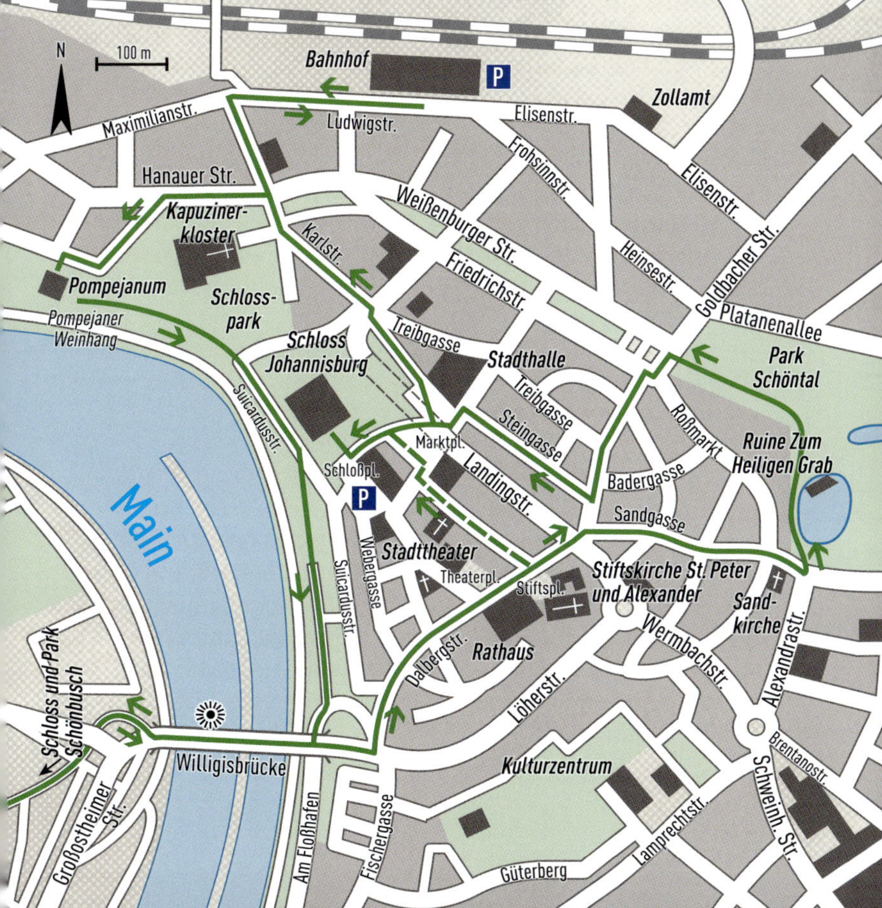

einem Fußweg zwischen Altstadt und Main bis zur Willigisbrücke, die wir überqueren. Überwältigend ist der Blick auf Main, Pompejanum und Schloss. Am Ende der Brücke spazieren wir auf dem Fuß- und Radweg weiter, nehmen links die Straßenunterführung (Markierung *rotes Kreuz* des *Franken-Hessen-Kurpfalz-Weges*) und biegen anschließend in die Kleine Schönbuschallee ein. Unser Ziel sind jetzt Schloss und Park Schönbusch.

Einer der schönsten Landschaftsgärten in Deutschland

Die Allee, nur für Fußgänger und Radler zugänglich, führt schnurgerade zum Park. Die gut zwei Kilometer sind nach ca. 30 Minuten geschafft und uns erwartet einer der ersten und zugleich schönsten deutschen Landschaftsgärten. Das ab 1778 erbaute Schloss Schönbusch wurde zur zweiten Residenz des damaligen Mainzer Erzbischofs und kann besichtigt werden. Der den Bau umschließende Park entstand unter Mitgestaltung des berühmten Hofgärtners Friedrich Ludwig Sckell, Schöpfer des Englischen Gartens in München. Man kann in der Schönbuscher Anlage stundenlang spazieren gehen. Dem Besucher bieten sich reizvolle Ausblicke auf künstlich angelegte Seen und aufgeschüttete Hügel, auf die Rote Brücke, das Philosophenhaus, den Freundschaftstempel, einen Irrgarten, auf Hirtenhäuser und Wirtschaftsgebäude. Die Einkehrmöglichkeit im *Kulinarischen Schönbusch* sollte man nach dem ausgiebigen Rundgang nutzen.

Sehenswerte Basilika

Wir begeben uns zurück in die Innenstadt, entweder zu Fuß oder mit der Buslinie 3 (Haltestelle Waldfriedhof oder Schönbusch in der Darmstädter Straße hinter der Roten Brücke). Nach Überquerung der Willigisbrücke gehen wir links hoch auf der Dalbergstraße. Vorbei am Theaterplatz mit einer der größten Sonnenuhren Europas gelangen wir zur Stiftskirche am Stiftsplatz und besichtigen die spätromanisch-frühgotische Basilika St. Peter und Alexander aus dem 12. Jahrhundert. Besonders sehenswert sind der Kreuzgang sowie das Gemälde »Die Beweinung Christi« von Matthias Grünewald.

Sonnenuntergang am Platz vor Schloss Johannisburg mit Blick auf den Main

Von Schöntal in die Altstadt

Wer schon müde ist und den Rundgang abkürzen möchte, erreicht vom Stiftsplatz über die Pfaffengasse Schloss Johannisburg in ein paar Minuten. Die anderen gehen die Dalbergstraße bis zur Wermbachstraße vor und dann auf der Sandgasse, einer Geschäftsstraße mit vielen Läden, zur Sandkirche und zum Park Schöntal. Diese Anlage mit See, altem Baumbestand und der Ruine »Zum Heiligen Grab« ist ebenfalls ein kleines Naturparadies. Wir umrunden den Park und begeben uns dann von seiner Westspitze auf der Herstallstraße zurück ins Stadtzentrum. Am Ende der Herstallstraße biegen wir rechts in die Steingasse ein, die direkt zum Schlossplatz führt.

Wenn noch Zeit ist, kann man die Staatsgalerie Aschaffenburg im Schloss Johannisburg mit Werken u. a. von Hans Baldung, Lucas Cranach, Raffael, Rubens und Rembrandt besuchen. Auch lohnt sich ein Gang durch die fürstbischöflichen Wohnräume mit original klassizistischem Mobiliar. Beides wird nach Beendigung der mehrjährigen Generalsanierung wieder geöffnet sein. Sehr interessant ist auch die weltweit größte Sammlung von Architekturmodellen aus Kork – Hofkonditor Carl May und sein Sohn haben die bekanntesten Bauwerke Roms, wie z. B. das Pantheon oder das Kolosseum, naturgetreu nachgebildet. Das mächtige, aus rötlichem Buntsandstein errichtete Schloss mit den vier quadratischen Ecktürmen verdient natürlich ebenfalls unsere volle Aufmerksamkeit.

Der Rückweg zum Bahnhof führt vom Schlossplatz über die Sticker- und Karlstraße und weiter über die Kolpingstraße. Der Ausgangspunkt unseres Ausflugs ist in zehn Minuten erreicht.

Weinempfehlung

Der Pompejaner macht sich rar. Er wird in der Regel von der Aschaffenburger Stadtverwaltung zu besonderen Anlässen verschenkt und bei repräsentativen Anlässen ausgeschenkt. Einige Flaschen finden ihren Weg allerdings zur Tourist-Information am Schlossplatz. Mit etwas Glück haben wir dort eine erworben und können nun bestätigen, dass der Wein der Stadt durchaus Ehre macht. Der **2019er Riesling Kabinett** ist ausgewogen und gefällt durch seinen frischen Geschmack.

Ausgewählte Adressen und Tipps

- Tourist-Information Aschaffenburg, Schlossplatz 2, 63739 Aschaffenburg, Tel. 06021/395800, www.info-aschaffenburg.de. Mo–Fr 10–16.30 Uhr, Sa 10–15 Uhr, So und Fei geschlossen.
- *Kulinarischer Schönbusch*, Kleine Schönbuschallee 1, 63741 Aschaffenburg, Tel. 06021/448560, www.schoenbusch-ab.de. Tägl. 9–24 Uhr. Geänderte Öffnungszeiten im Winter. Bei schönem Wetter mit Terrasse und Biergarten.
- *Caffè Longo*, Dalbergstr. 18, 63739 Aschaffenburg, Tel. 06021/6285542. Di–Sa 8–19 Uhr, So 13–18 Uhr.
- Schloss Johannisburg mit Schlossgarten, Schlossplatz 4, 63739 Aschaffenburg, Tel. 06021/386570, www.schloesser.bayern.de. Schloss Apr. bis Sep. Di–So 9–18 Uhr, Okt. bis März 10–16 Uhr; Garten tägl. ab 6 Uhr bis Einbruch der Dunkelheit. Achtung: Durch Sanierungsarbeiten in und am Schloss sind einige Räume nicht zugänglich.
- Pompejanum, Pompejanumstr. 5, 63739 Aschaffenburg, Tel. 06021/218012, www.schloesser.bayern.de. Apr. bis Mitte Okt. Di–So 9–18 Uhr.
- Schloss und Park Schönbusch, Kleine Schönbuschallee 1, 63741 Aschaffenburg, Tel. 06021/625478, www.schloesser.bayern.de. Schloss Apr. bis Sep. Di–So 9–18 Uhr, nur im Rahmen einer Führung zu besichtigen, Führung zu jeder vollen Std. bis 17 Uhr; Ausstellung im Besucherzentrum Apr. bis Sep. Sa/So und Fei 11–18 Uhr; Park ganzjährig.
- Garten- und Sonderführungen in den beiden Schlössern und im Pompejanum über die Tourist-Information Aschaffenburg oder das Führungsnetz Aschaffenburg, Tel. 06021/3868866, www.fuehrungsnetz-aschaffenburg.de.
- Christian Schad Museum, Pfaffengasse 26, 63739 Aschaffenburg, Tel. 06021/386740, www.christian-schad-museum.de. Di 10–21 Uhr, Mi–So 10–18 Uhr. beleuchtet alle Schaffensperioden des Meisters der »Neuen Sachlichkeit«.
- Kirchnerhaus, Ludwigstr. 19, 63739 Aschaffenburg, Tel. 06021/5809250, www.kirchnerhaus.com. Di–Fr 14–17 Uhr, Sa/So 11–17 Uhr. Geburtshaus des Malers Ernst Ludwig Kirchner mit Dokumentationsraum und Ausstellungen.
- Mitte Juni findet das Aschaffenburger Volksfest statt, das größte seiner Art am bayerischen Untermain.
- Am letzten Augustwochenende großes Aschaffenburger Stadtfest in der Innenstadt mit buntem Programm und kulinarischen Spezialitäten. www.info-aschaffenburg.de.

Die Autoren

Birgit Drees kommt aus dem technischen Bereich. Sie ist Mutter zweier erwachsener Kinder und liebt ihre neue fränkische Heimat, in der sie seit 20 Jahren lebt. Ihre Freude an der Fotografie und am Wandern konnte sie in die Zusammenarbeit mit dem *ars vivendi verlag* einbringen.

Roland Schulz begann seine berufliche Laufbahn als Redakteur bei einer Münchner Tageszeitung. Nach der Rückkehr aus dem »Exil« in die fränkische Heimat arbeitete er viele Jahre als Kommunikator bei einem Dienstleistungskonzern in Nürnberg. Sein Faible fürs Schreiben und die Natur verbindet er nun durch die Zusammenarbeit mit dem *ars vivendi verlag.*

Jan Castner, geboren in Nürnberg, lebt und arbeitet an einem Gymnasium in Bamberg. Er liebt und schätzt seine fränkische Heimat, die er unermüdlich durchstreift. Seine schönsten Eindrücke und Erlebnisse dieser Touren finden sich dann in den diversen *Ausflugs-Verführern* des *ars vivendi verlags* wieder.

Thilo Castner war bis 1998 Studiendirektor an der städtisch-staatlichen Wirtschaftsschule Nürnberg und seitdem immer wieder in seiner fränkischen Heimat unterwegs, um neue, verborgene Schätze Frankens zu entdecken. Er war freier Mitarbeiter der *Nürnberger Nachrichten* und arbeitete an verschiedenen Ausflugsverführern des *ars vivendi verlags* mit. Er verstarb im Sommer 2022.

Ein herzliches Dankeschön geht an den Fränkischen Weinbauverband e. V. sowie die Bayerische Landesanstalt für Weinbau und Gartenbau.

Register